पुस्तकालयों में सूचना एवं संचार प्रौद्योगिकी

[बी.एल.आई.आई.-014]

पुस्तकालय और सूचना विज्ञान में प्रमाणपत्र [सी.एल.आई.एस.] के लिए

For Certificate Programme in Library and Information Science [CLIS]

विशेष विश्वविद्यालयों के लिए महत्वपूर्ण अध्ययन सामग्री

इंदिरा गाँधी राष्ट्रीय मुक्त विश्वविद्यालय (इग्नू), के.एस.ओ.यू. (कर्नाटका), बिहार विश्वविद्यालय (मुजफ्फरपुर), नालंदा विश्वविद्यालय, जामिया मिलिया इस्लामिया, वर्धमान महावीर मुक्त विश्वविद्यालय (कोटा), उत्तराखंड मुक्त विश्वविद्यालय, कुरुक्षेत्र विश्वविद्यालय, सेवा सदन कॉलेज ऑफ एजुकेशन (महाराष्ट्र), मिथिला विश्वविद्यालय, आंध्रा विश्वविद्यालय, अन्नामलाई विश्वविद्यालय, बैंगलोर विश्वविद्यालय, भारतीयर विश्वविद्यालय, भारतीदशन विश्वविद्यालय, हिमाचल प्रदेश विश्वविद्यालय, सेंटर फॉर डिस्टेंस एंड ओपन लर्निंग, काकाटिया विश्वविद्यालय (आंध्र प्रदेश), के.ओ.यू. (राजस्थान), एम.पी.बी.ओ.यू. (एम.पी.), एम.डी.यू. (हरियाणा), पंजाब विश्वविद्यालय, तमिलनाडु मुक्त विश्वविद्यालय, श्री पद्मावती महिला विश्वविद्यालयम् (आंध्र प्रदेश), जम्मू विश्वविद्यालय, वाई.सी.एम.ओ.यू., राजस्थान विश्वविद्यालय, उत्तर प्रदेश राजर्षि टण्डन मुक्त विश्वविद्यालय, कल्याणी विश्वविद्यालय, बनारस हिंदू विश्वविद्यालय (बी.एच.यू.), और अन्य भारतीय विश्वविद्यालय।

Closer to Nature  We use Recycled Paper

गुल्लीबाबा पब्लिशिंग हाउस प्रा. लि.

आई.एस.ओ. 9001 एवं आई.एस.ओ. 14001 प्रमाणित कं.

Published by:
GullyBaba Publishing House Pvt. Ltd.

Regd. Office:
2525/193, 1st Floor, Onkar Nagar-A,
Tri Nagar, Delhi-110035
(From Kanhaiya Nagar Metro Station Towards Old Bus Stand)
Call: 9991112299, 9312235086
WhatsApp: 9350849407

Branch Office:
1A/2A, 20, Hari Sadan,
Ansari Road, Daryaganj,
New Delhi-110002
Ph.011-45794768
Call & WhatsApp:
8130521616,8130511234

E-mail: hello@gullybaba.com, **Website**:GullyBaba.com

New Edition

ISBN: 978-93-89601-03-9
Author: Gullybaba.com Panel

प्रश्न 2. लिब्रेऑफिस की सामान्य विशेषताओं को चित्र की सहायता से समझाइए।..38

प्रश्न 3. "लिब्रेऑफिस राइटर एक वर्ड प्रोसेसिंग उपकरण है।" चर्चा कीजिए।..41

प्रश्न 4. लिब्रेऑफिस राइटर के विंडों के सभी अंगों का संक्षिप्त वर्णन कीजिए।..41

प्रश्न 5. लिब्रेऑफिस राइटर में आप टेक्स्ट के साथ किस प्रकार कार्य कर सकते हैं? बताइए।..45

प्रश्न 6. एक राइटर डॉक्यूमेंट को किस प्रकार एडिट किया जाता है?..50

प्रश्न 7. लिब्रेऑफिस राइटर में किसी डॉक्यूमेंट में 'स्टाइल और फॉर्मेटिंग' किस प्रकार की जाती है? समझाइए।..........................52

प्रश्न 8. लिब्रेऑफिस राइटर के अंदर टेबल बनाने की विधि का वर्णन कीजिए। 55

प्रश्न 9. लिब्रेऑफिस राइटर में प्रयोग किए जाने वाले मेल मर्ज के विभिन्न चरणों का वर्णन कीजिए।..59

प्रश्न 10. "कैल्क लिब्रेऑफिस का स्प्रेडशीट घटक है।" व्याख्या कीजिए।..68

प्रश्न 11. कॉमा-सेपरेटिड-वैल्यूज (CSV) फाइल क्या है? लिब्रेऑफिस कैल्क में इसे कैसे खोला जाता है? वर्णन कीजिए।......................69

प्रश्न 12. लिब्रेऑफिस कैल्क में एक स्प्रेडशीट के साथ किस प्रकार कार्य किया जा सकता है?..73

प्रश्न 13. लिब्रेऑफिस कैल्क में स्प्रेडशीट में संशोधन किस प्रकार किया जा सकता है?..74

प्रश्न 14. लिब्रेऑफिस कैल्क में फंक्शंस का प्रयोग करते हुए फॉर्मूलों का निर्माण किस प्रकार किया जा सकता है?......................75

प्रश्न 15. लिब्रेऑफिस कैल्क में आप चार्ट कैसे बना सकते हैं? समझाइए।..78

प्रश्न 16. मेन इम्प्रैस विंडो (Main Impress Window) के प्रमुख भागों को संक्षिप्त में समझाइए।...79

प्रश्न 17. इम्प्रैस में आप प्रेजेंटेशन विजार्ड का प्रयोग करके नई प्रेजेंटेशन कैसे बना सकते हैं? बताइए।.......................................87

प्रश्न 18. निम्नलिखित पर संक्षिप्त टिप्पणी लिखिए–..............91

(i) इम्प्रैस में एक प्रेजेन्टेशन को फॉर्मेट करना

(ii) इम्प्रैस में स्लाइड लेआउट का चयन

(iii) इम्प्रैस में चित्र, तालिकाएँ, मीडिया तथा एनीमेशन को जोड़ना

(iv) इम्प्रैस में एक एनीमेशन को बनाना

(v) इम्प्रैस में स्लाइड मास्टर्स

(vi) इम्प्रैस में स्लाइड शो: एक साथ रखना

(vii) इम्प्रैस में स्लाइड शो में परिवर्तन

(viii) इम्प्रैस में स्लाइड शो को चलाना

अध्याय-3. नित्य प्रति कार्य....................................103
(Housekeeping Operations)

प्रश्न 1. अधिग्रहण/अर्जन से आप क्या समझते हैं? इसके विभिन्न उद्देश्य स्पष्ट कीजिए।..104

प्रश्न 2. प्रक्रियाकरण कार्य से आप क्या समझते हैं? इसकी आवश्यकता एवं संगठनात्मक संरचना का उल्लेख कीजिए।...........105

प्रश्न 3. परिसंचरण (Circulation) कार्य से आपका क्या तात्पर्य है? इसके लक्ष्य एवं विषय-क्षेत्र को संक्षिप्त में समझाइए।.............107

प्रश्न 4. पत्रिका नियंत्रण क्या है? इसके विभिन्न कार्य बताइए।......109

प्रश्न 5. पुस्तकालय सामग्री के व्यवस्थापन पर विस्तारपूर्वक चर्चा कीजिए।..110

प्रश्न 6. पुस्तकालय में नित्य प्रति कार्यों के कार्य विश्लेषण पर चर्चा कीजिए।..114

प्रश्न 7. आई.सी.टी. तथा पुस्तकालय के नित्य प्रति कार्यों के संबंधों पर प्रकाश डालिए।...117

अध्याय-4. पुस्तकालय स्वचालन पैकेज...................123
(Library Automation Package)

प्रश्न 1. पुस्तकालय स्वचालन से आप क्या समझते हैं? इसकी आवश्यकता पर प्रकाश डालिए।..124

प्रश्न 2. पुस्तकालय स्वचालन के इतिहास और विकास पर प्रकाश डालिए।..125

प्रश्न 3. पुस्तकालय प्रबंधन प्रणाली के विकास की संक्षेप में विवेचना कीजिए।..130

प्रश्न 4. पुस्तकालय प्रबंधन प्रणाली (एल.एम.एस.) के कार्य बताइए।..132

प्रश्न 5. पुस्तकालय प्रबंधन प्रणाली की मूलभूत आवश्यकताओं को विस्तृत रूप में समझाइए।..134

प्रश्न 6. भारत में पुस्तकालय प्रबंधन प्रणाली की पहलों पर चर्चा कीजिए।..143

प्रश्न 7. भारत में पुस्तकालय प्रबंधन की प्रमुख प्रणालियों पर चर्चा कीजिए।..152

प्रश्न 8. पुस्तकालय स्वचालित सॉफ्टवेयर के विषय में आप क्या जानते हैं? व्याख्या कीजिए।..153

अध्याय-5. इंटरनेट के मूलतत्त्व..................................157
(Internet Basics)

प्रश्न 1. नेटवर्क क्या है? इसके विभिन्न लाभ व प्रकारों का वर्णन कीजिए।..158

प्रश्न 2. इंटरनेट क्या है? इसके ऐतिहासिक परिदृश्य पर प्रकाश डालिए।..163

प्रश्न 3. क्लाइंट-सर्वर नेटवर्क पर संक्षिप्त टिप्पणी लिखिए।....165

प्रश्न 4. इंटरनेट कैसे कार्य करता है? समझाइए।..................166

प्रश्न 5. 'इंटरनेट संयोजन' (Internet Connection) क्या है? चर्चा कीजिए।...169

प्रश्न 6. विभिन्न प्रकार के ई-मेल अकाउंट का वर्णन कीजिए।.....170

प्रश्न 7. 'वॉयस ओवर इंटरनेट प्रोटोकॉल' पर संक्षिप्त टिप्पणी लिखिए।..172

प्रश्न 8. सुरक्षा विकल्पों (Security Options) के बारे में विस्तार से समझाइए।...173

प्रश्न 9. वेब सर्च क्या है? चर्चा कीजिए।............................176

अध्याय-6. वेब टूल्स..179
(Web Tools)

प्रश्न 1. एच.टी.टी.पी. क्या है? चर्चा कीजिए।......................180

प्रश्न 2. ई-मेल से आप क्या समझते हैं? इसकी आवश्यकता को समझाइए।..180

प्रश्न 3. ई-मेल एड्रेस पर संक्षिप्त टिप्पणी लिखिए।..............182

प्रश्न 4. ई-मेल एकाउंट किस प्रकार बनाया जाता है?...........183

प्रश्न 5. 'फाइल ट्रांसफर प्रोटोकॉल' पर संक्षेप में टिप्पणी लिखिए।....185

प्रश्न 6. रिमोट लॉगिन (टेलनेट) क्या है? व्याख्या कीजिए।....186

प्रश्न 7. पुस्तकालय और सूचना विज्ञान में लिस्टसर्वर्स, एल.आई.एस. व्यावसायिकों की किस प्रकार सहायता कर रहे हैं? वर्णन कीजिए।...187

प्रश्न 8. निम्नलिखित पर टिप्पणी लिखिए–........................189

(i) वेब डायरेक्टरी

(ii) सर्च इंजन

(iii) वेब पोर्टल

प्रश्न 9. वेब 2.0 से आप क्या समझते हैं? इसकी विशेषताओं एवं आवश्यकता पर प्रकाश डालिए।...192

प्रश्न 10. वेब 2.0 के विभिन्न अनुप्रयोगों पर चर्चा कीजिए।....194

प्रश्न 11. वेब 3.0 पर संक्षिप्त टिप्पणी लिखिए।..................200

अध्याय-7. वेब आधारित सेवाएँ................................203
(Web-based Services)

प्रश्न 1. वेब-आधारित/इंटरनेट-आधारित पुस्तकालय सेवाओं से आप क्या समझते हैं? इनका विस्तारपूर्वक वर्णन कीजिए।..............204

प्रश्न 2. वेब-आधारित पुस्तकालय सेवाओं की आवश्यकता और प्रयोजन की विवेचना कीजिए।..206

प्रश्न 3. वेब-आधारित ऑनलाइन पब्लिक एक्सैस कैटालॉग (WEB OPAC) पर प्रकाश डालते हुए इसके विभिन्न लक्षण भी बताइए।...207

प्रश्न 4. विषय गेटवे को उदाहरण सहित समझाइए।...............209

प्रश्न 5. इलेक्ट्रॉनिक पत्रिकाओं से आप क्या समझते हैं?.........212

प्रश्न 6. ऑनलाइन ग्रंथसूची/इंडेक्सिंग डेटाबेस से आप क्या समझते हैं?..213

प्रश्न 7. सामयिक जागरूकता सेवाओं से आप क्या समझते हैं?...214

प्रश्न 8. सांस्थानिक संग्रह क्या हैं? चर्चा कीजिए।.................214

प्रश्न 9. निम्नलिखित पर संक्षिप्त टिप्पणी लिखिए–............215

(i) वेबसाइट निर्माण

(ii) वर्चुअल लाइब्रेरी टूर

(iii) आस्क-ए-लाइब्रेरियन

(iv) अक्सर पूछे जाने वाले प्रश्न (Frequently Asked Questions)

(v) वास्तविक समय सेवाएँ (Real Time Services)

(vi) वेब फॉर्म

(vii) बुलेटिन बोर्ड

प्रश्न 10. उपयोक्ता शिक्षा से आप क्या समझते हैं? इसके लक्ष्यों और उद्देश्यों की चर्चा कीजिए।...222
प्रश्न 11. वेब 2.0 सेवाएँ क्या हैं? चर्चा कीजिए।.................226

प्रश्न पत्र

(1) दिसम्बर, 2017 (हल सहित)....................................233
(2) जून, 2018 (हल सहित)..236
(3) दिसम्बर, 2018 (हल सहित)....................................239
(4) जून, 2019 सैम्पल पेपर (हल सहित)........................250

कम्प्यूटर के मूलतत्त्व (Computer Basics)

भूमिका

आधुनिक युग को कंप्यूटर का युग कहा जाए तो कोई अतिशयोक्ति नहीं हागी। यह विज्ञान की अत्याधुनिक और आश्चर्यजनक तकनीक है। कंप्यूटर का वर्तमान समय में जीवन के छोटे-से लेकर बड़े कार्य तक में उपयोग बढ़ता जा रहा है। मनुष्य के दिन-प्रतिदिन के कार्यों से लेकर शिक्षा, मनोरंजन, यातायात, दूर-संचार, मौसम, शोध, वैज्ञानिक अनुसंधान आदि में कंप्यूटर का महत्त्वपूर्ण योगदान है। कंप्यूटर ने मानव द्वारा सूचना संसाधन पर अपने अधिकार को सिद्ध कर दिया है। वर्तमान में किसी राष्ट्र की शक्ति का पर्याय उसका सैन्य बल न होकर सूचना बल (Information Power) है। आज वही राष्ट्र विकास के पथ पर अग्रसर है जिस राष्ट्र और उसके नागरिकों द्वारा सूचना का अधिकाधिक प्रयोग किया जाता है। कंप्यूटर के विकास के पश्चात् ही ज्ञान की एक नवीनतम शाखा सूचना तकनीकी (Information Technology) की उत्पत्ति हुई। किसी राष्ट्र की शक्ति व विकास मुख्यत: उसकी अर्थव्यवस्था एवं सूचना तकनीक पर निर्भर करते हैं।

प्रश्न 1. कम्प्यूटर से आप क्या समझते हैं? चर्चा कीजिए।

अथवा

कम्प्यूटर को परिभाषित कीजिए।

उत्तर– शब्द कम्प्यूटर का उत्थान लैटिन भाषा के शब्द 'कम्प्यूटर' से हुआ है, जिसका अर्थ है गणना करना। इसलिए एक कम्प्यूटर को एक गणना करने वाली डिवाइस समझा जाता है जो कि गणित की और नैसर्गिक (तर्कसंगत) क्रियाएँ कर सकती है। यह सिर्फ गणना करने वाली मशीन ही नहीं बल्कि यह नैसर्गिक गतिविधियाँ जैसे तुलना इत्यादि को क्रियात्मक रूप देने में भी सक्षम है।

कम्प्यूटर की परिभाषाएँ (Definitions of a Computer)

(1) **वेबस्टर के शब्दकोश में कम्प्यूटर** (Webster's Dictionary defines a Computer) को इस तरह व्यक्त किया गया है, "A device used for computing; specifically, and electronic machine which, by means of stored instructions and information, performs rapid, often complex calculations or compiles, correlates, and selects data."

(2) **अंतर्राष्ट्रीय मापदंड संस्था** (International Standard Organisation; ISO) के शब्दों में, "A data processor that can perform substantial computation, including numerous arithmetic and logic operations, without intervention by a human operator during the run."

(3) कम्प्यूटर एक ऐसा इलेक्ट्रॉनिक यंत्र है जो कच्ची सामग्री को इनपुट के रूप में लेता है और उपभोक्ताओं के आदेशों अनुसार उपयोगी सूचना आउटपुट के रूप में देता है। (Computer is an electronic machine which accepts raw information as input and gives useful information as output on users instructions.)

कम्प्यूटर अलग-अलग तरह के कई कार्य कर सकता है। हम कम्प्यूटरों का प्रयोग, प्रोग्राम बनाने के लिए, शब्द-प्रक्रियाओं, स्प्रेडशीट्स, डाटा प्रबंधन, चलचित्र और संचार आदि के लिए करते हैं। कम्प्यूटर की अधिकतर प्रक्रियाओं को दो भागों में दो तरह की गतिविधियों में बाँट सकते हैं–एक गणनात्मक कार्यवाहियाँ और दूसरी लॉजिकल गतिविधियाँ।

परिवर्तन संबंधी क्रिया कम्प्यूटर की गणनात्मक और लॉजिकल प्रक्रियाओं को करने की योग्यता के आस-पास ही बनती है। यह निर्देशन प्रोग्राम (संकेत) कम्प्यूटर को बताते हैं कि डाटा अप्लाई करने के लिए कौन-सी कार्यवाही करनी है ताकि आउट-पुट के रूप में निर्णायक परिणाम प्राप्त किए जा सकें। सॉफ्टवेयर परिवर्तन संबंधित क्रियात्मक सारणी को दिशा-निर्देश देता है और कम्प्यूटर को विशिष्ट कार्य करने की इजाजत देता है।

(1) गणनात्मक कार्यवाही (Calculation Operations)– कम्प्यूटर गणनात्मक और लॉजिकल क्रियाएँ कर सकता है।

(2) गणित संबंधी कार्यवाही (Arithmetic Operations)– गणित संबंधी गतिविधियों में जमा, घटा, तकसीम और गुणा आदि करने की प्रक्रियाएँ भी करता है।

(3) नैसर्गिक (तर्कसंगत) क्रियाएँ (Logical Operations)– तर्कसंगत क्रियाओं में किन्हीं दो नंबरों की तुलना करके यह निश्चित करना होता है कि एक संख्या दूसरी से बड़ी है, छोटी है या दोनों संख्याएँ बराबर हैं। एक कम्प्यूटर संख्या में, अंकों में, शब्दों में और चरित्रों में तुलना कर सकता है। तब उस तुलनात्मक आधार पर कम्प्यूटर क्रिया कर सकता है और परिणाम दे सकता है।

कम्प्यूटर का प्रयोग इसके ऑप्रेटिंग सिस्टम पर कुछ प्रोग्रामों; जैसे कम्प्यूटर प्रोग्राम, इसकी विधियाँ तथा लिखित रूप में किसी सूचना का ज्ञान अर्जित करने के लिए किया जाता है।

एक कम्प्यूटर को डाटा पर क्रिया करने वाली मशीन कहा गया है। यह पहले डाटा को स्वीकार करता है, फिर क्रियात्मक रूप से उसे सेट करता है और शीघ्र ही प्रयोगकर्त्ता के लिए आउटपुट के रूप में परिणाम स्क्रीन पर दिखाता है। कम्प्यूटर का मुख्य मॉडल एक कम्प्यूटर के काम करने का तरीका दिखाता है।

प्रश्न 2. कम्प्यूटर के वर्गीकरण पर चर्चा कीजिए।

अथवा

कम्प्यूटर के विभिन्न प्रकारों की विवेचना कीजिए।

अथवा

"कंप्यूटिंग शक्ति तथा अन्य क्षमताओं के आधार पर कंप्यूटरों को विभिन्न कोटियों में समूहबद्ध किया जा सकता है।" इन कोटियों की व्याख्या कीजिए।

अथवा

कंप्यूटर के विभिन्न प्रकारों का वर्णन कीजिए।

[जून-2018, प्र.सं. 1.1]

उत्तर– कंप्यूटर की परिचालन पद्धति तथा शक्ति सामर्थ्य के आधार पर मुख्यतया दो भागों में विभाजित किया जा सकता है–

(1) परिचालन पद्धति के आधार पर–इस प्रकार के कंप्यूटरों को भी तीन भागों में विभाजित किया जा सकता है जो इस प्रकार हैं–

(क) अंकीय कंप्यूटर (Digital Computer)–अंकीय सूचना का अर्थ ऐसी सूचना से होता है जो अलग-अलग टुकड़ों में हो या जिसे अलग-अलग टुकड़ों में गिना जाए, भंडारित किया जा सके, विश्लेषित किया जा सके तथा प्रसारित किया जा सके। इस वर्ग के कंप्यूटर का उपयोग पुस्तकालयों से संबंधित सामान्य कार्यों में किया जाता है जैसे–पुस्तकालय में उपस्थिति प्रलेखों के लेखकों को वर्णानुक्रम में व्यवस्थित करना, लेखों, प्रलेखों के अभिगम पर खोज कर कंप्यूटर में निवेशित करके उन्हें वर्णक्रम में व्यवस्थित करना या दूसरे शब्दों में हम कह सकते हैं कि अनुक्रमणिका का निर्माण करना।

(ख) अनुरूप कंप्यूटर (Analog Computer)–अंकीय प्रकार के और अनुरूप प्रकार के कंप्यूटर में वास्तविक अंतर यह है कि अनुरूप कंप्यूटर नापता है किंतु अंकीय कंप्यूटर गिनता है।

(ग) संकर कंप्यूटर (Hybrid Computer)–संकर कंप्यूटर वह कंप्यूटर है जो कि अनुरूप एवं अंकीय कंप्यूटर के गुणों को जोड़ता है। यह कंप्यूटर प्रणाली अनुरूप कंप्यूटर की माप क्षमता तथा अंकीय कंप्यूटर की गणना क्षमता का प्रयोग करता है।

(2) शक्ति एवं सामर्थ्य के आधार पर–इस आधार पर कंप्यूटर को निम्नांकित चार भागों में विभाजित किया जा सकता है–

(क) सुपर कंप्यूटर (Super Computer)–सुपर कंप्यूटर शब्द प्रायः इन दिनों सुनाई पड़ता है। अंतरिक्ष से लेकर खेल तक यह सभी क्षेत्रों

में अपनी महत्त्वपूर्ण भूमिका निभा रहा है। यह कंप्यूटर 9 अरब से भी अधिक निर्देशों को प्रति सेकेंड्स की गति से निष्पादन करने तथा लाखों की संख्या में प्रति चिप बाइट संग्रह रखने की क्षमता रखते हैं। गति जो कि माइक्रो प्रोसेसर के समानांतर रूप में कार्य करने के कारण और उच्च कोटि के संग्रह घनत्व जो कि मुख्य रूप से चुंबकीय बुलबुले स्मरणों पर आधारित होती है। सुपर कंप्यूटर क्रे-9 अंक फल सबसे अधिक शक्तिशाली कंप्यूटरों में से एक माना जाता है। आजकल सुपर कंप्यूटरों का प्रयोग प्रतिरक्षा शोधों में भी किया जाता है। भारत ने भी क्रे-9 को प्राप्त किया है।

(ख) मेनफ्रेम कंप्यूटर (Main Frame Computer)–चतुर्थ पीढ़ी के कंप्यूटरों के विकास के पूर्व 'मेनफ्रेम' शब्द का प्रयोग कंप्यूटर के केंद्रीय संसाधक एकक को इंगित करने के लिए किया जाता है। बड़े तथा अधिक शक्तिशाली कंप्यूटरों को मेनफ्रेम कहा जाने लगा। शुरू में माइक्रो कंप्यूटर मल्टी यूजर नहीं थे लेकिन मेनफ्रेम कंप्यूटर शुरू से ही मल्टी यूजर प्रोजेक्ट को चलाने में सक्षम थे तथा डेटा का विश्लेषण तथा संसाधन अधिक तेज गति से करते हैं।

(ग) मिनी कंप्यूटर (Mini Computer)–इस कंप्यूटर में मेनफ्रेम कंप्यूटर में मल्टी यूजर प्रोजेक्ट तथा नेटवर्क के गुण तो होते हैं लेकिन मेनफ्रेम कंप्यूटर की तुलना में इनकी आंतरिक संग्रह क्षमता कम होती है।

(घ) माइक्रो कंप्यूटर (Micro Computer)–यह कंप्यूटर आकार में छोटे तथा सस्ते होते हैं। इस प्रकार के कंप्यूटरों का विकास 70 के दशक में हुआ। इन्हें एक चिप के ऊपर कंप्यूटर (Computer on a Chip) भी कहा जाता है। अपनी विशेषताओं एवं कार्यक्षमता के कारण माइक्रो कंप्यूटर अत्यधिक लोकप्रिय है।

क्षमताओं के आधार पर माइक्रो कंप्यूटर को निम्न भागों में बाँटा गया है–

(i) पी.सी.–माइक्रो कंप्यूटर को बाद में पी.सी. का नाम दिया जाता है। इसकी स्मृति तथा आंतरिक संग्रह क्षमता कम थी तथा यह व्यक्तिगत कार्यों या छोटे-मोटे कार्यों के लिए उपयुक्त है।

(ii) **पी.सी.एक्स.टी.**–यह पी.सी. का विस्तारित रूप है तथा एक्स का अर्थ विस्तारित तकनीक (Extended Technology) से है।

(iii) **पी.सी.ए.टी.**–यह कंप्यूटर का परिवर्धित तथा परिष्कृत रूप है तथा ए.डी. का अर्थ परिवर्द्धित तकनीक (Advanced Technology) से है तथा इसकी आंतरिक स्मृति की भंडारण क्षमता बहुत अधिक है।

(iv) **पी.सी.ए.टी. 386 और 486**–ये बहुल प्रयोक्ता मशीनें हैं। बहुल प्रयोक्ता वातावरण में कार्य करने के लिए यूनिक्स या डोनिक्स जैसी ऑपरेटिंग प्रणालियों का उपयोग आवश्यक है।

(v) **पेटियम**–पेटियम 586 चिप पर आधारित बहुल प्रयोक्ता वातावरण में कार्य करने वाला माइक्रो कंप्यूटर है। तकनीकी कारणों से इसका नाम पी.सी. 586 न रखकर पेटियम रखा गया।

प्रश्न 3. निम्नलिखित पर संक्षिप्त टिप्पणी लिखिए–

(i) डेस्कटॉप कम्प्यूटर

उत्तर– ये कम्प्यूटर पूर्ण रूप से हार्ड डिस्क ड्राइव और फ्लॉपी डिस्क ड्राइव के साथ उपलब्ध हैं। हालाँकि फ्लॉपी डिस्क की संग्रहण क्षमता कम होने के कारण वर्तमान में डेस्कटॉप कंप्यूटरों में फ्लॉपी डिस्क का प्रचलन बंद हो गया है, ये कम्प्यूटर पेरिफिरल्स जैसे एक मॉनीटर, एक माउस, एक की-बोर्ड और सीडी या डीवीडी ड्राइव के साथ आते हैं।

इस प्रकार के कम्प्यूटर सस्ते होते हैं और एक्सटेंशन कार्ड जोड़ने के लिए आसान होते हैं। लेकिन ये स्थान ज्यादा घेरते हैं और इन्हें आसानी से एक स्थान से दूसरे स्थान पर लाना ले जाना मुश्किल होता है।

(ii) नोटबुक एवं लेपटॉप

उत्तर– ये आकार में अपेक्षाकृत छोटे (30 से.मी. × 20 से.मी. के), हल्के और ले जाने में आसान होते हैं, ये ब्रिफकेश के समान होते हैं। इन्हें खोलने पर एक ओर फ्लेट स्क्रीन होती है और दूसरी ओर की-बोर्ड व माउस जो बॉल के आकार में होता है। इसमें डेस्कटॉप

कम्प्यूटर की सभी विशेषताएँ होती हैं। माउस पॉइंटर को नियंत्रण करने के लिए टच पैड या बटन उपयोग किया जाता है। ये वजन में भी डेस्कटॉप कम्प्यूटर की अपेक्षा बहुत हल्के होते हैं। इन्हें उपयोगकर्त्ता अपने साथ आसानी से कहीं भी ला ले जा सकता है।

प्रश्न 4. हार्डवेयर से आप क्या समझते हैं? कम्प्यूटर के मुख्य हार्डवेयर घटकों को समझाइए।

अथवा

कम्प्यूटर के प्रमुख हार्डवेयर घटकों की संक्षेप में चर्चा कीजिए।

[दिसम्बर-2017, प्र.सं. 1.1]

उत्तर– हार्डवेयर किसी कम्प्यूटर के उन भागों को सामूहिक रूप से संदर्भित करते हैं, जिन्हें हम स्पर्श और महसूस कर सकते हैं। इसलिए कम्प्यूटर संरचना में उपयोग किए जाने वाले सभी घटक हार्डवेयर कहलाते हैं।

कम्प्यूटर के मुख्य हार्डवेयर घटक निम्नलिखित हैं–

- **सी.पी.यू. (सेंट्रल प्रोसेसिंग यूनिट)**–सी.पी.यू. को कम्प्यूटर का दिमाग कहा जाता है। कम्प्यूटर से जुड़े हुए ज्यादातर उपकरण किसी काम को करने के लिए सी.पी.यू. से संचार करते हैं। सी.पी.यू. के चिप की गति गीगाहट्र्ज में मापी जाती हैं। सी.पी.यू. के चिप की गति जितनी ज्यादा होती है उतनी ही तेजी से कम्प्यूटर भी काम करता है। आम तौर पर इंटेल पेन्टियम के चिपों की गति 500 मेगाहट्र्ज, 933 मेगाहट्र्ज, 1.0 गीगाहट्र्ज, 2.0 गीगाहट्र्ज, 3.0 गीगाहट्र्ज या और अधिक हो सकती है।
- **मदरबोर्ड**–मदरबोर्ड को मेनबोर्ड या सिस्टम बोर्ड कहा जाता है। यह मुख्य बोर्ड होता है जिसमें सॉकेट लगे होते हैं और इससे अन्य बोर्ड भी जुड़ सकते हैं। मदरबोर्ड में कई तरह की चिप लगी होती हैं जिसमें से प्रोसेसर या सेंट्रल प्रोसेसिंग यूनिट मुख्य है।
- **रैम (रेंडम एक्सेस मैमोरी)**–रैम को ज्यादातर मैमोरी कहा जाता है। रैम में मैमोरी चिप लगी होती हैं जिन्हें प्रोसेसर की

मदद से पढ़ा और लिखा जा सकता है। जब कम्प्यूटर चालू किया जाता है तब कुछ ऑपरेटिंग सिस्टम्स फाइलें, स्टोरेज उपकरण जैसे हार्ड-डिस्क से लोड होकर रैम में आ जाती हैं। कम्प्यूटर चलने तक यह फाइलें रैम में ही रहती हैं। कुछ अन्य प्रोग्राम और डाटा भी रैम में लोड हो जाते हैं। जब तक डाटा रैम में होता है तो प्रोसेसर उसकी व्याख्या/आकलन करता है। इस दौरान रैम के कंटेंट्स में बदलाव आ सकता है। रैम की क्षमता अगर ज्यादा है तो वह एक साथ कई प्रोग्रामों को संजोकर रख सकती है। जिस प्रोग्राम पर आप काम करते हैं वह कम्प्यूटर की स्क्रीन पर दिखाई देता है।

- **विस्तार कार्ड**—विस्तार कार्ड एक इलेक्ट्रॉनिक सर्किट बोर्ड होता है जो डेस्कटॉप कम्प्यूटर में अधिक कार्यक्षमता जोड़ता है। इन कार्डों को एक कम्प्यूटर मदरबोर्ड के विस्तार स्लॉट में स्थापित किया जाता है जो कम्प्यूटर को मदरबोर्ड द्वारा पेश नहीं किए जाने वाले अतिरिक्त कार्यों को करने की अनुमति देते हैं। ग्राफिक कार्ड, साउंड कार्ड और नेटवर्क कार्ड सामान्य उदाहरण हैं: जोड़ा गया नया ग्राफिक कार्ड कम्प्यूटर की तीन आयामी ग्राफिक्स प्रोसेसिंग पावर को बढ़ाएगा, जबकि एक नया साउंड कार्ड कम्प्यूटर के ऑडियो इनपुट में सुधार कर सकता है। नेटवर्क कार्ड का उपयोग आपके कम्प्यूटर को नेटवर्क से जोड़ने के लिए किया जाता है जैसे होम नेटवर्क या इंटनेट में RJ-45 कनेक्टर के साथ ईथरनेट केबल का उपयोग करना।
- **पावर सप्लाई**—पावर सप्लाई आल्टरनेटिव करंट को डायरेक्ट करंट में बदलने का काम करती है और इसी से कम्प्यूटर काम करता है। पावर सप्लाई की क्षमता को वाट्स में नापा जाता है। एक औसत कम्प्यूटर लगभग 250 वाट्स का इस्तेमाल करता है जबकि एक साधारण बल्ब 60 वाट्स बिजली से चलता है। कम्प्यूटर के भीतरी तापमान को पावर सप्लाई के अंदर लगे पंखें की मदद से नियंत्रित किया जाता है।

- **रोम (रीड-ओनली मैमोरी)**–रोम स्टोरेज मीडिया की श्रेणी में आता है जिसका इस्तेमाल कम्प्यूटर और अन्य इलेक्ट्रॉनिक उपकरणों में किया जाता है। रोम में उपस्थित डाटा में कोई बदलाव नहीं किया जा सकता। यह अस्थिर नहीं होती। कम्प्यूटर बंद हो जाने के बाद इसके कंटेंट्स खोते नहीं हैं।

  रोम की चिप में स्थायी डाटा, निर्देश और सूचनाएँ होती हैं। उदाहरण के तौर पर इसमें निर्देशों की श्रृंखला से युक्त बेसिक इनपुट/आउटपुट सिस्टम होता है जिससे कम्प्यूटर स्टार्ट होते ही ऑपरेटिंग सिस्टम और अन्य फाइलें लोड हो जाती हैं। अन्य कई उपकरणों में भी रोम की चिप लगी होती है। उदाहरण के लिए प्रिंटर में लगी रोम की चिप में फॉन्ट से संबंधित डाटा होता है।
- **कम्प्यूटर केस**–एक कम्प्यूटर केस (एक बॉक्स के रूप में भी जाना जाता है) एक बॉक्स है, जिसमें कम्प्यूटर के बिट्स होते हैं। कम्प्यूटर केस कम्प्यूटर तथा उसके घटकों को सुरक्षित रखने के लिए रखा जाता है। केस आमतौर पर बिजली की आपूर्ति के साथ आते हैं।

प्रश्न 5. कम्प्यूटर के बाहरी स्टोरेज उपकरणों को समझाइए।

अथवा

यू.एस.बी. फ्लैश ड्राइव पर संक्षिप्त टिप्पणी लिखिए।

[जून-2018, प्र.सं. 5.0 (a)]

उत्तर– कम्प्यूटर के बाहरी स्टोरेज उपकरण निम्न हैं–

- **हार्ड डिस्क ड्राइव**–हार्ड डिस्क ड्राइव वह स्टोरेज डिवाइस है, जिसमें कम्प्यूटर डाटा स्टोर करता है। हार्ड डिस्क ड्राइव को हार्ड ड्राइव या फिक्स्ड हार्ड ड्राइव भी कहा जाता है। ज्यादातर कम्प्यूटरों में कम्प्यूटर केस के अंदर एक हार्ड डिस्क स्थित होती है। हार्ड ड्राइव, प्लेटर्स कहलाने वाली घूमती हुई डिस्क पर अत्यधिक मात्रा में डाटा को चुंबकीय

तरीके से स्टोर करती है। हार्ड डिस्क समय की बचत कर सकती है, क्योंकि फ्लॉपी डिस्क के मुकाबले हार्ड डिस्क पर फाइलें एक्सेस करना 20 गुना ज्यादा तेज होता है। अधिकतर यूजर्स पाते हैं कि फ्लॉपी डिस्क के मुकाबले हार्ड डिस्क पर फाइलें एक्सेस करना ज्यादा आसान होता है। वर्तमान पर्सनल कम्प्यूटर की हार्ड डिस्क 40 से 180 जीबी या इससे भी ज्यादा डाटा स्टोर कर सकती हैं।

- **फ्लॉपी डिस्क ड्राइव**–फ्लॉपी डिस्क ड्राइव एक ऐसा डिवाइस है, जो फ्लॉपी डिस्क को रीड व राइट कर सकता है। फ्लॉपी ड्राइव आज उतनी महत्त्वपूर्ण नहीं हैं, क्योंकि ज्यादातर सॉफ्टवेयर CD-ROMs पर वितरित किए जाते हैं। लेकिन जब आप किसी से डाटा का आदान-प्रदान कर रहे हों, तो वे आज भी उपयोगी हैं। सभी फ्लॉपी ड्राइव के आगे लाइट एमिटिंग डायोड (एल.ई.डी.) होता है, जो ड्राइव द्वारा फ्लॉपी डिस्क को एक्सेस करते समय जल उठता है।
- **ऑप्टिकल डिस्क ड्राइव**–इसे ओडीडी, सीडी ड्राइव, डीवीडी ड्राइव, बीडी ड्राइव, डिस्क ड्राइव भी कहते हैं। ऑप्टिकल ड्राइव डाटा को पुनः प्राप्त करती है तथा/या उन्हें ऑप्टिकल मीडिया यथा–सीडी, डीवीडी तथा बीडी (ब्लू-रे डिस्क) पर स्टोर करती है।

  कॉम्पैक्ट डिस्क (सीडी) एक प्रकार की ऑप्टिकल स्टोरेज डिस्क होती है जिसका प्रयोग डिजिटल डाटा को स्टोर करने के लिए किया जाता है। सीडी कई प्रकार की होती है यथा–सीडी रोम (रीड ओनली मैमोरी), सीडी–आर (रिकॉर्डेबल), सीडी–आरडब्ल्यू (रि-राइटेबल) तथा वीडियो कॉम्पैक्ट डिस्क (वीसीडी)। सीडी रोम (रीड ओनली मेमोरी) पर डाटा को केवल पढ़ा जा सकता है किंतु लिखा नहीं जा सकता। सीडी-आर (रिकॉर्डेबल) पर डाटा को केवल एक बार रिकॉर्ड किया जा सकता है और उसके

बाद यह सीडी-रोम की भाँति कार्य करती है। सीडी-आर डब्ल्यू लिख भी सकती है और डाटा को कई बार मिटा भी सकती है। वीसीडी प्रायः वीडियो फाइलों को स्टोर करती है तथा उन्हें वीसीडी प्लेयर का प्रयोग करके टेलीविजन पर देखा जा सकता है।

मानक सीडी का व्यास 12 सेमी. का होता है और यह 700 एम बी डाटा स्टोर कर सकती है। एक सीडी ड्राइव को एक निजी कम्प्यूटर के साथ जोड़कर सीडी के डाटा को पढ़ने, लिखने, मिटाने तथा पुनः लिखने का कार्य किया जाता है।

- **डी.वी.डी.-रोम ड्राइव–**डी.वी.डी.-रोम ड्राइव के जरिए डी.वी. डी.-रोम डिस्क में स्टोर इंफॉर्मेशंस रीड की जाती है। रीड-ओनली का मतलब है कि डिस्क में स्टोर इंफॉर्मेशंस को बदला नहीं जा सकता है। डी.वी.डी.-रोम डिस्क साइज और शेप में सीडी-रोम डिस्क के समान होती है, लेकिन उसमें बहुत ज्यादा इंफॉर्मेशंस स्टोर हो सकती हैं।
- **ब्लू-रे डिस्क (Blue-ray Disc)–**यह डीवीडी (DVD) का ही और अधिक विकसित रूप है। ब्लू-रे डिस्क एक प्रकाशकीय (Optical) भंडारण माध्यम है, जो कि डीवीडी का स्थान प्रतिस्थापित करने का कार्य कर रहा है। मुख्य रूप से इसका उपयोग उच्च-परिभाषा वाले वीडियो (High-Definition Video), वीडियो गेम्स, एनिमेशन्स से युक्त अन्य प्रकार के डेटा को संग्रहीत करने में किया जाता है। इन पर अंकित रिकॉर्डस को पढ़ने के लिए विशिष्ट प्रकार की लेजर किरणों का प्रयोग किया जाता है, जो कि नीले-बैंगनी रंग की होती हैं, इसलिए इन्हें ब्लू-रे डिस्क कहा जाता है। सामान्यतया इसकी एकल-परत (Single layer) में भंडारण क्षमता 25 जीबी तक होती है, वहीं द्वि-परतों में 50 जीबी होती है। ब्लू-रे डिस्क भी दो प्रकार की होती है–पहली, बीडी-आर (BD-R), जिसमें डेटा को

एक बार ही रिकॉर्ड करके उपयोग किया जा सकता है एवं दूसरी बीडी-आरई (BD-RE), जिसमें डेटा को कई बार रिकॉर्ड कर उपयोग में लाया जा सकता है।

- **पेन ड्राइव (यू.एस.बी. फ्लैश ड्राइव)**–पेन ड्राइव डेटा को संग्रहीत करने के लिए एक छोटे पेन के आकार का उपकरण है, जिसमें कॉम्पेक्ट डिस्क (CD), डीवीडी (DVD) से अपेक्षाकृत कई गुना अधिक डेटा को भंडारित किया जा सकता है। इस युक्ति को यू.एस.बी. पोर्ट के जरिए कंप्यूटर के साथ जोड़ा जाता है। पेन ड्राइव अलग-अलग साइज के होते हैं, जिन्हें कंप्यूटर से जोड़ना एवं हटाना बहुत आसान होता है। वर्तमान में 2 जीबी से 64 जीबी भंडारण क्षमता तक की पेन ड्राइव सामान्य उपयोग के लिए प्रचलन में है।

चित्र 1.1: यू.एस.बी. फ्लैश ड्राइव

प्रश्न 6. कम्प्यूटर की इनपुट डिवाइसों के बारे में चर्चा कीजिए।

उत्तर– कम्प्यूटर की कुछ प्रमुख इनपुट डिवाइस निम्न हैं–

(1) कीबोर्ड (Keyboard)–यह कम्प्यूटर की सबसे आम (साधारण) इनपुट डिवाइसिस है।

- यह एक टाइपराइटर के सेट पर keys के साथ बना होता है जो कि हमें टाइप करके कम्प्यूटर में डाटा दाखिल करने योग्य बनाता है।
- इसमें इनपुटिंग अक्षर, नंबर और कुछ खास characters शामिल होते हैं।
- जब भी हम कोई बटन दबाते हैं तो विद्युत तरंग के चालू होने के साथ ही वह शब्द या अंक कम्प्यूटर में फीड हो जाता है जिसे हम इनपुट कहते हैं।

- की-बोर्ड (अंक पटल) पर 101 से 108 तक keys होती हैं।

हम की-बोर्ड को मुख्य तीन भागों में विभाजित कर सकते हैं–

- **मुख्य की-बोर्ड (Main Keyboard)**–इस पर टाइपिंग बटन A से Z तक और अंक बटन 0-9 तक होते हैं।
- **न्यूमरिक (नंबरों वाला) की-बोर्ड (Numeric Keyboard)**–यह न्यूमरिक या Cursor की गतिविधि के लिए होता है।
- **क्रियात्मक बटन (Function Keys)**–इनका प्रयोग टाइपिंग की मेहनत को थोड़ा-सा कम करने के लिए होता है।

(2) माउस (Mouse)–माउस एक ऐसी युक्ति है जो हमें स्क्रीन पर अपनी items को चुन कर इधर-उधर घुमाने में सहायता करती है।

- यह कर्सर की गतिविधि को डिस्प्ले स्क्रीन पर कंट्रोल करता है।
- हम इसका प्रयोग कम्प्यूटर में से अपनी पसंद की वस्तु चुनने (pick) के लिए करते हैं और उसके लिए माउस बटन हमें point करते हैं।
- एक माउस में दो से तीन बटन होते हैं।
- इसका आकार एक चूहे की तरह का होता है।
- उनके अलग-अलग कार्य होते हैं जो कि चल रहे किसी भी कार्यक्रम पर निर्भर करते हैं।
- यह चलचित्रों संबंधी, प्रयोगकर्त्ता की सुविधा के लिए बहुत महत्त्वपूर्ण है क्योंकि इसमें हम सिर्फ अपने उद्देश्य को चुनने के लिए माउस पर बटन क्लिक करके इशारा कर सकते हैं।

माउस मुख्यतः दो प्रकार का होता है–

- मैकेनिकल माउस (Mechanical Mouse),
- ऑप्टिकल माउस (Optical Mouse)।

माउस के लाभ (Advantages of Mouse)–

- प्रयोग करने में आसान।

- बहुत कीमती नहीं है।
- यह कर्सर को की-बोर्ड की arrow keys से ज्यादा तेज घुमाता है।

(3) स्कैनर (Scanner)–कुंजीपटल से हम केवल इसमें दी गई कुंजियों द्वारा ही पाठ्यांश (Text) का निवेश कर सकते हैं। यदि हम इसके द्वारा किसी चित्र का निवेश करना चाहें तो यह संभव नहीं है। स्कैनर एक ऐसा निवेश उपकरण है जिसके द्वारा हम किसी चित्र का निवेश कम्प्यूटर में कर सकते हैं और उसको पुनः प्रदर्शित भी कर सकते हैं। मैग्नेटिक इंक करेक्टर रिकोग्निशन (MICR), ऑप्टिकल मार्क रीडर (OMR) और ऑप्टिकल करेक्टर रीडर (OCR) साधारणतया पाए जाने वाले स्कैनर हैं।

- **एम.आई.सी.आर. (MICR)**–इसका उपयोग प्रायः बैंकों में होता है। इसके द्वारा बैंकों में चेक बुक पर छपी चेक संख्या को पढ़ा जाता है। चेक समाधान करने का यह एक सरल और तेज गति वाला उपाय है।
- **ओ.एम.आर. (OMR)**–इस उपकरण का उपयोग विद्यार्थियों की वस्तुनिष्ठ परीक्षा की कॉपियों को जाँचने के लिए होता है। प्रत्येक विद्यार्थी अपना उत्तर एक गोले को पेंसिल द्वारा काला करके देता है। तदुपरांत उत्तर पुस्तिका सीधे कम्प्यूटर में रखी जाती है, जहाँ पर ग्रेडिंग के लिए OMR का प्रयोग होता है।
- **ओ.सी.आर. (OCR)**–इस उपकरण का उपयोग किसी छपे हुए अक्षर की पहचान के लिए किया जाता है। मान लीजिए कि हमारे पास एक हस्तलिखित कागज का टुकड़ा है। जब हम इसे कम्प्यूटर के साथ जुड़े स्कैनर के अंदर रखते हैं तो उसके प्रतिरूप में जब समानता पाई जाती है उसे एक पढ़ा हुआ अक्षर मान लिया जाता है। जिन प्रतिरूपों में समानता नहीं मिलती उन्हें निष्कासित कर दिया जाता है।

(4) बारकोड रीडर्स (Barcode Readers)–बारकोड (बारकूट/छड़कूट) किसी आँकड़े या सूचना को मशीन से पढ़े जाने

योग्य रूप में निरूपित करने का एक प्रभावी तरीका है। अपने मूल रूप में बारकोड के लिए समांतर रेखाओं एवं उनके बीच के अंतराल का उपयोग किया जाता था। इस विधि को एक विमीय बारकोड (1 dimensional barcode) कह सकते हैं। बारकोडों को प्रकाशीय पाठकों की सहायता से पढ़ा जा सकता है, जिन्हें बारकोड रीडर (barcode readers) कहते हैं।

बारकोड अब अन्य पैटर्नों में भी बनाए जाते हैं जिनमें वर्गों, बिंदुओं, षटभुजों आदि का एक छवि के अंदर प्रयोग किया जाता है। इसे द्वितीय विमीय बारकूट (2 dimensional barcode) कह सकते हैं। बारकोडों का सर्वप्रथम उपयोग रेलरोड कारों के नामांकन के लिए किया गया। आजकल ये स्वचालित पहचान-पत्र के रूप में सर्वत्र प्रयोग किए जा रहे हैं।

बारकोड रीडर में भिन्न-भिन्न प्रौद्योगिकियाँ प्रयोग की गई हैं। उनके अनुसार बारकोड रीडरों को निम्नानुसार वर्गीकृत किया गया है–

- **पेन टाइप बारकोड रीडर्स–**यह एक-दूसरे के आमने-सामने स्थित प्रकाश-स्रोत एवं फोटोडायोड से मिलकर बना होता है। किसी कोड को पढ़ते समय एक पेन की नोक धीरे-धीरे बारकोड पर इधर से उधर गति करती है। उसके पश्चात् फोटोडायोड प्रकाश-स्रोत से परावर्तित होने वाले प्रकाश की तीव्रता को मापता है तथा भिन्न-भिन्न पट्टियों की चौड़ाई एवं उनके बीच के स्थान के लिए विद्युतीय संकेत उत्पन्न करता है क्योंकि काली पट्टियाँ प्रकाश को अवशोषित करती हैं तथा सफेद पट्टियाँ (उनके बीच का स्थान) प्रकाश को परावर्तित करती हैं, अतः फोटोडायोड काली पट्टियों एवं बीच के स्थान के अनुसार वोल्टेज वेवफॉर्म उत्पन्न करता है।
- **लेजर टाइप बारकोड रीडर्स–**आमतौर पर इन्हें लेजर स्कैनर कहा जाता है। लेजर स्कैनर की कार्य-प्रणाली बिल्कुल पेन टाइप बारकोड रीडरों की भाँति ही होती है, किंतु लेजर स्कैनरों में प्रकाश-स्रोत की बजाय लेजर बीम

का प्रयोग किया जाता है तथा फोटोडायोड के स्थान पर घूर्णी दर्पण या प्रिज्म का प्रयोग किया जाता है।

- **सी.सी.डी. स्कैनर**–इसे सी.सी.डी. रीडर या एल.ई.डी. स्कैनर भी कहा जाता है। यह रीडर के सिरे पर हजारों की संख्या में पंक्तिबद्ध तरीके से स्थित छोटे-छोटे प्रकाश-संवेदकों (सेंसरों) की श्रेणी का प्रयोग करता है क्योंकि प्रत्येक संवेदक एक फोटोडायोड के रूप में कार्य करता है, अतः प्रत्येक संवेदक अपने सामने के प्रकाश को मापता है। इस प्रकार के हजारों संवेदक पंक्तिबद्ध श्रेणी में होने के कारण स्कैन किए गए बारकोड के अनुरूप वोल्टेज तरंग तुरंत उपलब्ध होती है। सी.सी.डी. स्कैनर तथा अन्य दो के बीच यह अंतर होता है कि सी.सी.डी. स्कैनर बारकोड से आने वाले व्यापक प्रकाश को मापते हैं, जबकि पेन टाइप या लेजर स्कैनर परावर्तित प्रकाश को मापते हैं।
- **कैमरा आधारित रीडर्स**–वे विशिष्ट रूप से 2D इमेजिंग स्कैनर होते हैं तथा बारकोड की छवि (इमेज) को ग्रहण करने वाले वीडियो कैमरे का प्रयोग करते हैं। उसके पश्चात् डिजिटल इमेज प्रोसेसिंग तकनीकों की सहायता से बारकोड को डिकोड किया जाता है। सी.सी.डी. संवेदकों के समान ही वीडियो कैमरा पंक्तिबद्ध स्थिति में मौजूद हजारों संवेदकों से निर्मित सैकड़ों पंक्तियों का प्रयोग करता है।

(5) माइक्रोफोन–इसमें ध्वनि को इनपुट करने के लिए प्रयोग किया जाता है। यह आवाज को पहचान कर टेक्स्ट में बदलने के लिए प्रयोग किया जाता है।

प्रश्न 7. कम्प्यूटर की आउटपुट डिवाइसों के बारे में चर्चा कीजिए।

उत्तर– कम्प्यूटर की आउटपुट डिवाइस निम्न हैं–

(1) मोडेम (Modem)–मोडेम (Modem) एक ऐसा उपकरण है जो "अनुवादक" (Translator) के रूप में कार्य करता है। टर्मिनल

से आने वाले डिजिटल सिग्नलों को मोडेम द्वारा वाक्-ग्रेड चैनलों में प्रवाहित करने के लिए एनॉलॉग रूप में परिवर्तित किया जाता है। दूसरे सिरे पर एक अन्य मोडेम होता है जो एनॉलॉग सिग्नलों को पुनः डिजिटल सिग्नलों में परिवर्तित करता है जो कि कंप्यूटर को स्वीकार्य होता है। मोडेम "माडुलेशन" (Modulation) तथा "डिमाडुलेशन" (Demodulation) का संक्षिप्त रूप है। कुछ मोडेम कंप्यूटर टर्मिनलों में ही अंतनिर्मित होते हैं जबकि अन्य मोडेम्स टर्मिनलों तथा टेलीफोन लाइनों के बीच में अलग से लगाए गए उपकरण होते हैं।

(2) मॉनीटर (Monitor)–इसे VDU भी कहा जाता है। VDU का पूरा नाम है–विजुअल डिस्प्ले यूनिट (Visual Display Unit)। किसी भी आउटपुट युक्ति में मॉनीटर को डिस्प्ले स्क्रीन विजुअल इकाई भी कहा जाता है। यह टी.वी. स्क्रीन की तरह ही है, जिसे देखा जा सकता है।

प्रत्येक कम्प्यूटर में विजुअल डिस्प्ले यूनिट अवश्य ही लगा होता है। मॉनीटर पर प्राप्त होने वाले आउटपुट को हम सॉफ्ट कॉपी के नाम से जानते हैं।

यह VDU इनपुट डिवाइस की-बोर्ड से संबंधित होता है। की-बोर्ड के बटनों को दबाने पर संबंधित संकेत (अक्षर) VDU या मॉनीटर पर प्रदर्शित होते हैं। यह किसी भी मूल-पाठ या चित्रों को भी दृश्य पटल पर दिखा सकता है। कम्प्यूटर स्क्रीन अलग-अलग साइज में उपलब्ध है। यह दो प्रकार की होती है–

- Monochrome
- Coloured Monitor

यह एक प्रकार की ऋणात्मक विद्युत धारा वाली ट्यूब से बना होता है जो कि संकेतों को आउटपुट के रूप में दिखाता है।

(3) प्रिंटर (Printer)–यह एक महत्त्वपूर्ण निर्गत युक्ति है जिसका उपयोग संसाधित पाठ्यांश के परिणाम की मुद्रित प्रति कागज पर प्राप्त करने के लिए किया जाता है। भिन्न-भिन्न प्रकार के अनुप्रयोगों के लिए विभिन्न प्रकार के मुद्रक (प्रिंटर) डिजाइन किए गए हैं।

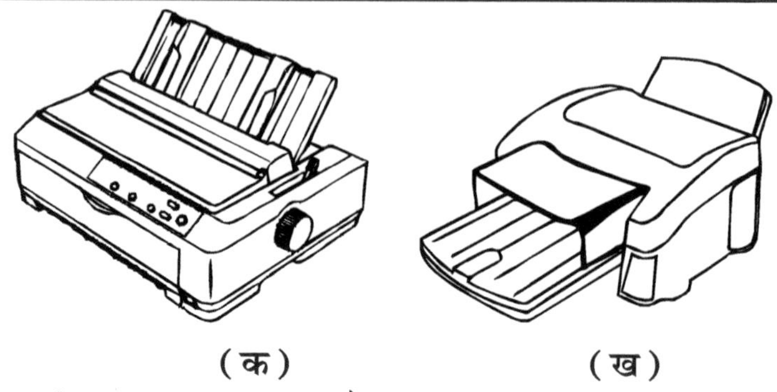

(क) (ख)

चित्र 1.2: (क) डॉट मैट्रिक्स प्रिंटर, (ख) लेजर प्रिंटर

मुद्रकों को उनकी गति तथा मुद्रण करने की कला के कारण इम्पैक्ट तथा नॉन-इम्पैक्ट मुद्रकों में वर्गीकृत कर सकते हैं। इम्पैक्ट मुद्रक टंकण मशीन की तरह कार्य करता है जिसमें अक्षर कागज के ऊपर कार्बन पर चोट करता है। इसका एक उदाहरण डॉट मैट्रिक्स मुद्रक है। नॉन-इम्पैक्ट मुद्रक मुद्रण के लिए कार्बन पर चोट नहीं करते हैं। ये इंकजेट तकनीक का जिनमें मुद्रक का हेड एक स्प्रेगन की तरह कार्य करता है कागज पर स्याही की फुहार छोड़ते हुए अक्षर मुद्रित करता है। इसकी मुद्रक गुणवत्ता उच्च कोटि की होती है। लेजर मुद्रक और इंकजेट मुद्रक इसी तकनीक का प्रयोग करते हैं। इस प्रकार के मुद्रक रंगीन मुद्रण भी कर सकते हैं।

(4) स्पीकर (Speaker)–स्पीकर कम्प्यूटर हार्डवेयर के बाहरी यंत्रों में से एक है। इसको कम्प्यूटर के साथ जोड़ने का उद्देश्य यह है कि हम कम्प्यूटर की ऑडियो साउंड को सुन सकें। ये कम्प्यूटर से जुड़े CD, DVD इत्यादि में सेव ऑडियो (जैसे गाने और वीडियो) से इलेक्ट्रॉनिक सिग्नल को लेता है और उन्हें ऑडियो में बदल देता है। मल्टीमीडिया और गेम बहुत ही विख्यात होते जा रहे हैं तो उनके इस्तेमाल में स्पीकर का बड़ा योगदान होता है। कम्प्यूटर साउंड कार्ड इतना ज्यादा पावरफुल नहीं होता कि वो एक स्पीकर को चला सके, इसलिए स्पीकर को काम करने के लिए अलग से विद्युत की आवश्यकता होती है। आज हमें अलग-अलग आकार और फ्रीक्वेंसी पर काम करने वाले स्पीकर मिलते हैं।

स्पीकर के काम करने का मूल्यांकन ज्यादातर तीन चीजों के आधार पर किया जाता है–

- **Frequency**–यह स्पीकर की आवाज की रेंज (कम या ज्यादा) की पहचान करती है और उसे नापती है।
- **THD (Total Harmonic Distortion)**–यह एम्पलीफायर द्वारा दिए गए सिग्नल में से आवाज की विकृति को नापता है।
- **Watts**–यह इस बात का ध्यान रखता है कि स्पीकर में कितनी क्षमता का विस्तारण (amplification) हो रहा है।

(5) प्रोजेक्टर (Projector)–एक कंप्यूटर प्रोजेक्टर किसी कंप्यूटर की परिधि है तथा वीडियो, आकृतियों अथवा कंप्यूटर डाटा का स्क्रीन पर अथवा समतल धरातल पर दर्शाने की एक आउटपुट उपकरण (डिवाइस) है। एक वीडियो प्रोजेक्टर अथवा लोकप्रिय नाम एलसीडी (लिक्विट क्रिस्टल डिस्प्ले) वाले प्रोजेक्टर का प्रयोग प्राय: कक्षाकक्ष में तथा सेमिनार हॉलों में वक्ता के प्रेजेन्टेशन को तथा दृश्य सामग्री को बड़ी संख्या में दर्शकों तक प्रदर्शित करने के लिए किया जाता है। ये दृश्य सामग्रियाँ एक मल्टी मीडिया कंप्यूटर में स्टोर की जाती हैं जो प्रोजेक्टर के माध्यम से उन्हें बड़ा करके दर्शाता है। प्रोजेक्टर का प्रयोग पुस्तकालयों में भी विभिन्न उद्देश्यों के लिया किया जाता है। प्रोजेक्टर को एक वीजीए योजक (कनेक्टर) के माध्यम से कम्प्यूटर के साथ जोड़ा जाता है। प्रोजेक्टर को एक स्थिर विद्युत स्रोत से भी जोड़ा जाता है।

प्रश्न 8. सॉफ्टवेयर क्या है? विभिन्न प्रकार के सॉफ्टवेयर तथा उनके कार्यों का वर्णन कीजिए।

अथवा

ऑपरेटिंग सिस्टम से क्या तात्पर्य है तथा कंप्यूटर प्रणाली की कार्य प्रणाली को यह किस प्रकार से प्रभावित करता है। एकल-उपयोक्ता तथा बहु-उपयोक्ता ऑपरेटिंग प्रणालियों के मध्य अंतरों की व्याख्या कीजिए।

अथवा

ऑपरेटिंग सिस्टम पर संक्षिप्त टिप्पणी कीजिए।

अथवा

ऑपरेटिंग सिस्टम्स से आप क्या समझते हैं? इसके विभिन्न प्रकारों की व्याख्या कीजिए।

अथवा

प्रणाली सॉफ्टवेयर और अनुप्रयोग सॉफ्टवेयर में अंतर की चर्चा कीजिए तथा ऑपरेटिंग सिस्टम (ओ.एस.) के कार्यों का वर्णन कीजिए। **[दिसम्बर-2018, प्र.सं. 1.1]**

उत्तर– 'सॉफ्टवेयर' एक सजातीय पद है जो अवधारणाओं, विधियों एवं अनुदेशों को दर्शाता है तथा जो कंप्यूटर सिस्टम से अपेक्षित कार्य कराता है। सामान्यतः सॉफ्टवेयर को प्रोग्रामों (सॉफ्टवेयर की असंतत इकाइयाँ, जिनसे कंप्यूटर विशेष कार्य करता है) और प्रणालियों या पैकेजों (एकीकृत प्रोग्रामों का समुच्चय) इत्यादि के रूप में जाना जाता है।

सॉफ्टवेयर की महत्ता इस बात में निहित है कि वह कंप्यूटर की शक्ति का उपयोग कर उपयोक्ता की समस्याओं का समाधान करता है। अधिकांशतः उपयोक्ताओं को हार्डवेयर की अपेक्षा सॉफ्टवेयर के बारे में विस्तृत जानकारी की आवश्यकता होती है।

कंप्यूटर सिस्टम की क्षमता में तीव्र गति से हुए विकास ने सॉफ्टवेयर की गुणवत्ता तथा उपलब्धता में हुए विकास को काफी पीछे छोड़ दिया है।

अध्ययन में सुविधा के लिए सॉफ्टवेयर को दो श्रेणियों में विभाजित किया जा सकता है–सिस्टम्स सॉफ्टवेयर (Systems Software) तथा अनुप्रयोग सॉफ्टवेयर (Applications Software)। सिस्टम सॉफ्टवेयर ऐसे प्रोग्रामों का समुच्चय है जिसे अन्य प्रोग्रामों की कार्यशीलता नियंत्रित करने तथा हार्डवेयर के प्रभावी उपयोग के लिए तैयार किया जाता है। अनुप्रयोग सॉफ्टवेयर ऐसे प्रोग्रामों का समुच्चय है जिसे उपयोक्ताओं की समस्याओं के समाधान के लिए तैयार किया जाता है। "सॉफ्टवेयर अभियांत्रिकी" (Software Engineering) नामक नवीन विषय के आविर्भाव के कारण सॉफ्टवेयर तैयार करने की विधि में हाल के वर्षों

में काफी परिवर्तन आया है। सॉफ्टवेयर को विकसित करने के परंपरागत तरीके में पहले उपयोक्ता की आवश्यकताओं का अध्ययन करके प्रणाली विश्लेषण (System analysis) किया जाता था, जिसके आधार पर सॉफ्टवेयर के लिए विस्तृत विनिर्देशन तैयार किया जाता था और अंततः उन विनिर्देशनों को प्रोग्रामिंग भाषा में परिवर्तित किया जाता था। यह प्रक्रिया अपर्याप्त तथा अत्यंत धीमी होती थी। यह भी अनुभव किया गया कि यह विधि उपयोक्ताओं की आवश्यकताओं को प्रभावी रूप से पूरा नहीं करती तथा इसका रख-रखाव भी काफी कठिन होता है।

पैकेजकृत सॉफ्टवेयर की उपलब्धता, चतुर्थ पीढ़ी की कंप्यूटर भाषा का प्रयोग, उपयोक्ताओं की आवश्यकता को पूरा करने हेतु प्रोग्रामों के शीघ्र संशोधित होने वाले प्रोटोटाइप को तैयार करने के लिए नम्य एकीकृत सॉफ्टवेयर के प्रयोग इत्यादि से सॉफ्टवेयर से संबंधित समस्याओं से कुछ हद तक छुटकारा प्राप्त किया जा सकता है। आज एक साधारण उपयोक्ता की सामान्य आवश्यकताओं की पूर्ति के लिए सॉफ्टवेयर पैकेज प्रचुर मात्रा में उपलब्ध हैं।

(1) सिस्टम्स सॉफ्टवेयर–साधारणतः सिस्टम्स सॉफ्टवेयर की आपूर्ति हार्डवेयर निर्माताओं द्वारा ही की जाती है। इसके अंतर्गत ऑपरेटिंग सिस्टम्स (Operating Systems; OS), कोडांतरक (Assemblers), संकलक (Compilers) और प्रतिपादक (Interpreters) जो प्रोग्रामिंग भाषा को मशीन-कोड में परिवर्तित करते हैं, इनपुट एवं आउटपुट उपकरणों को नियंत्रित करने वाले तथा संग्रहण माध्यमों के बीच डेटा की कॉपी करने वाले प्रोग्राम तथा फाइलों की छँटाई, विलयन और संपादन कार्य तथा प्रोग्राम लाइब्रेरी को नियंत्रित करने वाली युक्तियाँ सम्मिलित हैं। दूसरे शब्दों में, ये सब "सहायक सॉफ्टवेयर" (Supporting Software) हैं जो उपयोक्ता की समस्याओं के निवारण के लिए कंप्यूटर की शक्ति को उपयोग योग्य बनाते हैं।

ऑपरेटिंग सिस्टम्स–ऑपरेटिंग सिस्टम एक ऐसा सॉफ्टवेयर है जो अनुप्रयोग सॉफ्टवेयर और मशीन को क्रियाशीलता प्रदान करने वाले अनुदेशों के बीच पुल का कार्य करता है। दूसरे शब्दों में, यह कंप्यूटर प्रोग्राम की निष्पादन क्रिया को नियंत्रित करने वाला सॉफ्टवेयर है जो

विभिन्न क्रियाओं की समय-सारणी का नियंत्रण करता है, दोषमार्जन करता है, इनपुट/आउटपुट नियंत्रण करता है, लेखाकरण, संकलन, संग्रहण एवं डेटा व्यवस्थापन करता है और अन्य संबंधित सेवाएँ प्रदान करता है।

ऑपरेटिंग सॉफ्टवेयर को विशेष रूप से उस कार्य के लिए लिखा जाता है जिस कार्य के लिए कंप्यूटर का प्रयोग किया जाना है। साधारणतया, अधिक जटिल कार्य के लिए अधिक गूढ़ ऑपरेटिंग सॉफ्टवेयर लिखने की आवश्यकता होती है। आज बहुत से ऑपरेटिंग सिस्टम्स उपलब्ध हैं। कुछ ऑपरेटिंग सॉफ्टवेयर विभिन्न प्रकार के हार्डवेयरों पर कार्य करने के लिए बनाए जाते हैं तथा कुछ को एक विशेष प्रकार की मशीन के लिए तैयार किया जाता है। मेनफ्रेम और मिनी कंप्यूटरों में उनका अपना ऑपरेटिंग सिस्टम्स होता है। निजी संगठनों के लिए पहले-पहल एकल-उपयोक्ता ऑपरेटिंग सिस्टम्स हुआ करते थे। ऐपल (Apple), अमीगा (Amiga), कोमोडोर (Commodore) और आई.बी.एम. (IBM) इत्यादि कंप्यूटर हार्डवेयर निर्माताओं ने विभिन्न एकल-उपयोक्ता मशीनों के लिए अलग-अलग ऑपरेटिंग सिस्टम्स बनाए। दुनिया में सबसे अधिक प्रयोग होने वाला ऑपरेटिंग सिस्टम्स आई.बी.एस. पी.सी. पर कार्य करता है। इसे माइक्रोसॉफ्ट डिस्क ऑपरेटिंग सिस्टम्स (Micro Soft Disk Operating System; MS-DOS) कहते हैं। सन् 1980 से अब तक डॉस में कई बार संशोधन तथा परिमार्जन किया गया।

दूसरे प्रकार के ऑपरेटिंग सिस्टम्स को "बहुकार्यों" (Multitasking) के लिए प्रयुक्त किया जाता है। इस सिस्टम में एक-उपयोक्ता एक बार में एक से अधिक कार्यों को कर सकता है। इसमें उपयोक्ता द्वारा मुख्य कार्य कंप्यूटर के मॉनीटर पर किया जाता है तथा अन्य कार्य इसकी पृष्ठभूमि में किए जाते हैं। पृष्ठभूमि में होने वाली प्रक्रिया में जटिल सांख्यिकीय विश्लेषण प्रोग्राम होते हैं जिनके पूर्ण होने में काफी समय लगता है तथा प्रतीक्षा-काल में उपयोक्ता कोई अन्य कार्य कर सकता है। डॉस के इस बहु-कार्य उत्तरवर्ती ऑपरेटिंग सिस्टम को ऑपरेटिंग सिस्टम-2 (Operating System-2; OS-2) कहा जाता है।

माइक्रोसॉफ्ट ने बहुकार्य तथा अनेक प्रकार की उन्नत क्षमताओं वाला ऑपरेटिंग सिस्टम "विंडोज" (Windows) परिवेश में विकसित किया। बहुकार्य ऑपरेटिंग सिस्टम सी.पी.यू. संसाधनों को अलग-अलग कार्यों में विभाजित करता है। इसके अतिरिक्त बहु-कार्य ऑपरेटिंग सिस्टम एकल-उपयोक्ता ऑपरेटिंग सिस्टम की अपेक्षाकृत काफी गूढ़ होता है और एकाधिक सी.पी.यू. संसाधनों को क्रियाशील करता है।

बहु-उपयोक्ता (Multi-user) ऑपरेटिंग सिस्टम तीसरे प्रकार का ऑपरेटिंग सिस्टम है। परिभाषित रूप से, बहु-उपयोक्ता सिस्टम बहु-प्रक्रियाकरण सिस्टम भी होते हैं क्योंकि इनमें मशीन पर कार्य करने वाले प्रत्येक उपयोक्ता के कार्य की अपनी अलग प्रक्रिया होती है। इनमें एक समय में सैकड़ों उपयोक्ता, एक साथ कार्य कर सकते हैं जो कंप्यूटर के आकार एवं उसकी सी.पी.यू. की शक्ति पर निर्भर करता है। बृहत् मेनफ्रेम परिवेश आधारित कंप्यूटर बहु-उपयोक्ता सिस्टम का एक सर्वसामान्य उदाहरण है। डेक (DEC) का वी.एम.एस. (VMS) तथा आई.बी.एम. (IBM) का एम.वी.एस.ए. (MVSA) ऑपरेटिंग सिस्टम्स के ऐसे दो उदाहरण हैं जो उपयोक्ताओं की बड़ी संख्या द्वारा एक साथ प्रयोग में लिए जाने की सामर्थ्य एवं शक्ति रखते हैं।

यूनिक्स (UNIX) एक बहु-उपयोक्ता ऑपरेटिंग सिस्टम है जो काफी लोकप्रिय है। मूलतः इसे ए टी एंड टी (AT&T) बेल लेबोरेटरी ने विकसित किया है। यूनिक्स को वैज्ञानिक तथा अभियांत्रिकीय अनुप्रयोगों के लिए बनाया गया। इसके अभिकल्प की निपुणता, अंतर्निमित सुरक्षा गुणों तथा उचित मूल्य के कारण अनुप्रयोग सॉफ्टवेयर बनाने वाली कंपनियों ने सॉफ्टवेयर के विकास के लिए इसे एक आकर्षक प्लेटफार्म के रूप में चुना। संभवतः यूनिक्स का सबसे आकर्षक अभिलक्षण इसका मुक्त सिस्टम तथा मल्टीप्लेटफार्म है। अभिप्राय यह है कि वह विभिन्न प्रकार से संरूपित माइक्रो कंप्यूटरों तथा मेनफ्रेम कंप्यूटरों पर कार्य कर सकता है। पर्सनल कंप्यूटरों, वर्क स्टेशनों तथा नेटवर्कों में यूनिक्स का नया प्रतियोगी "विंडोज एन टी" (Windows NT) ऑपरेटिंग सिस्टम है जिसे माइक्रोसॉफ्ट कॉर्पोरेशन ने विकसित किया है।

मल्टीप्लेटफार्म आधारित मुक्त ऑपरेटिंग सिस्टम एक आकर्षक ऑपरेटिंग सिस्टम है क्योंकि इस पर विकसित अनुप्रयोग सॉफ्टवेयर अन्य प्लेटफार्मों पर भी कार्य कर सकता है। यूनिक्स के शब्द संसाधक सॉफ्टवेयर पैकेज को, जिसे "सन वर्कस्टेशन" (Sun Workstation) के लिए बनाया गया था, यूनिक्स पी.सी. (UNIX PC) पर भी चलाया जा सकता है। इस प्रकार इसे एक मशीन से दूसरी मशीन पर सुवाह्य किया जा सकता है। इस बात की जाँच कर लेनी चाहिए कि ऑपरेटिंग सिस्टम उपयोग में सुविधाजनक है तथा सॉफ्टवेयर के चयन में किस प्रकार का प्रतिबंध लगा सकता है, पर भी प्रमुख रूप से ध्यान देना चाहिए। सॉफ्टवेयर के चयन में सावधानी बरतनी होती है क्योंकि कोई अनुप्रयोग सॉफ्टवेयर या पैकेज किसी एक विशेष ऑपरेटिंग सिस्टम पर ही कार्य कर सकता है। उदाहरणार्थ, मैकन्टोश के लिए तैयार किया गया सॉफ्टवेयर आई.बी.एम. ऑपरेटिंग सिस्टम पर कार्य नहीं कर सकता। ठीक इसी प्रकार आई.बी.एम. के ऑपरेटिंग सिस्टम के लिए तैयार किया गया सॉफ्टवेयर मैकन्टोश पर कार्य नहीं कर सकता।

(2) अनुप्रयोग सॉफ्टवेयर–अनुप्रयोग सॉफ्टवेयर एक ऐसा प्रोग्राम होता है जो उपयोक्ता को उसका इच्छिक एवं वांछित कार्य निष्पादित करने में सहायता करता है। दूसरे शब्दों में, अनुप्रयोग सॉफ्टवेयर में क्रियाविधि और अनुदेश इत्यादि सम्मिलित होते हैं जो कंप्यूटर प्रणाली को उपयोक्ता की इच्छित आवश्यकता के अनुसार कार्य का निष्पादन करते हैं। सॉफ्टवेयर के डिजाइन में तीन अमूर्त अवधारणाएँ होती हैं–ऐलगोरिथ्म्स (Algorithms) या अभिकलन विधि, डेटा की संरचना और फाइल की संरचना। अभिकलन विधि में संख्यात्मक या असंख्यात्मक अभिकलन जैसे छँटाई, मूलपाठ के अन्वेषण की क्रियाविधियाँ इत्यादि होती हैं। कंप्यूटर की मेमोरी में सूचनाओं का व्यवस्थापन डेटा की संरचना को इंगित करता है। दूसरे शब्दों में, यह संरचना इस बात को बताती है कि सूचना को "अरे" (Array) या "ट्री" (Tree) पैटर्न में व्यवस्थापित किया गया है। फाइल संरचना इस बात को निरूपित करती है कि किस प्रकार से अनुक्रमानुसार, प्रत्यक्ष अभिगम या इनवर्टेड फाइल (Inverted File) जैसे संग्रहण माध्यमों में सूचना का बड़ी मात्रा में संग्रहण किया जाता है।

यद्यपि उपयोक्ताओं को उपर्युक्त अवधारणाओं से संबंधित विषयों पर गहन जानकारी की आवश्यकता नहीं होती, फिर भी उन्हें इस विषय की शब्दावली का ज्ञान होना वांछनीय है क्योंकि सॉफ्टवेयर आपूर्तिकर्त्ता द्वारा प्रदत्त साहित्य में सामान्यतः इनका प्रयोग किया जाता है। एक बार सॉफ्टवेयर प्रक्रिया को इन पदों में अभिव्यक्त किए जाने पर इन्हें प्रोग्रामिंग भाषा द्वारा कोडांतरित किया जा सकता है जिसका उपयोग कंप्यूटर द्वारा किया जाता है। आज बहुसंख्या में प्रोग्रामिंग भाषाओं का प्रयोग किया जा रहा है। यह एक महत्त्वपूर्ण बात है कि कंप्यूटर केवल मशीन कोड (द्विआधारी) अनुदेशों का पालन करता है। एसेम्बली भाषा (Assembly Language) या कोडांतरक भाषा एक सुविधाजनक मशीन कोड का स्मरक रूप है जिसका इस्तेमाल आज भी विषय अनुप्रयोगों के लिए किया जाता है।

उच्चस्तरीय भाषाएँ (High Level Languages), जिन्हें संकलक (Compiler) द्वारा मशीन कोड में रूपांतरित किया जाता है, समझने तथा प्रोग्रामिंग करने के लिए अत्यंत सरल होती हैं। आजकल कई उच्चस्तरीय भाषाएँ प्रयोग में लाई जा रही हैं। अधिक उपयोग में आने वाली उच्चस्तरीय भाषाओं में फोरट्रान (FORTRAN), कोबॉल (COBOL) और बेसिक (BASIC) उल्लेखनीय हैं। फोरट्रान का वैज्ञानिक कार्यों, कोबॉल का वाणिज्यिक कार्यों तथा बेसिक का अन्योन्यक्रियात्मक कार्यों की प्रोग्रामिंग के लिए अधिक उपयोग किया जाता है। हाल ही में विकसित सामान्योद्देशीय भाषाओं में पास्कल (PASCAL), ए.डी.ए. (ADA) और सी (C) का नाम लिया जा सकता है। इस प्रकार की भाषाओं को "चतुर्थ पीढ़ी की भाषाएँ" या "अति उच्चस्तरीय भाषाएँ" कहते हैं। सामान्यतया ये भाषाएँ किसी एकीकृत प्रोग्राम प्रणाली का हिस्सा होती हैं जैसे डेटाबेस व्यवस्थापन प्रणाली (DBMS) जो उपयोक्ताओं को उनके अपने प्रयोग के लिए प्रोग्रामिंग करने में सुगमता प्रदान करती हैं।

प्रोग्राम या पैकेज के उपयोक्ताओं के लिए यह कतई आवश्यक नहीं है कि उन्हें उस भाषा का संपूर्ण ज्ञान हो जिसमें वह प्रोग्राम लिखा गया है। उनके लिए यह जानना भी जरूरी नहीं है कि प्रोग्राम किस भाषा में लिखा गया है।

सॉफ्टवेयर पैकेज (Word Processing; WP)

(1) शब्द संसाधन–अनुप्रयोग सॉफ्टवेयर पैकेजों में शब्द संसाधन का आजकल सबसे अधिक उपयोग होता है। प्रारंभिक मूलपाठ संपादकों, जो मेनफ्रेम कंप्यूटरों में अत्यंत लोकप्रिय थे, को शब्द संसाधन पैकेजों ने विस्थापित किया। अतः इन्हें प्रारंभिक मूलपाठ संपादकों का उत्तरवर्ती माना जा सकता है। शब्द संसाधक प्रोग्राम में प्रलेखों का अनुक्रियाशील संपादन, पुनर्लेखन तथा पाठ का एक स्थान से दूसरे स्थान पर या एक प्रलेख से दूसरे प्रलेख में सम्मिलन इत्यादि कार्यों के लिए बड़े पैमाने पर टाइप करने की आवश्यकता नहीं होती। अधिकतर लोकप्रिय शब्द संसाधक प्रोग्रामों में वर्तनी (Spelling) की जाँच, आउटलाइनिंग, फॉन्ट (Font) का चयन, रेखीकरण इत्यादि की सुविधा के साथ ही पृष्ठ की डिजाइन और सेटिंग तय करने का प्रावधान होता है। अधिकतर लोकप्रिय शब्द संसाधक सॉफ्टवेयर पैकेजों में यह गुण भी होता है कि प्रलेख का मुद्रित पृष्ठ किस प्रकार दिखाई देगा, इसे जाना जा सकता है। इसके द्वारा पाठ को जटिल से जटिल सारणियों और कॉलमों में प्रस्तुत किया जा सकता है। वर्डस्टार (WordStar), वर्डपर्फेक्ट (Word Perfect) और एम.एस. वर्ड (MS Word) इत्यादि शब्द संसाधक पैकेजों के कुछ उदाहरण हैं।

(2) डेस्कटॉप पब्लिशिंग (Desktop Publishing; DTP) प्रोग्राम–डेस्कटॉप पब्लिशिंग प्रोग्रामों में शब्द संसाधन सॉफ्टवेयर की कई विशेषताएँ शामिल होती हैं। इनमें मुद्रित पृष्ठ के प्रारूप की रूपरेखा बनाने जैसी योग्यता अधिक होती है। इन पैकेजों के उपयोग द्वारा प्रिंटिंग प्रक्रिया की जटिलता को कम किया जा सकता है। डेस्कटॉप पब्लिशिंग में भी वही किया जाता है जो पहले टाइप सेटिंग में हुआ करता था। इसने वास्तव में प्रिंटिंग प्रक्रिया को ही परिवर्तित कर दिया। वेन्चुरा (Ventura) और पेज मेकर (Page Maker) जैसे परिष्कृत पैकेजों द्वारा पृष्ठों की रूपरेखा तैयार की जाती है, ग्राफिक बिम्बों (Graphic Image) को किसी लेजर प्रिंटर या अन्य उच्चगुणवत्ता संपन्न प्रिंटर से प्रिंट किया जाता है और कैमरा रेडी आउटपुट बनाया जाता है। शब्द संसाधन की अपेक्षा यह विधि काफी कठिन थी, पर डेस्कटॉप पब्लिशिंग

सॉफ्टवेयर के कई अभिलक्षणों को अब शब्द संसाधन पैकेजों में समाविष्ट कर दिया गया है। फिर भी डी.टी.पी. में उपलब्ध विभिन्न प्रकार के फॉन्ट, अक्षरों के आकार इत्यादि और टाइपोग्राफिक्स डिजाइन में भ्रम नहीं होना चाहिए। जिन संस्थानों में डी.टी.पी. (DTP) तकनीक का प्रयोग किया जा रहा है उनमें प्रलेखों तथा मैनुअलों के डिजाइन के कार्य में काफी सुधार हुआ है। डी.टी.पी. के क्षेत्र में एक नया विकास यह हुआ है कि प्रलेख के अंतिम रूप को प्रकाशित करने से पहले उसे कई पर्सनल कंप्यूटरों में उपलब्ध सूचना के विनिमय द्वारा तैयार किया जा सकता है। इस पैकेज ने प्रलेखों के इलेक्ट्रॉनिक वितरण को एक नई दिशा प्रदान की है। उदाहरण के तौर पर, न्यूजलेटर, जिसे अभी तक मुद्रित रूप में वितरित किया जाता था अब इलेक्ट्रॉनिक रूप में भी वितरित किया जाने लगा है।

(3) डेटाबेस सॉफ्टवेयर–डेटाबेस सॉफ्टवेयर अद्वितीय एंटिटी की सूचना को संग्रहीत, अन्वेषित तथा प्रकलित कर सकता है। डेटाबेस मैनेजमेंट सॉफ्टवेयर उन फाइलों को भी नियंत्रित करता है जिनमें विभिन्न प्रकार की सूचनाएँ जैसे ग्रंथात्मक, शोधसंबंधी इत्यादि होती हैं। सर्वप्रथम आस्टन-टेट (Ashton-Tate) कंपनी ने पर्सनल कंप्यूटर के लिए डीबेस नामक डेटाबेस मैनेजमेंट सॉफ्टवेयर बनाया जो आज भी प्रयोग में है। इसमें तृतीय पीढ़ी की परिष्कृत प्रोग्रामिंग भाषा का प्रयोग किया गया है। सामान्य उपयोक्ता इसके मानक रूप में इसका उपयोग कर सकता है, परंतु एक अनुभवी उपयोक्ता इसमें कुछ प्रोग्रामिंग करके इसे अपने संगठन के कार्यों के लिए ढाल सकता है।

डेटाबेस के क्षेत्र में यह एक सामान्य प्रवृत्ति है कि यूनिक्स का उपयोग करने वाले कंप्यूटरों में संबंधपरक (रिलेशनल) डेटाबेस का प्रयोग होता है। आई.बी.एम. कंपनी के अन्वेषणकर्त्ताओं ने डेटाबेस डिजाइन का संबंधपरक मॉडल विकसित किया। डेटा को व्यवस्थापित करने के लिए इनमें प्रतीकात्मक तर्क के सिद्धांत का प्रयोग किया गया था। संबंधपरक मॉडलयुक्त डेटाबेस सॉफ्टवेयर प्रचुर मात्रा वाले डेटा के लिए विशेष उपयोगी होता है। संबंधपरक डेटाबेस उत्पाद उन कठिनाइयों को भी कम कर सकते हैं जो डेटा को अद्यतन रखने में तथा सूचनाओं की अतिरिक्तता में काम आते हैं।

पुस्तकालय परिवेश में "कार्लाइल सिस्टम्स वोयेजर श्रृंखला" (Carlyle System Voyager Series) संबंधपरक डेटाबेस प्रणाली का एक सफल उदाहरण है।

अपने लिए सॉफ्टवेयर हासिल करने के कुछ वैकल्पिक उपागम इस प्रकार हैं–

(क) "ऑफ-द-शेल्फ" (Off-the-Shelf) सॉफ्टवेयर पैकेज।

(ख) "टर्नकी" (Turnkey) पैकेज (हार्डवेयर एवं सॉफ्टवेयर दोनों)।

(ग) अपने लिए सॉफ्टवेयर स्वयं लिखना।

(घ) अपने लिए (Customised) सॉफ्टवेयर को दूसरों से लिखवाना।

इनमें से प्रत्येक उपागम के अपने कुछ लाभ तथा हानियाँ हैं। मानक सॉफ्टवेयर पैकेजों को हासिल करने की कुछ सामान्य प्रक्रिया होती है। सॉफ्टवेयर पैकेजों के निर्माता प्रायः सरल तथा अपेक्षाकृत सस्ते विकल्प प्रदान करते हैं जो एक समान पैकेज के उपयोक्ताओं के बड़े समूह के लिए लाभकारी हों। विक्रेताओं द्वारा, कोई भी टर्नकी सिस्टम हार्डवेयर, सॉफ्टवेयर तथा संचार माध्यमों के साथ ही दिया जाता है। ये काफी सरल होते हैं क्योंकि इनके हर पहलुओं को विक्रेता द्वारा भली-भाँति जाँच परख लिया जाता है। कुछ बड़े पुस्तकालयों द्वारा अपनाई गई यह सामान्य विधि है। यह वांछनीय है कि जिस पैकेज को अपनाया जा रहा हो वह संपूर्ण रूप से एकीकृत हो और एक सामान्य ढाँचे के अंतर्गत कई कार्य कर सके। उदाहरणार्थ, पैकेज को ऐसा होना चाहिए जो अधिग्रहण, प्रसूचीकरण तथा देय-आदेय इत्यादि कार्यों को करने में सक्षम हो। किसी पूर्ण एकीकृत सॉफ्टवेयर पैकेज में एक संभावित कमी यह हो सकती है कि वह अनम्य हो। इसके साथ-साथ ऐसे एकीकृत सॉफ्टवेयर पैकेज के कुछ घटक उस प्रोग्राम की अपेक्षा कम अच्छे हो सकते हैं जिसे किसी निश्चित उद्देश्य की पूर्ति के लिए बनाया गया हो। उदाहरणार्थ, यदि डेटाबेस अनुप्रयोग विशेष रूप से महत्त्वपूर्ण हो तो ऐसी स्थिति में तैयारशुदा पैकेज अधिक विश्वसनीय नहीं सिद्ध होते। "ग्राहकीकृत" (Customised) पैकेज में काफी हद तक नम्यता होती है तथा यह एक विशेष आवश्यकता को परिपूरित करता है। किसी

विशेष सूचना सेवा के लिए लिखा गया सॉफ्टवेयर अत्यधिक लागत वाला होता है एवं इसका रख-रखाव तथा संशोधन भी काफी कठिन होता है। सॉफ्टवेयर को संशोधित करना वांछनीय होता है और तैयारशुदा मानक पैकेजों में कुछ मामलों में आउटपुट के प्रारूप और "सहायता" संदेश इत्यादि को संशोधित करने का प्रावधान होता है। इसके साथ ही कुछ बड़े सिस्टम मॉडुलर रूप में भी उपलब्ध हैं जिनमें विशेष कार्यों के लिए सॉफ्टवेयर के अलग-अलग मॉड्यूल होते हैं। प्रारंभ में केवल उसी/उन्हीं मॉड्यूल को खरीदा या तैयार किया जा सकता है जिसकी/जिनकी तत्काल आवश्यकता हो तथा बाद में सुविधानुसार एवं आवश्यकतानुसार अन्य वांछित मॉड्यूलों को हासिल किया जा सकता है। पुस्तकालय-कार्य से संबंधित पैकेज इस प्रकार के पैकेजों के उदाहरण हैं। इनमें अधिग्रहण, प्रसूचीकरण तथा देय-आदेय इत्यादि कार्यों के लिए अलग-अलग मॉड्यूल होते हैं।

प्रश्न 9. उबुन्टू क्या है? इसे इंस्टॉल करने के लिए मुख्य चरण बताइए।

अथवा

उबंटू पर संक्षिप्त टिप्पणी लिखिए।

[दिसम्बर-2017, प्र.सं. 5.0 (क)]

अथवा

उबंटू ऑपरेटिंग प्रणाली की प्रणाली विषयक आवश्यकताएँ और अधिस्थापन प्रक्रिया की चर्चा कीजिए।

[जून-2018, प्र.सं. 2.1]

उत्तर– उबुन्टू लिनक्स पर आधारित एक संचालन प्रणाली है, जिसका विकास प्रोग्रामरों के एक विश्वव्यापी समुदाय ने किया है। उबुन्टू निःशुल्क एवं मुक्त-स्रोत सॉफ्टवेयर की अवधारणा पर आधारित है, जिसका अर्थ है कि हमें उबुन्टू के लिए कोई लाइसेंसिंग शुल्क देने की आवश्यकता नहीं है तथा हम बिना कोई शुल्क दिए इस संचालन प्रणाली को डाउनलोड, प्रयोग तथा साझा (Share) कर सकते हैं। लिनक्स आधारित संचालन प्रणाली होने के कारण उबुन्टू स्थिरता एवं सुरक्षा के लिए प्रतिष्ठा का पात्र है। उबुन्टू को आमतौर पर अभी तक के उपलब्ध

सभी लिनक्स वर्जनों (Versions) में सर्वाधिक प्रयोग की जाने वाली संचालन प्रणाली के रूप में स्वीकार किया गया है। Ubuntu Unity 12.10 डेस्कटॉप उत्पाद के लिए आधिकारिक Ubunto दस्तावेजीकरण एक 1 GHz पेन्टियम 4 (512 मेगाबाइटस के RAM तथा 5 गीगाबाइट हार्ड ड्राइव स्पेस सहित) अथवा उससे बेहतर की अनुशंसा करता है। कम शक्तिशाली कंप्यूटरों के लिए अन्य Ubunto वितरण उपलब्ध हैं यथा–Lubunto तथा Xubuntu.

अत: विंडोज तथा उबुन्टू के बीच अंतर समझना बहुत महत्त्वपूर्ण हो जाता है। उबुन्टू एक मुक्त तथा पूर्णतया 'स्वतंत्र सॉफ्टवेयर' है, यहाँ स्वतंत्र से तात्पर्य संचालन, प्रयोग, परिवर्तन, प्रतियों के पुनर्वितरण तथा अपने संशोधनों को जनता के लिए मुक्त करने की स्वतंत्रता से है। इसके अतिरिक्त, इसमें विंडोज से भिन्न प्रतिदिन की गणना हेतु नि:शुल्क प्रयोग किए जाने वाले कई सॉफ्टवेयर सम्मिलित होते हैं, जिनमें से कुछ इस प्रकार हैं–

- **ऑफिस सूट (Suite)**–ऑफिस सूट के अंतर्गत वर्ड प्रोसेसर, स्प्रैडशीट तथा प्रेजेंटेशन सॉफ्टवेयर आते हैं जिन्हें .doc, .xls एवं .ppt प्रारूप में पढ़ा एवं लिखा जा सकता है। इनके आउटपुट पी.डी.एफ. (PDF) में भी प्राप्त होते हैं।
- **डेस्कटॉप ई-मेल क्लाइंट**–इसमें माइक्रोसॉफ्ट आउटलुक के लिए एक समान इंटरफेस के साथ ई-मेल प्रोग्राम की उत्पत्ति होती है।
- **वेब ब्राउजर**–फायरफॉक्स, तेजी से लोकप्रिय होता हुआ वेब ब्राउजर।
- **अन्य सॉफ्टवेयर**–उबुन्टू की ऑनलाइन प्रायोगिकताओं की गाइड, उन उबुन्टू-संगत अनुप्रयोगों को, जिनकी सहायता से हम छवियों को संपादित कर सकते हैं, संगीत को सुन तथा उसका प्रबंधन कर सकते हैं, वीडियो को संपादित तथा देख सकते हैं, पी.डी.एफ. को पढ़ सकते हैं आदि, को सूचीबद्ध करती है।
- **अपडेट एवं बग फिक्स**–उबुन्टू द्वारा नियमित रूप से प्रायोगिकताओं एवं संचालन प्रणाली सुरक्षा को अपडेट करने

एवं बग को हटाने के लिए प्रबंधन किया जाता है, जो इसकी कार्यप्रणाली को सुदृढ़ एवं बग-मुक्त करता है।

उबुन्टू की परिचालन प्रणाली को इंस्टॉल (install) करने के लिए कुछ महत्त्वपूर्ण चरण एवं प्रक्रियाएँ निम्नलिखित हैं–

चरण–1–उबुन्टू को इंस्टॉल करने के लिए न्यूनतम हार्डवेयर आवश्यकताओं को चेक करना चाहिए, क्योंकि भिन्न-भिन्न संस्करणों में इनमें विविधता हो सकती है। इसमें इस सुझाव के साथ कई विकल्प होते हैं कि डेस्कटॉप या लैपटॉप इंस्टॉलेशन के लिए डिफॉल्ट इंस्टॉलेशन उपयुक्त होता है, हालाँकि, F1 बटन दबाने पर यह कुछ अन्य विकल्प भी दर्शाता है।

The default installation is suitable for must desktop or laptop system.
Press F1 for help and advanced installation options.

To install only the base system type 'server' then ENTER.
For the default installation. Press ENTER.

boot:

चित्र 1.3: उबुन्टू की पहली बूट स्क्रीन

चरण–2–इस चरण में डेस्कटॉप के लिए इंस्टॉलेशन की प्रक्रिया की जाती है। अतः डिफॉल्ट विकल्प को चुनें तथा एंटर (Enter) बटन को दबाएँ। एंटर दबाने के पश्चात् हमें स्क्रीन पर चित्र 1.4 की भाँति आंतरिक इंस्टॉलेशन लाइन स्क्रॉल का समूह प्राप्त हो सकता है, किंतु यह एक सामान्य प्रक्रिया है, अतः इसे उपेक्षित कर दें।

```
11.6741331 CPU: 1.1 1 cache : 8K
11.6742411 CPU:1.2 cache: 128K
11.6744841 CPU: Intel Pentium 11 (Klamath) stepping 03
11.6746391 Enabling fast FPU save and restore done
11.6757661 Enabling unmasked SIMD FPU exception support
11.6762981 Checking 'hit' instruction....OK.
```

चित्र 1.4: स्क्रीन पर उबुन्टू आंतरिक इंस्टॉलेशन की प्रक्रिया

चरण–3–इस चरण में उबुन्टू हमारी भाषा, समय क्षेत्र, उपयोगकर्त्ता का नाम (User name) तथा पासवर्ड हेतु हमारी वैयक्तिक सेटिंग पूरी करने के लिए कुछ प्रश्न पूछेगा। इन प्रश्नों के अतिरिक्त कुछ अन्य प्रश्न भी होते हैं, जो भ्रमित कर सकते हैं। इंस्टॉलेशन के दौरान यह नीचे दर्शाए गए चित्र 1.5 की भाँति पूर्ण होती हुई प्रक्रिया की स्थिति को दर्शाता है।

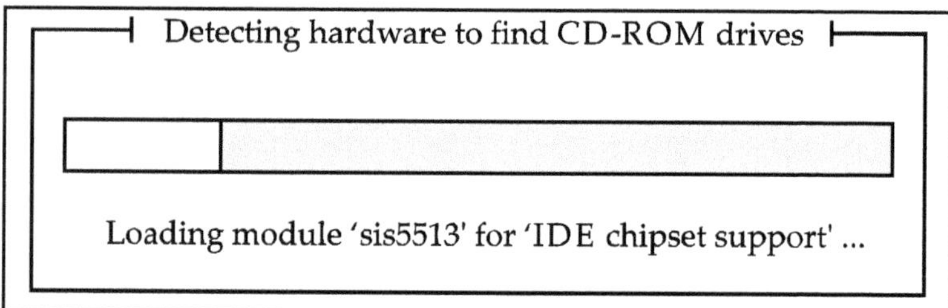

चित्र 1.5: प्रक्रिया की स्थिति

चरण–4–जब यह विभाजित करने (Partitioning) के लिए प्रश्न पूछेगा, तब यदि हम अपने कम्प्यूटर पर उबुन्टू को किसी अन्य संचालन प्रणाली के साथ इंस्टॉल नहीं कर रहे हैं, तो 'इरेज द एंटायर हार्ड ड्राइव' विकल्प को चुनें। बूट लोडर यह निर्धारित करता है कि कम्प्यूटर कौन-सी संचालन प्रणाली को बूट करता है। अतः, एम.बी.आर. (मास्टर बूट रिकॉर्ड) के लिए बूट लोडर ग्रब को इंस्टॉल करने की सलाह दी जाती है।

चरण–5–इस चरण में अन्य पैकेजों को इंस्टॉल करने के लिए हमें अपने कम्प्यूटर को रिबूट करने की आवश्यकता होती है, यदि इंस्टॉलर डिस्क को बाहर निकालने के लिए कहा जाता है, तो हम इसे

बाहर निकाल सकते हैं क्योंकि इसके पश्चात् इस डिस्क की और अधिक आवश्यकता नहीं रहती है। यदि एम.बी.आर. में बूट लोडर ग्रब को इंस्टॉल नहीं किया जाता है, तो हमें प्रक्रिया को समाप्त करने के लिए बूट-फ्लॉपी या किसी अन्य बूट लोडर का प्रयोग करना पड़ता है। एक बार जब यह समाप्त हो जाती है, तो हमें चित्र 1.6 में दर्शाई गई लॉग-इन स्क्रीन प्राप्त होती है।

चित्र 1.6: उबुन्टू लॉग इन स्क्रीन

चरण–6–इस चरण में हमें इंस्टॉलेशन प्रक्रिया के दौरान हाल ही में निर्मित किए गए अपने यूजर नेम तथा पासवर्ड को एंटर करना चाहिए।

जी.पी.एच. की पुस्तकों का मुख्य उद्देश्य ज्ञान के साथ-साथ अच्छे नम्बर दिलाना है।

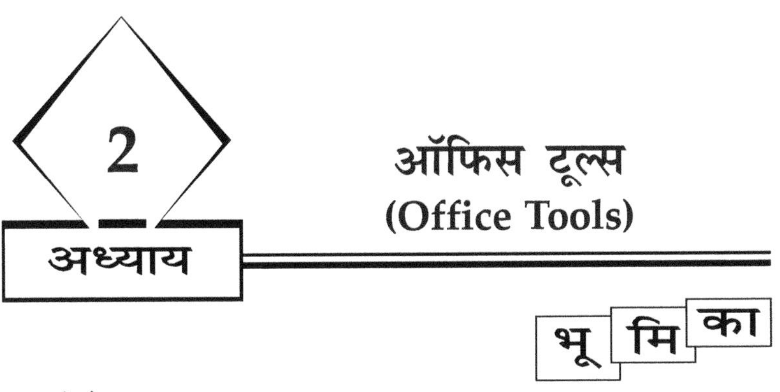

अध्याय 2
ऑफिस टूल्स (Office Tools)

भूमिका

ऑफिस टूल कई सारे एप्लीकेशन सॉफ्टवेयर जैसे–वर्ड प्रोसेसर, स्प्रेडशीट, प्रेजेन्टेशन, डेटाबेस मैनेजमेंट तथा डेस्कटॉप पब्लिशिंग आदि से मिलकर बना एक पैकेज या संग्रह होता है। इनका प्रयोग दफ्तरों के कामकाजों जैसे–स्प्रेडशीट बनाना या दस्तावेज लिखने आदि में किया जाता है। माइक्रोसॉफ्ट ऑफिस ने कार्यालयी, व्यापार संबंधी तथा उद्योग संबंधी कार्यों को बहुत ही आसान बना दिया है। इसके लिए कार्यालय के डेटा और जानकारियों को रखने के लिए बड़ी-बड़ी फाइलें बनानी पड़ती थी जिनको संभाल पाना बेहद मुश्किल हुआ करता था। किंतु माइक्रोसॉफ्ट ऑफिस ट्रेडमार्क-युक्त (proprietry) पैकेज होता है, अतः मुफ्त और खुला स्रोत ऑफिस टूल माइक्रोसॉफ्ट ऑफिस के एक विकल्प के रूप में बहुत ज्यादा उपयुक्त माना जाने लगा है। लिब्रेऑफिस एक मुफ्त और खुला स्रोत है जो विंडोज से लेकर अन्य प्लेटफॉर्म पर भी चलता है। लिब्रेऑफिस प्रयोग में बहुत ही सरल है अतः यह वैश्विक स्तर पर बहुत ही लोकप्रिय हो चुका है।

प्रश्न 1. लिब्रेऑफिस सूट क्या है? इसके महत्त्वपूर्ण घटक एवं लाभों को संक्षेप में बताइए।

उत्तर– लिब्रेऑफिस सूट कार्यालय के उपयोग में आने वाले अनुप्रयोगों का समूह है जिसका स्रोत कोड भी स्वतंत्र रूप से उपलब्ध है। इसकी सबसे बड़ी खासियत है कि ओपनडॉक्यूमेंट मानक को आँकड़ा विनिमय के लिए प्रयोग करने के साथ ही साथ यह माइक्रोसॉफ्ट ऑफिस के कई संस्करणों के साथ बहुत-से दूसरे प्लेटफार्म पर उपयोग किया जाता है।

लिब्रेऑफिस सूट के मुख्य घटक निम्नलिखित हैं–

- **राइटर (Writer)**–राइटर लिब्रेऑफिस का वर्ड प्रोसेसर है, जिसका उपयोग आर्टिकल लिखने से लेकर कंटेंट टेबल तैयार करने, इलस्ट्रेशन व डायग्राम बनाने तक के लिए किया जा सकता है। इसमें न्यूजलेटर्स और ब्रोशर्स भी बनाए जा सकते हैं। इसमें ऑटो कम्पलीशन, ऑटो फॉर्मेटिंग और ऑटोमेटिक स्पैलिंग चेक जैसे टूल्स भी हैं, जो हमारा काम आसान करने में मदद करते हैं।
- **कैल्क (Calc)**–कैल्क का इस्तेमाल मुश्किल-से-मुश्किल गणना को आसान बनाने के लिए किया जा सकता है। इसका हेल्प सिस्टम हमारे मुश्किल फॉर्मूलों को आसान बनाने में मदद करता है।
- **इम्प्रैस (Impress)**–इम्प्रैस मल्टीमीडिया प्रेजेंटेशन बनाने का सबसे तेज और आसान टूल है। इसके जरिए हम एनीमेशन व स्पेशल इफेक्ट्स भी अपनी प्रेजेंटेशन में शामिल कर सकते हैं।
- **ड्रॉ (Draw)**–ड्रॉ के द्वारा आप डायग्राम और स्कैच आदि बना सकते हैं। इससे आधुनिक तरह की 3 डी इलेस्ट्रेंशन व स्पेशल इफेक्ट्स वाले चित्र बनाए जा सकते हैं।
- **बेस (Base)**–यह डाटाबेस प्रोग्राम है जो माइक्रोसॉफ्ट एक्सेस के समान है। बेस को विभिन्न डाटाबेस के लिए फ्रंटएंड के रूप में प्रयोग किया जा सकता है।

- **मैथ (Math)**—माइक्रोसॉफ्ट इक्वेशन एडीटर की तरह गणितीय सूत्रों के निर्माण व संपादन का काम मैथ करता है।

अन्य ऑफिस सूट की अपेक्षा लिब्रेऑफिस के निम्नलिखित लाभ हैं–

- **लाइसेंसिंग शुल्क की आवश्यकता नहीं (No licensing fees required)**—लिब्रेऑफिस निःशुल्क उपलब्ध होता है। अन्य ऑफिस सूट में PDF एक्सपोर्ट जैसी विशेषताएँ अतिरिक्त शुल्क का भुगतान करने पर उपलब्ध होती हैं, जबकि लिब्रे ऑफिस में यह निःशुल्क है।
- **मुक्त स्रोत (Open source)**—लिब्रेऑफिस मुक्त स्रोत लाइसेंस पॉलिसी के अनुसार हम अपनी इच्छानुसार सॉफ्टवेयर का Distribution, कॉपी तथा modify कर सकते हैं।
- **क्रॉस-प्लेटफॉर्म (Cross-platform)**—लिब्रेऑफिस कई हार्डवेयर आर्किटेक्चर पर एवं बहु-संचालन प्रणालियों के अंतर्गत कार्य करता है, जैसे–माइक्रोसॉफ्ट विंडोज, Mac OS X तथा लिनक्स।
- **व्यापक भाषा सहायता (Extensive language support)**—लिब्रेऑफिस उपयोगकर्त्ता इंटरफेस 40 से भी अधिक भाषाओं में उपलब्ध है। लिब्रे ऑफिस प्रोजेक्ट 70 से भी अधिक भाषाओं तथा बोलियों में स्पेलिंग (spelling), हाइफनेशन तथा थिसॉरस डिक्शनरियाँ प्रदान करता है। लिब्रेऑफिस कॉम्प्लेक्स टेक्स्ट ले-आउट तथा दाईं से बाईं ओर लिखी जाने वाली भाषाओं जैसे–उर्दू, हिब्रू तथा अरबी आदि हेतु भी सहायता प्रदान करता है।
- **एकीकरण (Integration)**—लिब्रेऑफिस के सभी संघटक एक-दूसरे से जुड़े हुए होते हैं। वे सामान्य स्पेलिंग चेकर (Spelling Checker) एवं अन्य टूल्स को साझा करते हैं। इसका एक अन्य लाभ यह है कि इसमें यह जानने की आवश्यकता नहीं होती है कि किसी विशेष फाइल के निर्माण के लिए किस एप्लीकेशन का प्रयोग किया गया था। उदाहरणार्थ, कोई भी राइटर से ड्रॉ फाइल खोल सकता है।

- **ग्रेन्यूलैरिटी (Granularity)**–लिब्रेऑफिस विकल्पों को संघटक या डॉक्यूमेंट के स्तर पर भी स्थापित किया जा सकता है। किसी अन्य संघटक को बाधित न करते हुए संघटक स्तर पर विकल्पों का परिवर्तन किया जा सकता है।
- **फाइल की कम्पैटिबिलिटी (File compatibility)**– इसके मूल ओपन डॉक्यूमेंट फॉर्मेट के अतिरिक्त, लिब्रे ऑफिस में PDF एवं फ्लैश एक्सपोर्ट क्षमताएँ तथा माइक्रोसॉफ्ट ऑफिस, HTML, XML, वर्ड परफेक्ट तथा लोटस 1-2-3 फॉर्मेट सहित कई सामान्य फॉर्मेट में फाइलों को खोलने तथा सेव करने हेतु सहायता प्रदान करना भी सम्मिलित है।
- **नो वेंडर लॉक-इन (No vendor lock-in)**–लिब्रेऑफिस, OASIS (ऑर्गनाइजेशन फॉर द एडवान्समेंट ऑफ स्ट्रक्चर्ड इंफॉर्मेशन स्टैंडर्ड) द्वारा उद्योग के मानक के रूप में विकसित एक XML (एक्सटेंसिबल मार्कअप लैंग्वेज) ओपन डॉक्यूमेंट का प्रयोग करता है। इन फाइलों को आसानी से खोला तथा टेक्स्ट एडिटर द्वारा पढ़ा जा सकता है।

प्रश्न 2. लिब्रेऑफिस की सामान्य विशेषताओं को चित्र की सहायता से समझाइए।

अथवा

लिब्रेऑफिस के संदर्भ में मेन्यू बार, टूल बार और स्टेटस बार पर संक्षिप्त टिप्पणी लिखिए।

उत्तर– लिब्रेऑफिस के किसी भी घटक को प्रारंभ करने हेतु हमें सिस्टम मेन्यू तथा स्टैंडर्ड मेन्यू का उपयोग करना होता है। स्टैंडर्ड मेन्यू के द्वारा बहुत सी एप्लीकेशन्स शुरू की जाती हैं। स्टार्ट सेंटर द्वारा लिब्रेऑफिस के भिन्न-भिन्न तत्त्वों को ओपन करने के लिए चयनित किया जा सकता है। स्टार्ट सेंटर द्वारा घटकों को ओपन करने के लिए हम मौजूदा फाइल (Existing file) का चयन कर सकते हैं या टेम्पलेट (Template) का उपयोग कर सकते हैं।

चित्र 2.1: लिब्रेऑफिस: स्टार्ट सेंटर

लिब्रेऑफिस के हर तत्त्व के लिए मुख्य विंडो (Main Window) लगभग समान होती है। सामान्य विशेषताएँ जैसे–मेन्यू बार (Menu Bar), स्टैंडर्ड टूलबार (Standard Toolbar) और फॉर्मेटिंग टूलबार (Formatting Toolbar) इत्यादि विंडो के शीर्ष पर तथा स्टेटस बार (Status Bar) विंडो के नीचे होते हैं, जैसा कि चित्र 2.2 में दर्शाया गया है–

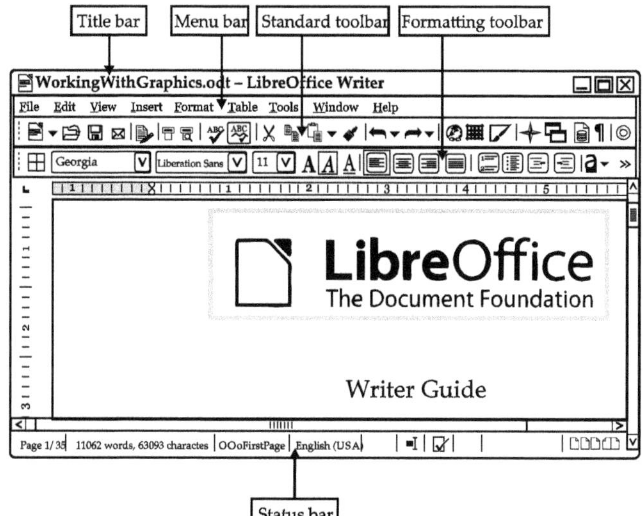

चित्र 2.2: लिब्रेऑफिस स्टैंडर्ड इंटरफेस

- **मेन्यू बार**–टाइटल बार के ठीक नीचे (जो लिब्रेऑफिस विंडो के शीर्ष पर है) मेन्यू बार स्थित होता है। इसमें उपस्थित मेन्यू ऑप्शन्स हैं–फाइल, एडिट, व्यू, इनसर्ट, फॉरमेट, टेबल, टूल्स, विंडो और हेल्प। ये सभी मेन्यू ऑप्शन्स अन्य ऑफिस एप्लीकेशन्स में भी एक जैसे होते हैं। किसी भी एक मेन्यू को चयन करने पर, एक उप-मेन्यू (Sub-Menu), कमांड दर्शाने के लिए नीचे की ओर खुलता है।
- **टूलबार**–लिब्रेऑफिस के पास दो तरह के टूलबार हैं–डॉक्ड (Docked) जो कि अपने स्थान पर स्थित रहते हैं और फ्लोटिंग (Floating)। डिफॉल्ट लिब्रेऑफिस इंस्टॉलेशन में, शीर्ष डॉक्ड टूलबार, मेन्यू बार के ठीक नीचे होता है जो स्टैंडर्ड टूलबार कहलाता है।

  डिफॉल्ट लिब्रेऑफिस इंस्टॉलेशन में शीर्ष पर दूसरा टूलबार, फॉरमेटिंग बार होता है। यह कन्टेक्स्ट सेंसिटिव (Context Sensitive) है अर्थात् यह चयनित ऑबजेक्ट अथवा कर्सर की वर्तमान स्थिति हेतु संबंधित टूल्स को दर्शाता है। उदाहरणार्थ–जब कर्सर ग्राफिक पर होता है तो फॉरमेटिंग बार, फॉरमेटिंग ग्राफिक्स के लिए टूल्स प्रदान करता है।
- **स्टेटस बार**–वर्कस्पेस के ठीक नीचे स्टेटस बार स्थित होता है। यह डॉक्यूमेंट के विषय में जानकारी प्रदान करता है। Writer, Calc, Impress और Draw में यह समान होता है परंतु प्रत्येक लिब्रेऑफिस घटक में घटक-विशेष आइटम्स सम्मिलित होते हैं। राइटर स्टेटस बार का एक उदाहरण निम्नलिखित है–

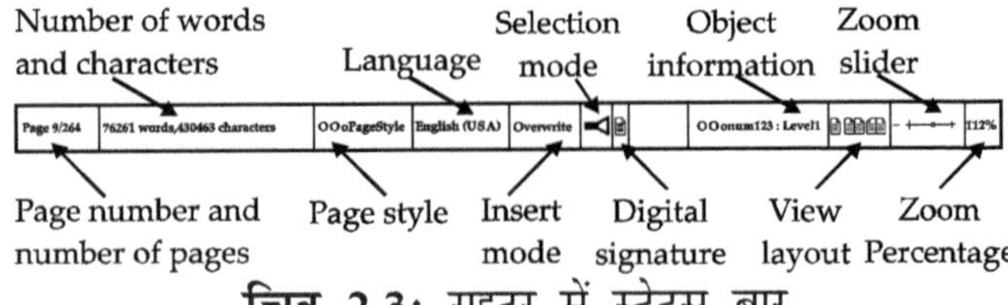

चित्र 2.3: राइटर में स्टेटस बार

प्रश्न 3. "लिब्रेऑफिस राइटर एक वर्ड प्रोसेसिंग उपकरण है।" चर्चा कीजिए।

उत्तर– लिब्रेऑफिस राइटर एक वर्ड प्रोसेसिंग उपकरण है। इसे साधारण कामों के लिए उपयोग किया जा सकता है, जैसे पर्चे बनाना या किताबें बनाना। यह लिब्रेऑफिस एप्लीकेशन्स का एक हिस्सा है, जिनमें चित्र, टेबल और प्रेजेंटेशन बनाने के लिए उपकरण हैं, और उन्हें हम अपने प्रकाशित काम के लिए इस्तेमाल कर सकते हैं। यह स्टाइल शीट उपयोग करने देता है, जिससे हम अलग-अलग दस्तावेजों में एक ही लेआउट प्रयोग कर सकते हैं। इससे हम अलग-अलग फॉर्मेट में वर्ड के दस्तावेज खोल व सेव कर सकते हैं। हम अपने काम को पी.डी.एफ. फाइल के रूप में भी सेव कर सकते हैं, जो कि प्रिंट करने के लिए अच्छा रहता है। लिब्रेऑफिस राइटर निम्नलिखित विशेषताओं को प्रदान करता है–

- टेम्प्लेटस और स्टाइल।
- पेज लेआउट विधियाँ जिनमें फ्रेम्स, कॉलम्स और टेबल्स सम्मिलित हैं।
- ग्राफिक्स, स्प्रेडशीट्स और अन्य वस्तुओं को जोड़ना और उन्हें सन्निहित करना।
- बिल्ट-इन ड्राइंग टूल्स।
- मास्टर प्रलेख-प्रलेखों के संग्रह को एक प्रलेख में संकलित करना।
- पुनरीक्षण के दौरान बदलना।
- ग्रंथसूची डाटाबेस के साथ डाटाबेस एकीकरण।
- बुकमार्क तथा पी.डी.एफ. में बदलना।

जी.पी.एच. की पुस्तकों का मुख्य उद्देश्य ज्ञान के साथ-साथ अच्छे नम्बर दिलाना है।

प्रश्न 4. लिब्रेऑफिस राइटर के विंडों के सभी अंगों का संक्षिप्त वर्णन कीजिए।

उत्तर– राइटर इंटरफेस को निम्नलिखित भागों में बाँटा जा सकता है–

(1) टाइटल बार

(2) क्लोज/मिनीमाइज/मेक्सिमाइज/रीस्टोर

(3) क्लोज डॉक्यूमेंट

(4) रिबन/स्टैंडर्ड टूल बार

(5) रूलर बार

(6) स्क्रॉल बार

(7) साइडबार सेटिंग

(8) स्टेटस बार

(9) वर्क एरिया

(1) टाइटल बार–इस बार में फाइल का वही नाम दिखाया जाता है जो कि सॉफ्टवेयर के सबसे ऊपरी भाग में होता है। यदि फाइल को सेव नहीं किया जाता है तब untitled 1 लिखा रहेगा। जैसे ही फाइल को किसी अन्य नाम से सेव किया जाता है untitled 1 की जगह फाइल का नाम दिखने लगता है।

(2) क्लोज/मिनीमाइज/मेक्सिमाइज/रीस्टोर डाउन–क्लोज का काम किसी भी एप्लीकेशन को बंद करने के लिए होता है। मिनीमाइज का मतलब छोटा करना इसका काम किसी भी सॉफ्टवेयर को छोटा करके टास्क बार में लाना होता है। मेक्सिमाइज का काम सॉफ्टवेयर को फुल स्क्रीन करना होता है। रीस्टोर का काम फुल स्क्रीन से थोड़ा छोटा रखने के लिए होता है।

(3) मेन्यू बार/टेब–मेन्यू बार या टैब टाइटल बार के नीचे होती है। इसमें फॉर्मेटिंग से संबंधित कमांड दिए हुए रहते हैं। जिसका इस्तेमाल हम इसे ओपन करके अपने अनुसार कर सकते है। इसमें दिए गए मेन्यू कुछ इस प्रकार है–File, Edit, View, Insert, Format, Style, Table, Form, Tools, Windows, Help.

मेन्यू बार से जब कोई मेन्यू चुना जाता है तो उसके सब मेन्यू की ड्रॉप डाउन लिस्ट खुल जाती है, जिसमें कुछ कमांड दिए होते हैं, जिनमें से एक कमांड चुना जाता है। इनमें से प्रत्येक मेन्यू के अंतर्गत आने वाले कमांड निम्नलिखित है–

- फाइल में ऐसे कमांड होते हैं जो पूरे दस्तावेज पर लागू होते हैं जैसे कि Open, Save, Print और Export as PDF।

• एडिट में डॉक्यूमेंट को संपादित करने संबंधी कमांड शामिल हैं, जैसे कि Undo: xxx (जहाँ xxx पूर्ववत करने के लिए कमांड है) और Find & Replace. इसमें डॉक्यूमेंट के चयनित भागों को कट, कॉपी और पेस्ट करने के कमांड भी होते हैं।

• व्यू में दस्तावेज के प्रदर्शन को नियंत्रित करने के लिए जूम और वेब लेआउट जैसे कमांड शामिल हैं।

• इन्सर्ट में, डॉक्यूमेंट में हेडर, फुटर और चित्र जैसे अवयवों को सम्मिलित करने के लिए कमांड होते हैं।

• फॉमेट में डॉक्यूमेंट के लेआउट को प्रारूपित करने के लिए स्टाइल्स एंड फॉर्मेटिंग, पैराग्राफ तथा बुलेट्स एंड नंबरिंग जैसे कमांड शामिल हैं।

• टेबल मेन्यू किसी टेक्स्ट डॉक्यूमेंट में तालिका को सम्मिलित करने और संपादित करने संबंधी सभी कमांड दिखाता है।

• टूल्स में Spelling and Grammar, Customise तथा Options जैसे कमांड शामिल हैं।

• विंडो में विंडो के डिस्प्ले संबंधी कमांड होते हैं।

• हेल्प में लिब्रेऑफिस की हेल्प फाइल के लिए What is This? लिंक दिया जाता है, जिसमें प्रोग्राम के बारे में संपूर्ण जानकारी उपलब्ध होती है।

(4) **क्लोज डॉक्यूमेंट** खुले हुए डॉक्यूमेंट को बंद करने के लिए प्रयोग करते हैं। यह क्लोज से अलग है। क्लोज का कार्य सॉफ्टवेयर को बंद करना है और Close Document का कार्य सिर्फ डॉक्यूमेंट को बंद करना है।

(5) **रिबन/स्टैंडर्ड टूलबार/फॉर्मेटिंग** रूलर के ऊपरी भाग को रिबन कहते हैं और इस रिबन में स्टैंडर्ड टूल बार और फॉर्मेटिंग टूल बार मौजूद होते हैं। स्टैंडर्ड टूलबार में नया पेज इन्सर्ट करना, एक्जिस्टिंग फाइल को ओपन करना, सेव करना, प्रिंट, एक्सपोर्ट आदि जैसे विकल्प दिए होते हैं। फॉर्मेटिंग टूल बार में पैराग्राफ से संबंधित स्टाइल सेट करने के लिए विकल्प दिए हुए होते हैं, जैसे–बोल्ड, इटैलिक, अंडरलाइन, फॉण्ट कलर, टेक्स्ट एलाइनमेंट आदि। इन विकल्पों का प्रयोग डॉक्यूमेंट को आकर्षक बनाने के लिए किया जाता है।

यह संदर्भ-संवेदनशील है; अर्थात्, यह कर्सर की वर्तमान स्थिति या चयन के संगत टूल्स दिखाता है। उदाहरण के लिए, जब कर्सर एक ग्राफिक पर होता है, तो फॉर्मेटिंग टूल बार ग्राफिक्स को फॉर्मेट करने वाले टूल्स प्रदर्शित करती है तथा जब कर्सर टेक्स्ट पर होता है, तो इस पर टेक्स्ट को फॉर्मेट करने वाले टूल्स प्रदर्शित होते हैं।

Writer में कई प्रकार के टूलबार होते हैं—डॉक किए जाने वाले (जगह में निश्चित), फ्लोटिंग और टीयर-ऑफ। डॉक्ड टूलबार को विभिन्न स्थानों पर ले जाया जा सकता है अर्थात् फ्लोट किया जा सकता है और फ्लोटिंग टूलबार को डॉक किया जा सकता है।

टूलबार प्रदर्शित करने या छिपाने के लिए, 'View'! Toolbars, पर क्लिक करने के बाद प्राप्त सूची में संबंधित टूलबार के नाम पर क्लिक करते हैं। एक सक्रिय टूलबार अपने नाम के बगल में एक चेक मार्क दिखाती है। टियर-ऑफ टूलबार व्यू मेन्यू में सूचीबद्ध नहीं होती है।

(6) रूलर बार डॉक्यूमेंट में पेज मार्जिन सेट करने के लिए इस्तेमाल होता है और साथ ही पेज चौड़ाई (Page Width) भी देख सकते हैं।

(7) स्क्रॉल बार—स्क्रॉल बार का प्रयोग पेज को ऊपर नीचे खिसकाने के लिए करते है। यह दो प्रकार की होती है एक horizontal और एक vertical। vertical का प्रयोग पेज को ऊपर नीचे करने के लिए और horizontal का पेज को दाएँ-बाएँ खिसकाने के लिए करते हैं।

(8) स्टेटस बार—राइटर स्टेटस बार, कार्यक्षेत्र के निचले भाग में स्थित होता है। यह डॉक्यूमेंट के बारे में जानकारी प्रदान करता है तथा डॉक्यूमेंट में जल्दी से बदलाव लाने के लिए यह कुछ सुविधाजनक तरीके भी प्रस्तुत करता है।

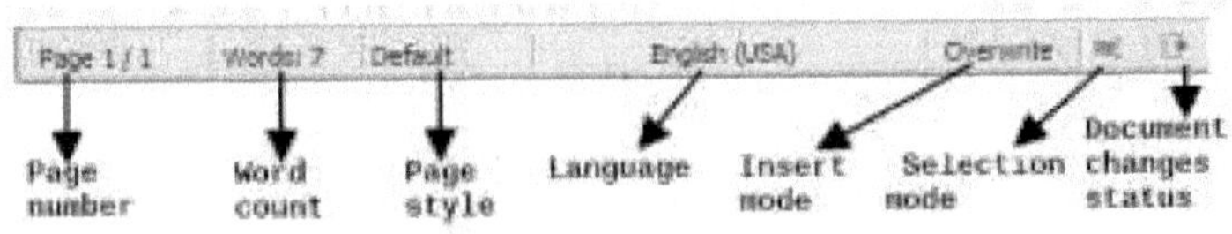

चित्र 2.4: लिब्रेऑफिस स्टेटस बार

जो कमांड मेन्यू में दिया है वही कमांड शॉर्टकट के रूप में दाएँ साइड में दिया हुआ है। कह सकते हैं कि डॉक्यूमेंट में कितना पेज

लिया गया है साथ ही कितने वर्ड टाइप हुए, कितने करेक्टर हैं और पेज को जूम इन और जूम आउट करने के लिए भी कमांड दिया हुआ है। इसमें पेज किस प्रकार दिखे – यह भी सेट कर सकते हैं और यूजर इंटरफेस किस भाषा में है यह भी देख सकते हैं जैसे ऊपर दिए हुए इमेज में लिखा है English (USA).

प्रश्न 5. लिब्रेऑफिस राइटर में आप टेक्स्ट के साथ किस प्रकार कार्य कर सकते हैं? बताइए।

अथवा

राइटर में किसी डॉक्यूमेंट में आप टेक्स्ट को कट, कॉपी और पेस्ट कैसे कर सकते हैं? विवरण दीजिए।

उत्तर– लिब्रेऑफिस राइटर में टेक्स्ट के साथ कार्य (Selecting, Copying, Pasting, Moving) करना, किसी अन्य प्रोग्राम में टेक्स्ट के साथ कार्य करने के जैसा ही है। लिब्रेऑफिस में आइटम का चुनाव करने के लिए कुछ उपयुक्त तरीके निम्न हैं–

(1) सतत् (Consecutive) आइटम्स को सलेक्ट करना–

(क) टेक्स्ट के पहले भाग को सलेक्ट कीजिए।

(ख) *Ctrl* Key को दबाकर रखें और टेक्स्ट के अन्य भाग को सलेक्ट करने हेतु माउस (Mouse) का उपयोग करें।

(ग) आवश्यकता के अनुसार इसे दोहराया जा सकता है।

(2) की-बोर्ड द्वारा असतत् (Non-Consecutive) आइटम्स को सलेक्ट करना–

(क) टेक्स्ट के पहले भाग को सलेक्ट कीजिए।

(ख) *Shift+F8* को दबाइए। इससे राइटर 'एडिंग सलेक्शन मोड' पर हो जाएगा।

(ग) अगले टेक्स्ट के पहले भाग को सलेक्ट करने हेतु Arrow Keys का उपयोग कीजिए। *Shift* Key को दबाइए और टेक्स्ट का अगला भाग सलेक्ट कीजिए।

(घ) आवश्यकता के अनुसार इसे दोहराया जा सकता है। इस मोड से बाहर आने के लिए *Esc* दबाइए।

(3) टेक्स्ट के वर्टिकल ब्लॉक को सलेक्ट करना–लिब्रेऑफिस के 'ब्लॉक सलेक्शन मोड' का उपयोग करने के लिए हम टेक्स्ट के वर्टिकल ब्लॉक या कॉलम को सलेक्ट कर सकते हैं जो Spaces या Tabs से अलग किया जाता है। 'ब्लॉक सेलेक्शन मोड' को बदलने के लिए **Edit>Selection Mode>Block Area** का उपयोग कीजिए या *Ctrl+F8* दबाइए या स्टेटस बार में **Selection** Icon पर क्लिक कीजिए और लिस्ट से **Block Selection** चुनिए।

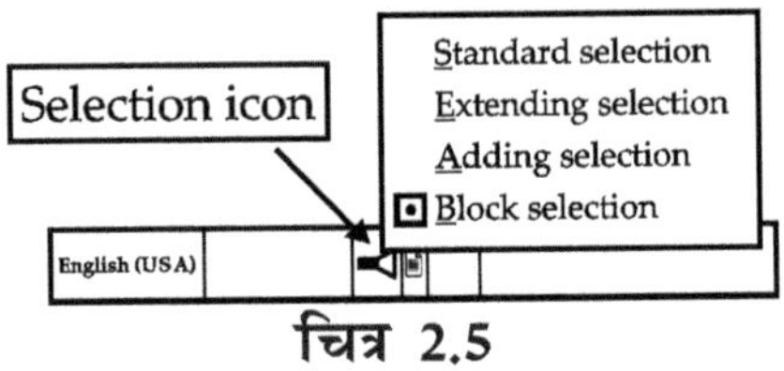

चित्र 2.5

अब की-बोर्ड और माउस का प्रयोग कर सलेक्शन को हाइलाइट कीजिए, जैसा कि निम्न चित्र में प्रदर्शित है–

January	February	March
April	May	June
July	August	September
October	November	December

चित्र 2.6: टेक्स्ट के वर्टिकल ब्लॉक को सलेक्ट करना

(4) टेक्स्ट को कट, कॉपी और पेस्ट करना–राइटर में टेक्स्ट को कट और कॉपी करना, अन्य एप्लीकेशन्स में इस क्रिया को करने के समान है। इन ऑपरेशन्स को करने के लिए हम माउस या की-बोर्ड का प्रयोग कर सकते हैं। हम डॉक्यूमेंट के अंदर या दो डॉक्यूमेंट्स के मध्य टेक्स्ट को मूव या कॉपी कर सकते हैं। इसके लिए हम ड्रैग, मेन्यू सेलेक्शंस, टूल बार बटनों और की-बोर्ड का प्रयोग कर सकते हैं। हम अन्य स्रोतों जैसे–वेब पेज से भी टेक्स्ट को कॉपी कर सकते हैं और राइटर डॉक्यूमेंट में पेस्ट कर सकते हैं।

सलेक्ट किए हुए टेक्स्ट को *मूव* (ड्रैग या ड्रॉप) करने के लिए माउस का प्रयोग कीजिए, इसे दूसरे स्थान पर ड्रैग कीजिए और छोड़ दीजिए। सलेक्ट किए गए टेक्स्ट को *कॉपी* करने के लिए, टेक्स्ट को ड्रैग करते हुए *Ctrl* Key दबाइए। टेक्स्ट, ड्रैग करने के बाद भी पहले वाले फॉर्मेट में ही रहता है।

सलेक्ट किए हुए टेक्स्ट को मूव करने के लिए कट या पेस्ट किया जाता है, टेक्स्ट को कट करने के लिए Ctrl+X का प्रयोग करते हैं, कर्सर को insert कीजिए जहाँ टेक्स्ट पेस्ट करना है और पेस्ट करने के लिए Ctrl+V दबाइए। वैकल्पिक रूप से स्टेंडर्ड टूल बार में दिए गए विकल्पों का प्रयोग कीजिए।

जब हम टेक्स्ट पेस्ट करते हैं, तो इसका परिणाम टेक्स्ट के स्रोत और उसे पेस्ट करने के तरीके पर निर्भर करता है। यदि हम **Paste** बटन पर क्लिक करते हैं, तो टेक्स्ट का फॉर्मेट (जैसे–Bold या Italic) वही रहता है। टेक्स्ट जो वेबसाइट्स या अन्य स्रोतों द्वारा पेस्ट किया जाता है उसे फ्रेम्स या टेबल्स में रख सकते हैं। यदि हमें परिणाम पसंद नहीं आता तो हम **Undo** Button पर क्लिक कर सकते हैं या Ctrl+Z दबा सकते हैं।

पेस्ट किए जा रहे टेक्स्ट की फॉरमेटिंग (formatting) वही रखने के लिए जो पहले से मौजूदा टेक्स्ट की फॉरमेटिंग है, निम्न प्रक्रिया अपनाई जाती है–

(क) **Edit>Paste Special** का चयन करें, या

(ख) Combination **Paste** Button के Arrow Button पर क्लिक कीजिए, या

(ग) माउस के बाएँ बटन को छोड़े बिना पेस्ट बटन पर क्लिक कीजिए। फिर रिजल्टिंग मेन्यू से Unformatted Text Button सेलेक्ट कीजिए।

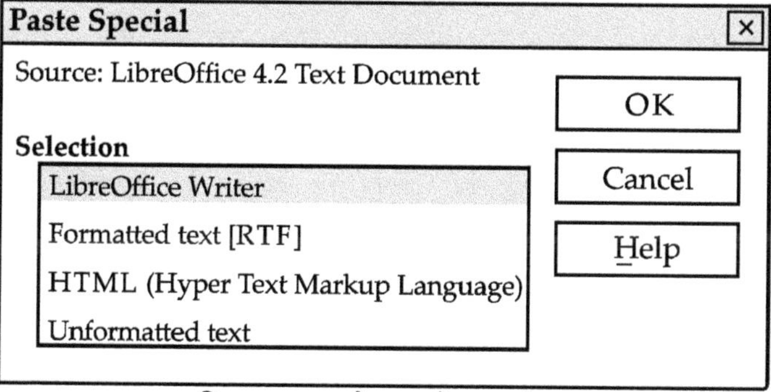

चित्र 2.7: पेस्ट स्पेशल मेन्यू

(5) टेक्स्ट और फॉरमेटिंग को फाइंड और रिप्लेस करना–राइटर के पास टेक्स्ट को फाइंड करने के दो तरीके हैं–जल्दी खोजने के लिए फाइंड टूल बार और फाइंड व रिप्लेस डायलॉग। डायलॉग में–

(क) शब्द और शब्दों के समूह को फाइंड और रिप्लेस किया जा सकता है,

(ख) खोज को फाइन-ट्यून देने के लिए वाइल्डकार्ड और रेग्यूलर एक्सप्रेशन का प्रयोग किया जा सकता है,

(ग) किसी विशेष गुण या फॉरमेटिंग को फाइंड और रिप्लेस कर सकते हैं, और

(घ) पैराग्राफ स्टाइल को फाइंड और रिप्लेस कर सकते हैं।

फाइंड और रिप्लेस डायलॉग का उपयोग करना–फाइंड और रिप्लेस डायलॉग खोलने के लिए की-बोर्ड शॉर्टकर्ट Ctrl+H या **Edit>find & Replace** का चयन मेन्यू बार से कीजिए। यदि फाइंड टूल बार खुला है तो टूल बार में फाइंड और रिप्लेस बटन पर क्लिक कीजिए। एक बार खुलने के बाद, वैकल्पिक रूप से Other Options वाले Symbol पर क्लिक कीजिए ताकि डायलॉग बॉक्स विस्तृत हो सके। इस बटन पर पुनः क्लिक कीजिए ताकि डायलॉग ऑप्शंस कम हो सकें।

फाइंड और रिप्लेस डायलॉग का प्रयोग

(क) **Search for** box में उस टेक्स्ट को फाइंड कीजिए जिसे आप खोजना चाहते हैं।

(ख) **Replace with** box में नए टेक्स्ट को टाइप कीजिए जिससे पुराने टेक्स्ट को रिप्लेस करना है।

(ग) हम विभिन्न विकल्पों का चयन कर सकते हैं जैसे–matching the case, matching whole words only या समान शब्दों के लिए खोज करना।

(घ) अपनी खोज को सेट-अप करने के बाद **Find** पर क्लिक कीजिए। खोजे गए टेक्स्ट को रिप्लेस करने के लिए **Replace** पर क्लिक कीजिए।

(6) विशिष्ट कैरेक्टर्स को insert करना–*विशिष्ट कैरेक्टर* वह है जो मानक अंग्रेजी की-बोर्ड पर नहीं होता। जैसे–¾, æ, ç, ñ, ö, ø इत्यादि। इस तरह के कैरेक्टर्स को insert करने के लिए–

(क) आप जहाँ कैरेक्टर को डालना चाहते हैं वहाँ कर्सर को रखिए।

(ख) विशिष्ट कैरेक्टर्स के डायलॉग को ओपन करने के लिए **Insert>Special Character** को सलेक्ट कीजिए।

(ग) विभिन्न कैरेक्टर्स (किसी भी फॉन्ट में या विभिन्न फॉन्ट्स के मिश्रित रूप में) को आप जिस क्रम में डालना चाहते हैं उन्हें उसी क्रम में सलेक्ट कीजिए और **OK** पर क्लिक कीजिए। जैसे ही आप कैरेक्टर को सलेक्ट करते हैं, कैरेक्टर के Numerical Code के साथ यह दाईं तरफ दिखाया जाता है।

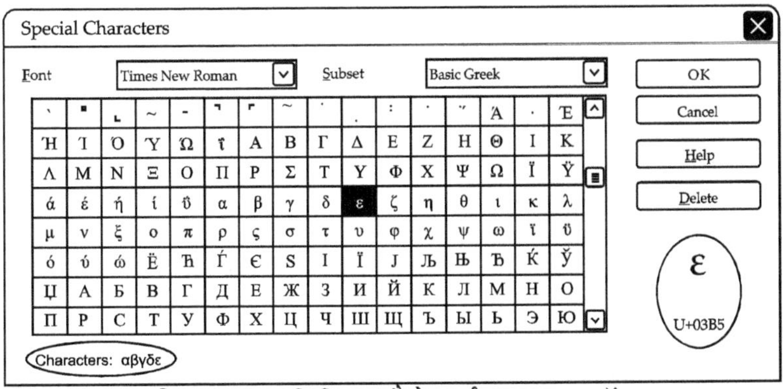

Special Characters

Font: Times New Roman — Subset: Basic Greek

OK | Cancel | Help | Delete

ε U+03B5

Characters: αβγδε

चित्र 2.8: विशिष्ट कैरेक्टर्स का डायलॉग

(7) स्पेलिंग तथा ग्रामर को चैक करना–राइटर 'स्पेलिंग चैकर' उपलब्ध कराता है जिसका प्रयोग दो तरीकों से किया जा सकता है–

(क) Auto Spell check–यह हर टाइप किए हुए शब्द को चैक करता है और गलत पाए जाने वाले शब्द के नीचे एक लहराती (Wavy) हुई लाल रंग की लाइन दिखाता है। जब शब्द सही किया जाता है तब लाइन हट जाती है।

(ख) Spelling and Grammar button–डॉक्यूमेंट में स्पेलिंग और व्याकरण की अशुद्धियों को एक साथ चैक करने के लिए 'Spelling and Grammar' Button पर क्लिक कीजिए। यह डॉक्यूमेंट और सेलेक्शन को चैक करता है और गलती मिलने पर Spelling and Grammar dialog को खोलता है।

इसका प्रयोग करने के लिए उपयुक्त शब्दकोशों को इंस्टॉल करना होगा। इसमें पहले से ही चार शब्दकोश इंस्टॉल होते हैं–a spellchecker, a grammar checker, a hyphenation dictionary और a thesaurus.

प्रश्न 6. एक राइटर डॉक्यूमेंट को किस प्रकार एडिट किया जाता है?

अथवा

किसी राइटर डॉक्यूमेंट के अंदर टेक्स्ट का चयन (सिलेक्शन), कॉपी एवं पेस्ट किस प्रकार किया जाता है? समझाइए।

उत्तर– लिब्रेऑफिस में किसी टेक्स्ट (शब्द/शब्द समूह) को कीबोर्ड, माउस अथवा Icon की मदद से Edit (Copy/Move) किया जा सकता है। लिब्रेऑफिस डॉक्यूमेंट में किसी शब्द/शब्द समूह को Cut और past (move) या Copy करने से पहले उन्हें Select करना पडता है। तब वे शब्द/शब्द समूह Copy/Cut-Paste हो पाते हैं। लिब्रेऑफिस में किसी शब्द/शब्द समूह को कई तरीकों से Select किया जा सकता है। इनमें से दो तरीके नीचे दिए गए हैं–

(1) कीबोर्ड द्वारा Select करना–लिब्रेऑफिस में शब्दों को कीबोर्ड के द्वारा Select किया जा सकता है। कीबोर्ड से Select करने के लिए कुछ कीबोर्ड Shortcuts का उपयोग करना पडता है। कीबोर्ड से Select करने के लिए नीचे दिए गए चरणों का अनुकरण करते हैं–

चरण 1–सबसे पहले जिस शब्द या लाइन को Select करना है, वहाँ पर माउस से क्लिक करते हैं, ऐसा माउस Cursor को उस लाइन या शब्द तक लाने के लिए किया जाता है, जिसे Select करना है।

चरण 2–इसके बाद Shift Key के साथ Left और Right Arrow Keys का उपयोग करके शब्द/शब्द समूह को Select करते हैं या फिर पूरे Paragraph को भी Select कर सकते हैं। यहाँ Shift Key को दबाए रखना जरूरी होता है।

चरण 3–कीबोर्ड से CTRL + A को दबाने पर पूरा लिब्रेऑफिस डॉक्यूमेंट एक साथ Select हो जाएगा।

(2) माउस द्वारा Select करना–लिब्रेऑफिस डॉक्यूमेंट के किसी एक शब्द या पूरे के पूरे Paragraph को माउस के द्वारा भी Select कर सकते हैं। यह एक शानदार तरीका है जिससे काफी समय बचाया जा सकता है। इसके लिए बस माउस से क्लिक करना पड़ता है। माउस से Select करने के लिए नीचे दिए गए चरणों का अनुकरण करते हैं–

चरण 1–जिस शब्द को Select करना है, उसके ऊपर माउस Cursor को ले जाकर एक साथ 2 बार (Double Click) जल्दी से क्लिक करते हैं। ऐसा करने पर वह शब्द Select हो जाएगा।

चरण 2–यदि Paragraph को Select करना है तो इसके लिए माउस के Cursor को उस Paragraph के ऊपर ले जाकर माउस से 3 बार (Triple Click) जल्दी से क्लिक करते हैं। ऐसा करने पर पूरा Paragraph एक साथ Select हो जाएगा।

लिब्रेऑफिस में कट और कॉपी करना–लिब्रेऑफिस में कट और कॉपी करने के ढेरों कमांड मौजूद हैं और वो सभी जगह सामान्य हैं। इसे करने के लिए सबसे पहले किसी भी टेक्स्ट को सेलेक्ट करते हैं जिससे वो अस्थायी तौर पर हाईलाइट हो जाता है और फिर नीचे लिखी प्रक्रिया में से किसी एक का पालन करते हैं–

- रिबन के अंदर दिख रहे होम टैब में से Cut या Copy एक क्लिक करते हैं।
- डॉक्यूमेंट के अंदर सेलेक्ट किए गए टेक्स्ट पर माउस द्वारा राईट क्लिक करके भी कट या कॉपी कर सकते हैं।
- यही प्रक्रिया शॉर्टकट की का प्रयोग करके भी पूरी की जा सकती है। कट के लिए Ctrl+X और कॉपी के लिए Ctrl+C का प्रयोग करते हैं। ये कमांड अधिकतर एप्लीकेशन में सामान्य हैं और सभी जगह काम आते हैं।

लिब्रेऑफिस में पेस्ट करना–किसी भी टेक्स्ट को पेस्ट करने का मतलब हुआ क्लिपबोर्ड में कट या कॉपी करके रखी गई चीजों को किसी अन्य जगह पर हू-ब-हू डालना। अंतिम कट या कॉपी किए गए आइटम को अपने लिब्रेऑफिस डॉक्यूमेंट में कहीं भी पेस्ट करने के लिए नीचे लिखी प्रक्रिया में से किसी एक का पालन करते हैं–

• होम टैब के अंदर जाकर वहाँ दिख रहे Paste ऑप्शन को प्रेस कर सकते हैं।

• माउस के तीर को वहाँ रखते हैं जहाँ हम अंतिम कट या कॉपी की गई चीज को डालना चाहते हैं और राइट क्लिक करते हैं। फिर पेस्ट का ऑप्शन दबाते हैं।

• यही प्रक्रिया कीबोर्ड शॉर्टकट Ctrl+V दबाकर भी पूरी की जा सकती है जो कि एक यूनिवर्सल कमांड है और किसी भी एप्लीकेशन में समान रूप से काम करता है।

नोट–माउस का उपयोग करके चयनित टेक्स्ट को move (drag and drop) करने के लिए, इसे माउस से नए स्थान पर खींचते हैं और छोड़ देते हैं। चयनित text को कॉपी करने के लिए, खींचते समय Ctrl key को दबाए रखते हैं। टेक्स्ट खींचने से पहले की अपनी फॉर्मेटिंग को बनाए रखता है। Copy किए गए टेक्स्ट की, जहाँ इसे पेस्ट किया जाना है, उस जगह के आसपास के टेक्स्ट की जैसी फॉमेटिंग करने के लिए–

• Edit > Paste Special चुनते हैं, या

• पेस्ट आइकन के दाईं और बने त्रिकोण पर क्लिक करते हैं, या

• बाएँ माउस बटन को छोड़े बिना पेस्ट आइकन पर क्लिक करते हैं।

फिर प्राप्त होने वाले मेन्यू से Unformatted Text का चयन करते हैं। Paste Special मेन्यू पर प्राप्त विकल्पों की श्रेणी, पेस्ट किए जाने वाले टेक्स्ट (या अन्य ऑब्जेक्ट) की उत्पत्ति एवं फॉर्मेटिंग के आधार पर भिन्न-भिन्न प्रकार की होती है।

प्रश्न 7. लिब्रेऑफिस राइटर में किसी डॉक्यूमेंट में 'स्टाइल और फॉर्मेटिंग' किस प्रकार की जाती है? समझाइए।

अथवा

लिब्रेऑफिस राइटर में आप किसी डॉक्यूमेंट में उपस्थित टेक्स्ट की फॉर्मेटिंग कैसे कर सकते हैं? विस्तार से बताइए।

अथवा

लिब्रे ऑफिस राइटर के 'स्टाइल और फॉर्मेटिंग' कार्य के उपयोग का वर्णन कीजिए। [दिसम्बर-2017 , प्र.सं. 1.2]

उत्तर– लिब्रेऑफिस प्रपत्रों (Formats) के चयन तथा स्टाइलों को लागू करने के अनेक तरीके प्रदान करता है। पेराग्राफ को फॉर्मेट करने तथा स्टाइलों को लागू करने की प्रक्रिया इस प्रकार है–

• **Styles and Formatting** आइकॉन पर क्लिक करें जो फॉर्मेटिंग टूलबार के अंत में बाईं ओर स्थित है या फिर **Format > Styles and Formatting** पर क्लिक करें या फिर *F11* को दबाएँ। स्टाइल तथा फॉर्मेटिंग विंडो यह दर्शाती है कि जिस लिब्रेऑफिस कम्पोनेन्ट का प्रयोग आप कर रहे हैं वहाँ किस प्रकार के स्टाइल उपलब्ध हैं। निम्न चित्र Writer के विंडो को दर्शाता है जहाँ पेज स्टाइल दिखाई पड़ रहे हैं। आप इस विंडो को स्क्रीन पर किसी सुविधानजनक स्थान पर ले जा सकते हैं या फिर इस एक किनारे की ओर डॉक कर सकते हैं (*Ctrl* कुँजी को होल्ड डाउन करके उसे टाइटल बार द्वारा उस स्थान की ओर खींचे जहाँ पर आप उसे डॉक करना चाहते हैं)।

• एक श्रेणी विशेष में स्टाइलों की सूची को प्रदर्शित करने के लिए Styles and Formatting विंडो के बाईं ओर ऊपर की तरफ एक आइकॉन पर क्लिक करें।

• किसी वर्तमान स्टाइल को एप्लाई करने के लिए पैराग्राफ के इनसर्शन पॉइंट पर जाएँ, उसे फ्रेम करें, पृष्ठ अथवा शब्द (वर्ड) और उसके बाद इन सूचियों में से किसी एक में स्टाइल के नाम पर डबल क्लिक करें। किसी करेक्टर स्टाइल को एक शब्द से अधिक पर एप्लाई करने के लिए करेक्टर का चयन पहले करें।

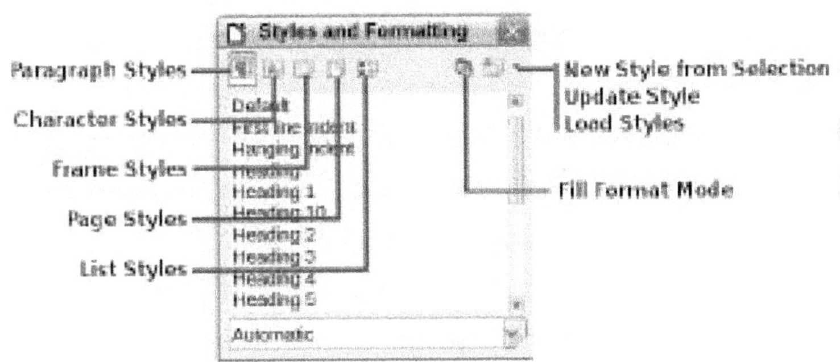

चित्र 2.9: स्टाइल और फॉर्मेटिंग टूल बार

लिब्रेऑफिस राइटर में हम किसी डॉक्यूमेंट में उपस्थित टेक्स्ट की फॉर्मेटिंग निम्न प्रकार से कर सकते हैं–

पैराग्राफ फॉर्मेटिंग–हम पैराग्राफ में बहुत-से फॉर्मेट डाल सकते हैं। ये सब Formatting Toolbar पर उपस्थित बटनों के और Sidebar's Properties deck के Paragraph Panel के प्रयोग से निश्चित होता है। नीचे दिए गए चित्र में फॉर्मेटिंग टूलबार, पैराग्राफ फॉर्मेटिंग के लिए बटनों को दर्शाता है। ऑपरेटिंग सिस्टम के अंतर्गत बटनों का आकार एवं **Tools>Options>Libreoffice>View** में Icon के साइज एवं स्टाइल का चयन बदलता रहता है।

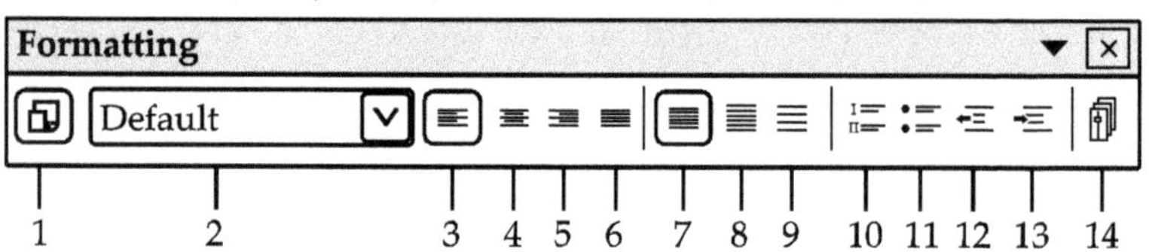

1. Open Styles and Formatting Window
2. Apply Style
3. Align Left
4. Centered
5. Align Right
6. Justified
7. Line Spacing: 1
8. Line Spacing: 1.5
9. Line Spacing: 2
10. Numbering On/Off
11. Bullets On/Off
12. Decrease Indent
13. Increase Indent
14. Paragraph format dialog

चित्र 2.10: पैराग्राफ फॉर्मेटिंग के बटनों को दर्शाता फॉर्मेटिंग टूलबार

कैरेक्टर्स फॉर्मेटिंग–हम फॉर्मेटिंग टूलबार में बटनों का प्रयोग करके कैरेक्टर्स के लिए कई फॉर्मेट्स का प्रयोग कर सकते हैं। Sidebar Properties Deck का कैरेक्टर पैनल, कैरेक्टर फॉर्मेटिंग के लिए बटन उपलब्ध कराता है।

इसमें भी ऑपरेटिंग सिस्टम के अंतर्गत बटनों का आकार एवं **Tools>Options> Libreoffice>View** में Icon के साइज एवं स्टाइल का चयन बदलता रहता है।

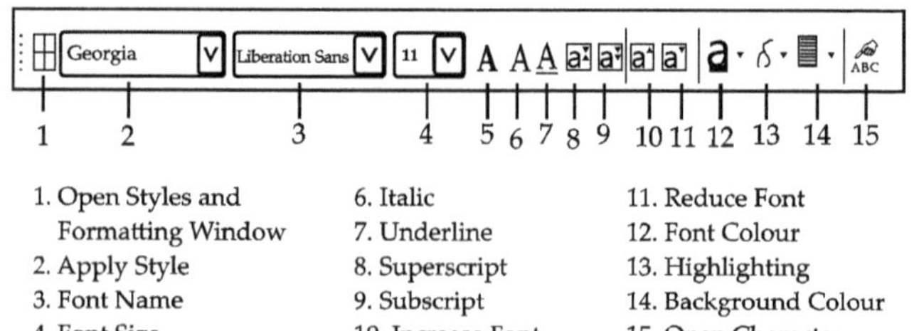

1. Open Styles and Formatting Window
2. Apply Style
3. Font Name
4. Font Size
5. Bold
6. Italic
7. Underline
8. Superscript
9. Subscript
10. Increase Font
11. Reduce Font
12. Font Colour
13. Highlighting
14. Background Colour
15. Open Character Format Dialog

चित्र 2.11: कैरेक्टर फॉर्मेटिंग के बटनों को दर्शाता फॉर्मेटिंग टूलबार

ऑटोफॉर्मेटिंग–Auto Correct dialog **(Tools>Auto Correct Options)** के Options Page में दी गई Choices के अनुसार हम किसी डॉक्यूमेंट के भागों को अपने आप फॉर्मेट करने के लिए राइटर को सेट कर सकते हैं।

नंबर या बुलेट लिस्ट बनाना–नंबर या बुलेट लिस्ट बनाने के विभिन्न तरीके निम्न हैं–

- ऑटोफॉर्मेटिंग का प्रयोग करें;
- लिस्ट (Numbering) स्टाइल का प्रयोग करें;
- फॉरमेटिंग टूल बार पर **Numbering** और **Bullets** buttons का प्रयोग करें।

बुलेट्स व नंबर टूलबार का प्रयोग करके–नंबर या बुलेट लिस्ट बनाने के लिए हमें Bullets and Numbering Toolbar पर उपस्थित बटनों का प्रयोग करना होगा।

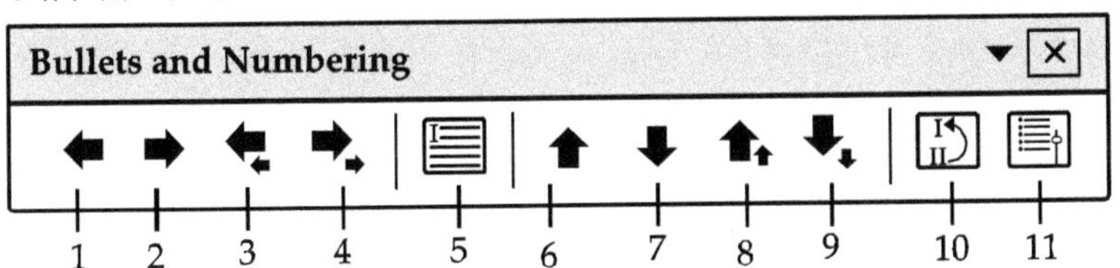

1. Promote One Level
2. Demote One Level
3. Promote One Level with Subpoints
4. Demote One Level with Subpoints
5. Insert Unnumbered Entry
9. Move Down with Subpoints
6. Move Up
7. Move Down
8. Move Up with Subpoints
10. Restart Numbering
11. Bullets and Numbering

चित्र 2.12: बुलेट्स एवं नंबरिंग टूलबार

प्रश्न 8. लिब्रेऑफिस राइटर के अंदर टेबल बनाने की विधि का वर्णन कीजिए।

उत्तर– टेबल का प्रयोग किसी डाटा या जानकारी को अलग-अलग बॉक्स में व्यवस्थित तरीके से दर्शाने के लिए किया जाता है। यह स्तंभों और पंक्तियों का एक समूह होता है जिसमें कैटेगरी और उसके अंदर की जानकारियाँ लिखी रहती हैं।

उदाहरण–

Teacher Last Name		Teacher First Name		Grade Level	Room Number	Reading Books
Cleaver		Theodore		K	00	59
Haskell		Eddie		1	01	73
Cleaver		Wally		2	02	61

टेबल यहाँ सिर्फ डाटा और जानकारियों को ही नहीं रखती बल्कि उसमें फॉर्मेटिंग के तरह-तरह के ऑप्शन देकर उसे और भी सुव्यवस्थित किया जा सकता है। यहाँ टेबल के बॉर्डर, बॉक्स वगैरह के रंग-रूप, बनावट और आकृति सहित ढेरों चीजों के बारे में निर्णय लिया जा सकता है।

टेबल का निर्माण करना–सबसे पहले माउस के तीर को वहाँ ले जाते हैं जहाँ पर टेबल को Insert करना है क्योंकि वहीं से टेबल का निर्माण शुरू होगा और फिर Insert Table डायलॉग बॉक्स को खोलने के लिए निम्न में से कोई भी एक तरीका अपनाया जाता है–

- मुख्य मेन्यू से, Insert > Table को चुनते हैं।
- मुख्य मेन्यू से, Table > Insert > Table चुनते हैं।
- Ctrl F12 को दबा सकते हैं।
- स्टैंडर्ड टूलबार पर, टेबल आइकन पर भी क्लिक कर सकते है।

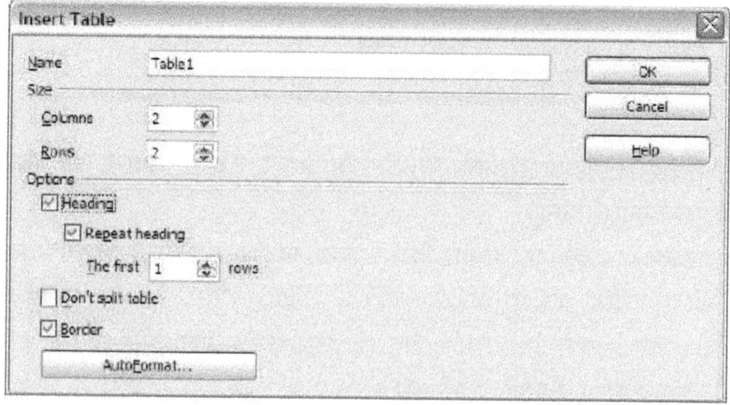

चित्र 2.13

डायलॉग बॉक्स में दिए गए विकल्पों की मदद से, प्रारंभिक तालिका विशेषताओं को सेट करते हैं। डायलॉग बॉक्स के इस भाग में विकल्पों का चयन करने से निम्नलिखित परिणाम प्राप्त होते हैं–

- **Heading**–शीर्षक तालिका में पहली पंक्ति को परिभाषित करता हैं।
- **Repeat heading**–यदि तालिका एक से अधिक पृष्ठों पर आती है तो बाद के पन्नों के शीर्ष पर तालिका की शीर्ष पंक्ति (पंक्तियाँ) दोहराई जाती है।
- **Don't split table**–टेबल को एक से अधिक पेज में फैलने से रोकता है।
- **Border**–बॉर्डर टेबल के प्रत्येक सेल को घेरता है। इस बॉर्डर को बाद में संशोधित भी किया जा सकता है या फिर हटाया भी जा सकता है।
- **AutoFormat Button**–यह बटन एक डायलॉग बॉक्स खोलता है जिसमें दिए गए कई पूर्वनिर्धारित टेबल लेआउट्स में से किसी एक का चयन किया जा सकता है और टेबल को फॉर्मेट किया जा सकता है।

साधारण टेक्स्ट को टेबल में परिवर्तित करना–Table > Convert > Text to Table मेन्यू आइटम का उपयोग करके सादे पाठ से एक तालिका बनाई जा सकती है। परिवर्तित किए जाने वाले टेक्स्ट में कॉलम विभाजकों को इंगित करने के लिए characters होने चाहिए। पैराग्राफ के निशान, तालिका की एक पंक्ति के अंत का संकेत देते हैं। टेक्स्ट को तालिका में बदलने के लिए टेक्स्ट को एडिट करके शुरू करते हैं, ताकि यह सुनिश्चित किया जा सके कि कॉलम विभाजक character वहीं हैं, जहाँ हम चाहते हैं। फिर उस टेक्स्ट का चयन करते हैं, जिसे टेबल में बदलना है और चित्र 2.14 में दिखाए गए dialog box को खोलने के लिए Table > Convert > Text to Table का चयन करते है।

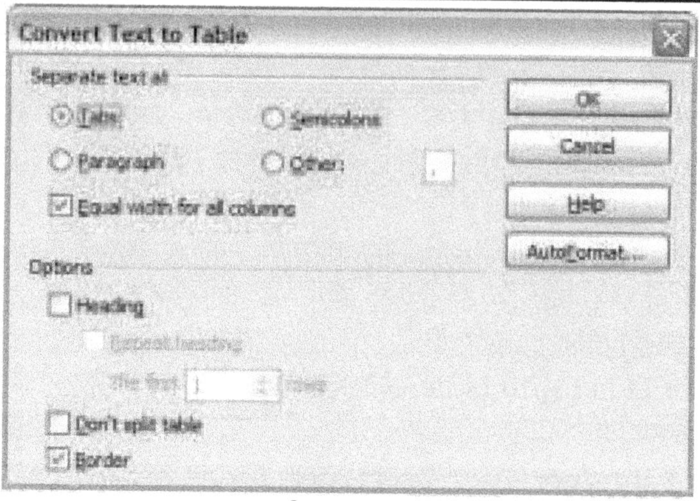

चित्र 2.14

उदाहरण—इस उदाहरण में, निम्नलिखित पाठ को एक तालिका में बदला गया है—

पंक्ति 1 कॉलम 1; पंक्ति 1 कॉलम 2; पंक्ति 1 कॉलम 3
पंक्ति 2 कॉलम 1; पंक्ति 2 कॉलम 2; पंक्ति 2 कॉलम 3

इस उदाहरण में, शीर्षकों के बीच का विभाजक अर्धविराम के रूप में है। टेक्स्ट का चयन करके और फॉर्मेटिंग को लागू करके, हमें निम्नलिखित परिणाम प्राप्त होता है—

Row 1 Column 1	Row 1 Column 2	Row 1 Column 3
Row 2 Column 1	Row 2 Column 2	Row 2 Column 3

अन्य तरीकों से तालिका बनाने से अलग हटकर, इस तरीके से तालिका बनाते समय मूल टेक्स्ट पर लागू पैराग्राफ शैली और चरित्र शैली जो की त्यों बनी रहती है। विपरीत ऑपरेशन करने के लिए भी Convert मेन्यू का उपयोग किया जा सकता है; वह है, एक तालिका को सादे टेक्स्ट में बदलना। ऐसा करना तब उपयोगी हो सकता है जब तालिका की सामग्री को किसी अन्य प्रोग्राम में Export करना हो। तालिका को टेक्स्ट में बदलने के लिए, कर्सर को तालिका में कहीं भी रखकर Table > Convert > Table to Text का मुख्य मेन्यू में चयन

करते हैं, पसंदीदा पंक्ति विभाजक चुनते हैं और समाप्त करने के लिए OK क्लिक करते हैं।

प्रश्न 9. लिब्रेऑफिस राइटर में प्रयोग किए जाने वाले मेल मर्ज के विभिन्न चरणों का वर्णन कीजिए।

अथवा

राइटर में मेल मर्जर सुविधा की चर्चा कीजिए।

[जून-2018, प्र.सं. 2.2]

उत्तर– मेल मर्ज का उपयोग बल्क में मेज, लेबल और एनवलप बनाने और भेजने के लिए किया जाता है। मेज मर्ज, अधिकांश डाटा प्रोसेसिंग एप्लीकेशन के भीतर एक फीचर होता है, जिससे यूजर्स एक ही डॉक्यूमेंट या लेटर को कई लोगों को भेज सकते हैं। इसमें डॉक्यूमेंट को एक ऐसे डेटाबेस में कनेक्ट किया जाता है, जिसमें प्राप्तकर्त्ता का नाम, एड्रेस और अन्य जानकारी शामिल होती है। सरल शब्दों में, मेल मर्ज, फॉर्म लेटर से मास मेलिंग के लिए पर्सनल लेटर या एनवलप या मेलिंग लेबल बनाने की एक प्रक्रिया है। मेल मर्ज का प्रयोग करते हुए निम्न चीजें प्राप्त की जा सकती हैं–

- **लेबल या लिफाफे का एक सेट**–रिटर्न पता सभी लेबल या लिफाफों पर समान होता है, लेकिन गंतव्य का पता प्रत्येक लेबल या लिफाफे पर विशिष्ट होता है।
- **फॉर्म पत्र, ई-मेल संदेश या फैक्स का एक सेट**–मूल सामग्री सभी पत्रों, संदेशों या फैक्सों में समान होती है, लेकिन प्रत्येक पत्र में वह जानकारी भी होती है जो व्यक्तिगत प्राप्तकर्त्ता के लिए विशिष्ट होती है, जैसे नाम, पता या कुछ अन्य व्यक्तिगत डेटा।

यदि एक लेटर को एक बार में कई लोगों को भेजना है और इसके लिए यदि इस लेटर को कॉपी-पेस्ट कर उनमें अलग-अलग नाम और एड्रेस एड करते हैं तो इसमें काफी समय खर्च हो जाएगा। ऐसे समय में मेल मर्ज काफी लाभदायक सिद्ध होता है। इसका प्रयोग करते हुए पहले एक डॉक्यूमेंट तैयार किया जाता है जिसमें प्रमुख सूचना दी जाती है तथा फिर एक डेटाबेस बनाया जाता है, जिसमें सभी प्राप्तकर्त्ताओं के

नाम, एड्रेस और अन्य जानकारी शामिल होगी। लिब्रेऑफिस में आमतौर पर यह डेटाबेस स्प्रेडशीट, टेक्स्ट फाइल MySQL, Adabas तथा ODBC जैसे डाटाबेसों से प्राप्त किया जा सकता है। यदि मेज मर्ज में उपयोग की जाने वाली जानकारी इस फॉर्मेट में है कि लिब्रेऑफिस इसे सीधे प्राप्त नहीं कर सकता है तो इसे परिवर्तित करने की आवश्यकता होती है, उदाहरण के लिए इसे Comma Separated Values (CSV) फाइल में एक्सपोर्ट करके।

इस डेटाबेस को लेटर डॉक्यूमेंट के साथ जोड़ा जाता है, फिर डेटाबेस के फील्डस को इस लेटर में इन्सर्ट किया जाता है। इसके बाद मेल मर्ज डेटाबेस में शामिल रिकॉर्ड के आधार पर लेटर की उतनी ही कॉपी बनाता है और इनमें एक-एक नाम, एड्रेस या अन्य जानकारी को शामिल कर देता है और हमें विभिन्न नाम, पते आदि से युक्त एवं समान सूचना वाले विभिन्न पत्र प्राप्त हो जाते हैं। इस प्रकार राइटर में निम्न को तैयार और प्रिंट करने का एक बहुत ही महत्त्वपूर्ण एवं उपयोगी गुण है–

(1) एक बार में कई लोगों को भेजने के लिए एक ही लेटर की कई प्रतियाँ।

(2) मेलिंग लेबल्स।

(3) लिफाफे।

मेज मर्ज, मुख्य रूप से उपयोगकर्त्ताओं, सब्सक्राइबर्स या सामान्य व्यक्तियों को इकट्ठे मेल भेजने की प्रक्रिया को स्वतः करता है।

मेज मर्ज का उदाहरण–उदाहरण के लिए, नीचे दिए गए लेटर को कई सब्सक्राइबर्स को भेजना है और इस लेटर में हर एक सब्सक्राइबर का नेम, ई-मेल एड्रेस, यूजर नेम और पासवर्ड एड करना है तो उस लेटर का प्रारूप निम्न प्रकार का होगा–

-

Dear [Name]

-

Thank you for subscribing our mailing list.
Your email address is: [E-mail address]
Here is your login credential

Username – [Username]
Password- [Password]
-
Regards,
IT Khoj
-

इस उदाहरण में, प्रत्येक ब्रैकेट वाले शब्दों (उदा. [Name]) के फील्ड में हर एक यूजर का नाम आ जाना चाहिए।

मेलिंग सूची बनाना–मेलिंग लिस्ट डाटा का सोर्स होती है। इस डेटा में वह रिकॉर्ड शामिल होते हैं, जिन्हें लेटर में इम्पोर्ट करना है। यदि उपयोगकर्त्ता के पास मेलिंग लिस्ट नहीं है, तो यह मेज मर्ज के दौरान इसे बना भी सकता है। मेज मर्ज की प्रक्रिया को शुरू करने से पहले, सभी डेटा रिकॉर्ड इस डेटाबेस में भरे जाते हैं, यहाँ इस लिस्ट को स्प्रेडशीट में तैयार किया जा रहा है। इस डाटा का सैंपल नीचे चित्र में दर्शाया गया है–

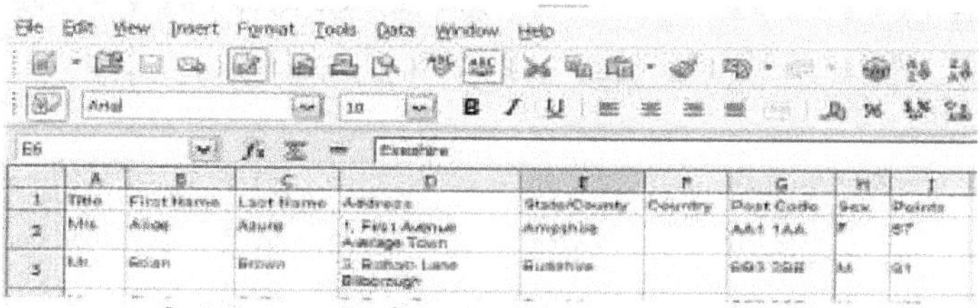

चित्र 2.15: स्प्रेडशीट डाटा का उदाहरण

किसी भी फील्ड को यहाँ पर एड किया जा सकता है। फिर इस फाइल को Save किया जाता है। इस प्रकार मेज मर्ज के लिए डेटाबेस तैयार होकर मिल जाता है, जिसे किसी भी संगत राइटर डॉक्युमेंट द्वारा स्वयं के पास Access कर लिया जाता है। लेकिन इसके लिए दिए गए डेटाबेस का रजिस्ट्रेशन आवश्यक है। एक बार रजिस्टर होने के बाद उसे कभी भी लिब्रेऑफिस के किसी भी घटक द्वारा प्राप्त किया जा सकता है। डेटा सोर्स के निर्माण की विधि का वर्णन नीचे किया जा रहा है–

(1) किसी भी राइटर डॉक्यूमेंट के भीतर या लिब्रेऑफिस स्टार्ट सेंटर से, **File > Wizards > Address Data Source** का चयन करते हैं।

(2) विजार्ड के पहले पृष्ठ के विकल्प भिन्न-भिन्न ऑपरेटिंग सिस्टम के लिए भिन्न-भिन्न होते हैं। उसमें से उपयुक्त बाहरी पता पुस्तिका का चयन करते हैं। इस उदाहरण में, यह विकल्प **other external data source** है। उसके बाद **Next** पर क्लिक करते हैं।

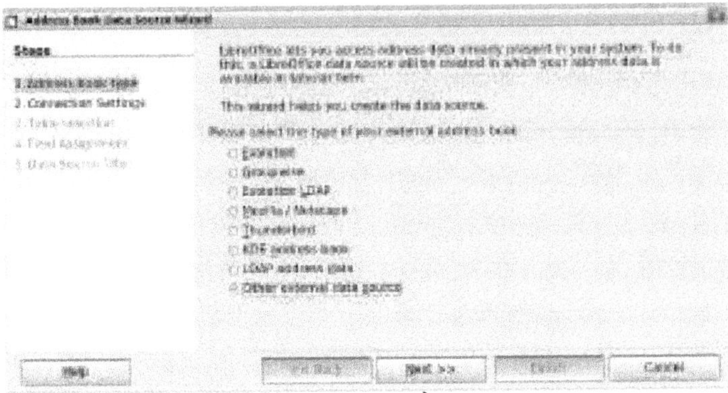

चित्र 2.16: बाहरी पता पुस्तिका के प्रकार का चयन करना

(3) Wizard के अगले पेज पर, **Settings** बटन पर क्लिक करते हैं।

चित्र 2.17: Wizard के सेटिंग भाग को शुरू करना

(4) Data Source Properties पेज में, Database टाइप का चयन करते हैं। हमारे उदाहरण में, यह **Spreadsheet** है। फिर **Next** पर क्लिक करते हैं।

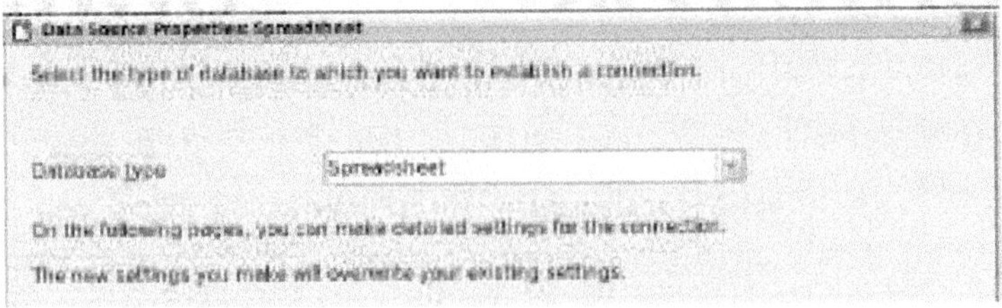

चित्र 2.18: डेटाबेस प्रकार का चयन

(5) अगले डायलॉग बॉक्स में, **Browse** पर क्लिक करते हैं और उस स्प्रैडशीट पर जाते हैं जिसमें एड्रेस की सूचना दी गई हो। स्प्रेडशीट का चयन करते हैं और डायलॉग बॉक्स पर वापस जाने के लिए **Open** पर क्लिक करते हैं। इस समय **Test Connection Button** (उदाहरण में नहीं दिखाया गया है) पर क्लिक करके यह परीक्षण किया जा सकता है कि कनेक्शन को सही ढंग से स्थापित किया गया है अथवा नहीं।

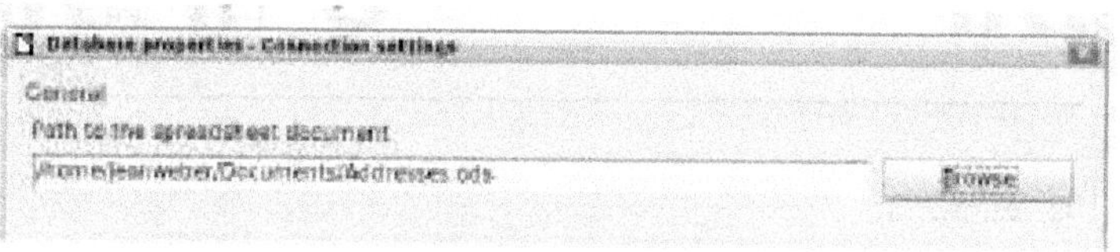

चित्र 2.19: स्प्रेडशीट डॉक्यूमेंट का चयन करना

(6) **फिनिश** पर क्लिक करते हैं।

(7) अगले पृष्ठ पर, **Next** क्लिक करते हैं क्योंकि यह एक स्प्रेडशीट है, **Field Assignment** पर क्लिक नहीं करना चाहिए।

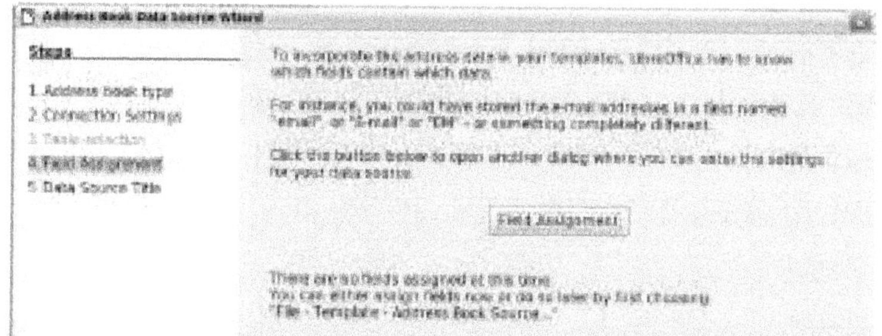

चित्र 2.20: क्योंकि यह एक स्प्रेडशीट है, फील्ड असाइनमेंट पर क्लिक नहीं करते हैं।

(8) एक डेटाबेस फाइल बनकर तैयार हो जाएगी। Location फील्ड में जाकर पथ के अंदर फाइल को नाम देते हैं। डिफॉल्ट पता (पथ) **Addresses.odb** होता है; लेकिन यदि चाहें तो **पते** को दूसरे नाम से बदला जा सकता है। "Address book name" फील्ड में भी नाम बदला जा सकता है। इस क्षेत्र में दिया गया नाम ही रजिस्टर्ड होता है, जिसे लिब्रेऑफिस डेटा सोर्स की सूची में प्रदर्शित करता है। उपरोक्त उदाहरण में, दोनों के लिए "points" नाम का प्रयोग किया जाता है।

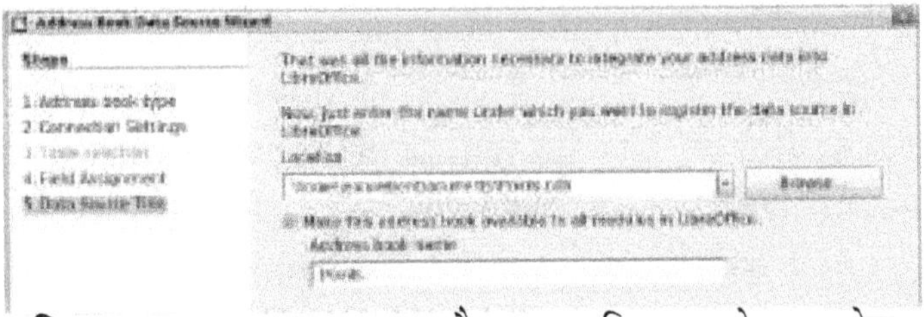

चित्र 2.21: .odb फाइल और पता पुस्तिका को नाम देना

(9) **Finish** पर क्लिक करते हैं। इस प्रकार डेटा सोर्स पंजीकृत हो जाता है।

फॉर्म लेटर बनाना

Step 1: नई फाइल में लेटर टाइप करते हैं: **File > New > Text Document,** या पहले से ही लेटर टाइप किया है, तो उस फाइल को ओपन करते हैं: **File > Open.**

Step 2: रजिस्टर्ड डेटा सोर्स डिस्प्ले करते हैं: **View > Data sources** (या *F4* दबाते हैं)

Step 3: अब एक डेटाबेस फाइल की आवश्यकता होगी ताकि राइटर स्वत: ही प्रत्येक एड्रेस को डॉक्यूमेंट में एड कर सके। डेटा सोर्स जिसे form letter के लिए उपयोग करना है, को ढूँढ़ते हैं। **Points** and **Tables** फोल्डर का विस्तार करते हैं और **Sheet1** का चयन करते हैं। इससे एड्रेस डेटा फाइल प्रदर्शित होती है।

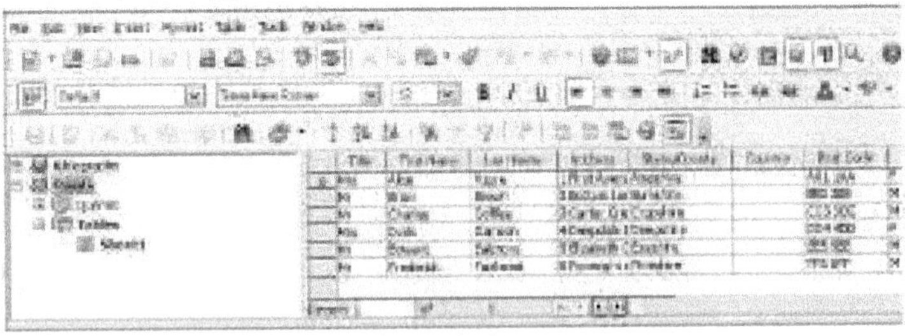

चित्र 2.22: डेटा सोर्स का चयन करना

Step 4: अब टेक्स्ट टाइप करते हुए तथा विराम चिह्न, लाइन ब्रेक और इसी तरह के अन्य अक्षर डालते हुए फॉर्म लेटर को तैयार करते हैं या उसे संशोधित करते हैं। जहाँ आवश्यक हो वहाँ मेल-मर्ज फील्ड (जैसे नाम और पते) जोड़ने के लिए, फील्ड के शीर्षक पर क्लिक

करते हैं और इसे लेटर में उचित बिंदु तक खींचते हैं। एड्रेस वाली लाइनें आवश्यकतानुसार अलग-अलग पैराग्राफ में भी हो सकती है या बिना लाइन ब्रेक द्वारा भी दी जा सकती हैं।

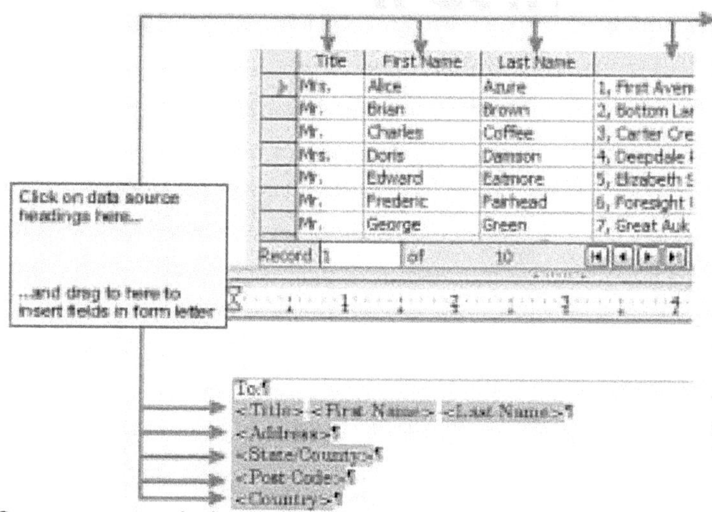

चित्र 2.23: फॉर्म लेटर बॉडी तक फील्डस को खींचकर ले जाना

(5) इस प्रक्रिया को तब तक जारी रखते हैं जब तक कि संपूर्ण डॉक्यूमेंट तैयार नहीं हो जाए। इस समय, अंतिम रूप से प्राप्त होने वाले पत्र से, रिक्त लाइनों को भी हटाया जा सकता है।

To:¶
<Title> <First Name> <Last Name>¶
<Address>¶
<State/County>¶
<Post Code>¶
<Country>¶

5 November 2007¶

Dear <Title> <Last Name>,¶

Thank you very much for your participation in our "Points" promotion. We are pleased to inform you that you have earned <Points> this year.¶

Your loyalty to our company is greatly appreciated and we hope to be of continuing service in the future.¶

Yours sincerely¶

General Supply plc
Wetherbridge → XX7 1YY¶

चित्र 2.24: पूर्ण रूप से तैयार पत्र

(6) रिक्त लाइनों को हटाने के लिए निम्न प्रक्रिया अपनाई जाती है–

(a) हटाए जाने वाले पहले पैराग्राफ के अंत में क्लिक करते हैं और फिर Fields डायलॉग बॉक्स को प्रदर्शित करने के लिए **Insert > Fields > Other** का चयन करते हैं।

(b) *Functions* टैब का चयन करते हैं और फिर Type कॉलम के अंतर्गत **Hidden Paragraph** पर क्लिक करते है।

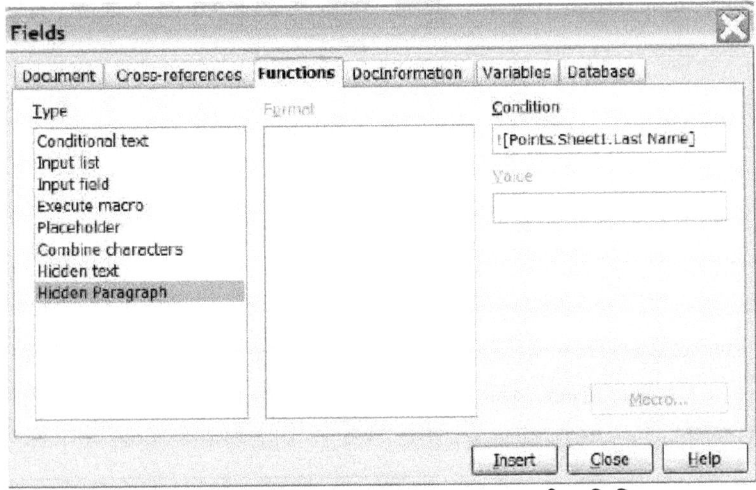

चित्र 2.25: Hidden Paragraph की प्रविष्टि

(c) अब **Condition** बॉक्स में क्लिक करते है और इस स्थिति का विवरण दर्ज करते हैं जो एक रिक्त पता फील्ड को परिभाषित करता है। इसका सामान्य रूप है:! [Database.Table.Database field] जहाँ '!' (NOT) वर्ण ऋणात्मक स्थिति को इंगित करता है और बड़ा कोष्ठक स्थिति को इंगित करता है। उदाहरण के लिए, हमारे पॉइंट्स डेटाबेस में, *Last Name* फील्ड खाली है या नहीं, यह परीक्षण करने की शर्त होगी: ![Points.Sheet1.Last Name] जैसा कि चित्र 2.25 में दर्शाया गया है। कई शर्तों का एक साथ परीक्षण करने के लिए सशर्त कथनों के बीच *AND* और/या *OR* ऑपरेटर्स का प्रयोग करते है। उदाहरण के लिए: ![Points.Sheet1.Title]AND![Points.Sheet1.LastName]

(d) **Insert** पर क्लिक करते हैं, लेकिन तब तक डायलॉग बॉक्स को बंद नहीं करते हैं जब तक कि उन सभी लाइनों को हटा नहीं दिया जाता, जिन्हें संशोधित करना है।

(7) डॉक्यूमेंट अब प्रिंट होने के लिए तैयार है। इसके लिए–

(a) **File > Print** चुनते हैं और मैसेज बॉक्स में Yes पर क्लिक करते हैं।

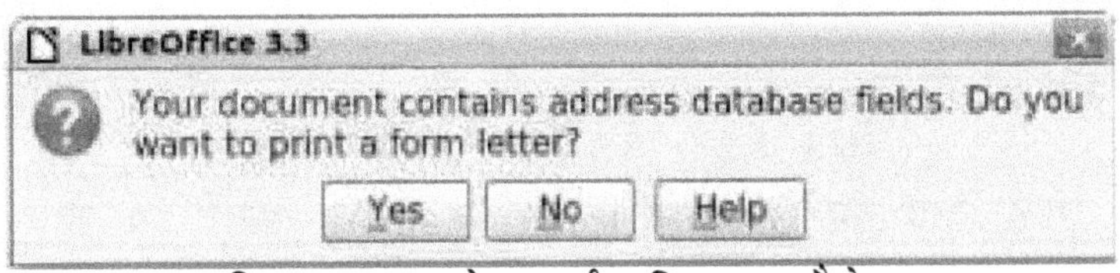

चित्र 2.26: मेल मर्ज पुष्टिकरण मैसेज

(b) मेज मर्ज डायलॉग बॉक्स में, प्रिंट करने के लिए सभी रिकॉर्ड या चयनित रिकॉर्ड चुने जा सकते हैं। प्रिंट किए जाने वाले रिकॉर्डस का यदि चयन किया जाना है तो, *Ctrl + click* का उपयोग करते हुए, वांछित रिकॉर्ड्स का चयन किया जाता है। रिकॉर्ड्स के एक ब्लॉक का चयन करने के लिए, ब्लॉक में पहले रिकॉर्ड का चयन करते हैं, फिर ब्लॉक के अंतिम रिकॉर्ड तक स्क्रॉल करते हुए अंतिम रिकॉर्ड पर जाकर *Shift + click* press करते हैं।

(c) पत्रों को सीधे प्रिंटर पर भेजने के लिए **OK** पर क्लिक करते हैं। आगे एडिटिंग या फॉर्मेटिंग के लिए पत्रों को फाइल में save भी किया जा सकता है।

(d) यदि पहले मूल, प्रोटोटाइप फॉर्म लेटर डॉक्यूमेंट (टेम्प्लेट) को सेव नहीं किया गया है, तो अब इसे save करना चाहिए। फॉर्म लेटर टेम्पलेट होने से भविष्य में अन्य फॉर्म लेटर्स के निर्माण को सरल बनाया जा सकता है, जिसकी अत्यधिक अनुशंसा की जाती है।

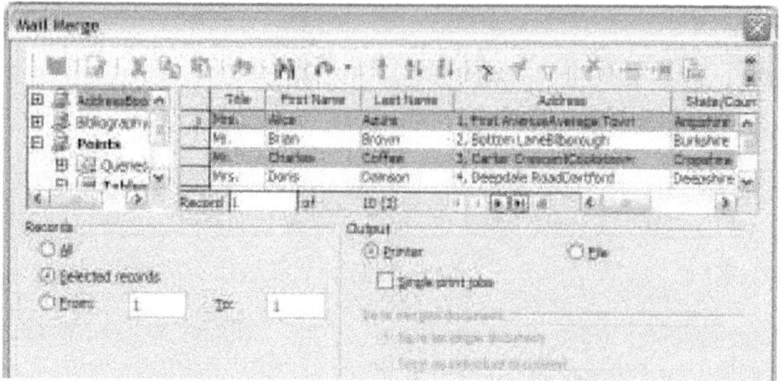

चित्र 2.27: मेल मर्ज डायलॉग बॉक्स

मर्ज किए गए डॉक्यूमेंट को एडिट करना–प्रूफरीडिंग या कुछ समय बाद फॉर्मेटिंग के लिए पत्रों को एक फाइल में सेव किया जा सकता है। यह करने के लिए–

(1) मेल मर्ज डायलॉग बॉक्स (चित्र 2.27) में, डिफॉल्ट **प्रिंटर** का चयन करने की बजाय आउटपुट सेक्शन में **फाइल** का चयन करते हैं।

(2) यह *Save merged document* सेक्शन को प्रदर्शित करने के लिए डायलॉग बॉक्स को बदलता है, जहाँ **Save as single document** पहले से ही चयनित होता है। इसकी बजाय प्रत्येक पत्र को एक अलग (स्वतंत्र) डॉक्यूमेंट के रूप में भी चयन किया जा सकता है।

(3) **OK** पर क्लिक करते हैं। Save as dialog box में पत्रों को एक फाइल नाम देते हैं और एक फोल्डर चुनकर उन्हें उसमें सेव करते हैं। एकल डॉक्यूमेंट (single document) में पत्रों को अनुगामी रूप में (consecutively) सेव किया जाता है और एकल डॉक्यूमेंट के रूप में सेव किए जाने पर वे पत्र अनुगामी अंकों के साथ अलग-अलग फाइलों में सेव हो जाते हैं।

अब किसी भी पत्र को खोलकर उसे अन्य डाक्यूमेंट की तरह ही अलग (व्यक्तिगत रूप से) एडिट किया जा सकता है।

प्रश्न 10. "कैल्क लिब्रेऑफिस का स्प्रेडशीट घटक है।" व्याख्या कीजिए।

उत्तर– कैल्क लिब्रेऑफिस का स्प्रेडशीट घटक है। स्प्रेडशीट में हम डाटा (प्रायः संख्यात्मक) डाल सकते हैं और इस डाटा को निश्चित परिणामों के लिए बदल सकते हैं।

कैल्क कुछ अन्य विशेषताएँ भी उपलब्ध कराता है, जो निम्नलिखित हैं–

(1) डाटा पर जटिल गणना करने हेतु सूत्र बनाने का कार्य,

(2) डाटा को फिल्टर, स्टोर और व्यवस्थित करने हेतु डाटाबेस कार्य,

(3) 2D और 3D चार्टों की विस्तृत शृंखला में डायनेमिक चार्ट;

(4) मैक्रोस (Macros)–

(क) रिकॉर्डिंग और पुनरावृत्तिक कार्यों को क्रियान्वित करना।

(ख) लिब्रेऑफिस बेसिक, पाइथॉन, बीनशैल और जावास्क्रिप्ट के साथ स्क्रिप्टिंग लैंग्वेजिज का समर्थन करना।

(5) माइक्रोसॉफ्ट एक्सेल स्प्रेडशीट को खोलने, एडिट और सेव करने की क्षमता,

(6) HTML, CSV, PDF और Postscript सहित विभिन्न फॉर्मेट्स में स्प्रेडशीट को इम्पोर्ट और एक्सपोर्ट करना।

कैल्क स्प्रेडशीट के साथ कार्य करता है। स्प्रेडशीट में बहुत सारी शीट्स होती हैं, प्रत्येक शीट में सैल होती हैं जो Row और Column में व्यवस्थित रहती हैं। एक विशेष सैल अपनी Row संख्या व Column लैटर से पहचानी जाती है। सैल विशिष्ट प्रकार के तत्त्वों को शामिल करता है, जैसे–नंबर, टेक्स्ट, फॉर्मूलों व इसी प्रकार के अन्य। इससे डाटा को मेनीप्यूलेट व दर्शाया जा सकता है। प्रत्येक स्प्रैडशीट की अपनी विभिन्न शीट्स तथा प्रत्येक शीट की अपनी कई सैल हो सकती हैं। कैल्क के हर शीट में अधिकतम 1,048,576 Rows और 1024 Columns होते हैं।

प्रश्न 11. कॉमा-सेपरेटिड-वैल्यूज (CSV) फाइल क्या है? लिब्रेऑफिस कैल्क में इसे कैसे खोला जाता है? वर्णन कीजिए।

उत्तर– कॉमा-सेपरेटिड-वैल्यूज (CSV) फाइल, टेक्स्ट फॉर्मेट में वे स्प्रेडशीट फाइलें हैं जहाँ किसी कैरेक्टर जैसे कॉमा या सेमी-कॉलन

द्वारा सैल कंटेंट को पृथक् किया जाता है। स्प्रेडशीट के अंतर्गत CSV टेक्स्ट फाइल में प्रत्येक लाइन एक row को दर्शाती है। टेक्स्ट को quotation marks के मध्य में और अंकों को बिना quotation marks के डाला जाता है।

कैल्क में CSV फाइल को खोलने के लिए–

(1) मैन्यू बार पर **File>Open** चुनिए और उस CSV file को लोकेट कीजिए, जिसे आप खोलना चाहते हैं।

(2) फाइल को सेलेक्ट कीजिए और **ओपन** पर क्लिक कीजिए। CSV फाइलों में पहले से ही CSV एक्सटेंशन होता है किंतु, कभी-कभी कुछ CSV फाइलों में .txt एक्सटेंशन हो सकते हैं।

(3) कैल्क स्प्रेडशीट में जब हम एक CSV फाइल को इम्पोर्ट करते हैं तो **Text Import** Dialog खुलता है जो हमें सेलेक्ट करने के लिए विभिन्न ऑपशन्स उपलब्ध कराता है।

(4) **OK** पर क्लिक कीजिए और फाइल को इम्पोर्ट कीजिए।

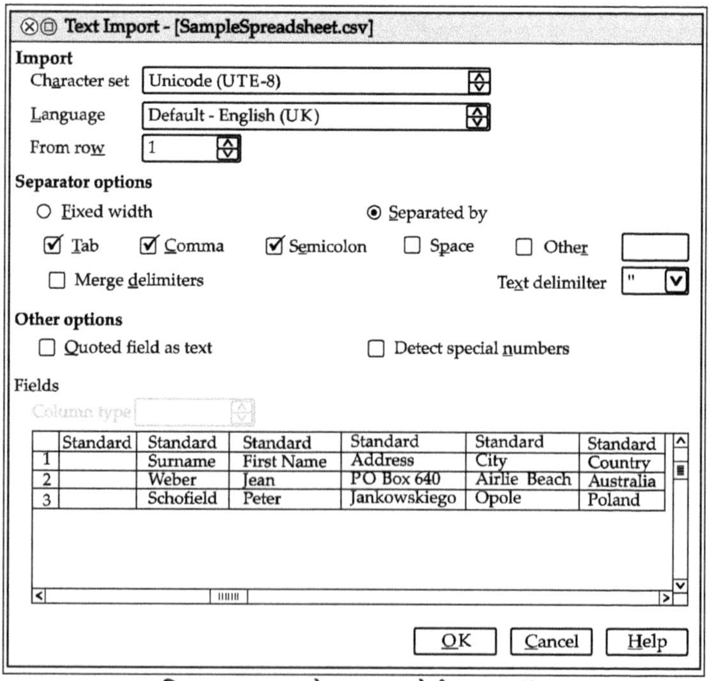

Text Import - [SampleSpreadsheet.csv]

Import

Character set: Unicode (UTE-8)

Language: Default - English (UK)

From row: 1

Separator options

○ Fixed width ◉ Separated by

☑ Tab ☑ Comma ☑ Semicolon ☐ Space ☐ Other

☐ Merge delimiters Text delimilter: "

Other options

☐ Quoted field as text ☐ Detect special numbers

Fields

Column type

	Standard	Standard	Standard	Standard	Standard	Standard
1		Surname	First Name	Address	City	Country
2		Weber	Jean	PO Box 640	Airlie Beach	Australia
3		Schofield	Peter	Jankowskiego	Opole	Poland

OK Cancel Help

चित्र 2.28: टेक्स्ट इम्पोर्ट डायलॉग

CSV फाइलों को कैल्क स्प्रेडशीट में इम्पोर्ट करने के लिए विभिन्न विकल्प निम्नलिखित हैं–

(1) इम्पोर्ट

(क) ***कैरेक्टर सेट (Character set)***–यह इम्पोर्ट होने वाली फाइल में कैरेक्टर सेट के प्रयोग को निर्दिष्ट करता है।

(ख) ***भाषा (Language)***–यह निर्धारित करता है कि कैसे नंबर स्ट्रिंग को इम्पोर्ट किया जाए।

यदि CSV इम्पोर्ट के लिए भाषा पहले से ही सेट है, तो कैल्क वैश्विक स्तर पर सेट भाषा का प्रयोग करेगा। यदि कोई भाषा, विशिष्ट भाषा में सेट है तो उसी भाषा का प्रयोग नंबर इम्पोर्ट करने पर किया जाएगा।

(ग) ***पंक्ति द्वारा (From Row)***–जहाँ हम इम्पोर्ट को स्टार्ट करते हैं, वहाँ Row को निर्दिष्ट करना चाहिए। Dialog के सबसे नीचे स्थान पर Row, Preview Window पर दिखाई देती है।

(2) सेपरेटर विकल्प (Separator Options)–यह निर्दिष्ट करता है कि डिलिमिटर्स की तरह हमारा डाटा, सेपरेटर और फिक्स्ड विड्थ का प्रयोग करता है या नहीं।

(क) ***फिक्स्ड विड्थ (Fixed Width)***–यह फिक्स्ड विड्थ डाटा को कॉलम में विभाजित करता है। विड्थ को सेट करने के लिए प्रिव्यू विंडो में रूलर पर क्लिक कीजिए।

(ख) ***सेपरेटिड बाय (Separated By)***–डाटा को कॉलम में डिलिमिट करने के लिए डाटा में प्रयोग किए गए सेपरेटर को सेलेक्ट कीजिए।

जब हम Other सेलेक्ट करते हैं, तब हम डाटा को कॉलम में विभाजित करने के लिए प्रयोग किए गए कैरेक्टर्स को निर्दिष्ट करते हैं।

(ग) ***मर्ज डिलिमिटर्स (Merge Delimiters)***–यह साथ वाले कंजीक्यूटिव डिलिमिटर्स को जोड़ता है और खाली डाटा फील्ड (Blank Data Fields) को हटाता है।

(घ) ***टेक्स्ट डिलिमिटर्स (Text Delimiters)***—टेक्स्ट डाटा को डिलिमिट करने के लिए एक कैरेक्टर को सेलेक्ट कीजिए।

(3) अन्य विकल्प (Other Options)

(क) ***टेक्स्ट के रूप में कोटिड फील्ड (Quoted fields as text)***—जब इस विकल्प को इनेबल किया जाता है, तब किसी फील्ड अथवा सैल के अंतर्गत पूर्ण रूप से कोटिड वेल्यू को टेक्स्ट के रूप में इम्पोर्ट किया जाता है।

(ख) ***स्पेशल नंबर का पता लगाना (Detect special number)***—जब यह विकल्प इनेबल होता है, तो कैल्क स्वत: ही सभी नंबर फॉर्मेट्स का पता लगा लेता है जिनमें स्पेशल नंबर फॉर्मेट जैसे—तारीख, समय और साइंटिफिक नोटेशन सम्मिलित होते हैं।

सेलेक्ट की गई भाषा इस बात पर प्रभाव डालती है कि कैसे इन स्पेशल नंबरों का पता लगाया जाता है चूँकि ऐसे स्पेशल नंबरों के लिए विभिन्न भाषाओं और क्षेत्रों में अलग-अलग तरीके होते हैं।

जब यह विकल्प डिसेबल किया जाता है तो कैल्क सिर्फ डेसिमल नंबरों का ही पता लगाता है और उन्हें बदलता है। बाकी नंबर जो साइंटिफिक नोटेशन में फॉर्मेटिड हैं, वे टेक्स्ट के रूप में इम्पोर्ट किए जाएँगे।

(4) फील्ड्स (Fields)—यह दर्शाता है कि हमारा डाटा जब कॉलम के अंदर अलग होता है तो कैसा दिखता है।

(क) ***कॉलम टाइप (Column Type)***—प्रिव्यू विंडो में कॉलम सेलेक्ट कीजिए और इम्पोर्ट किए गए डाटा पर इसे प्रयुक्त करने के लिए डाटा के प्रकार को सेलेक्ट कीजिए।

(ख) ***स्टेंडर्ड (Standard)***—डाटा के प्रकार को कैल्क निर्धारित करता है।

(ग) ***टेक्स्ट (Text)***—इम्पोर्ट किए गए डाटा को टेक्स्ट के रूप में लिया जाता है।

(घ) ***यू.एस. इंग्लिश (US English)***—बिना सिस्टम भाषा से असंबद्ध रहते हुए यू.एस. इंग्लिश में नंबरों को खोजा और सम्मिलित किया जाता है। नंबर फॉर्मेट को प्रयोग में नहीं लाया जाता है। यदि यू.एस. इंग्लिश प्रविष्टियाँ नहीं होती, तो स्टेंडर्ड फॉर्मेट का प्रयोग किया जाता है।

(ङ) *हाइड (Hide)*–कॉलम में स्थित डाटा को इम्पोर्ट नहीं किया जाता।

प्रश्न 12. लिब्रेऑफिस कैल्क में एक स्प्रेडशीट के साथ किस प्रकार कार्य किया जा सकता है?

उत्तर– संख्यात्मक डाटा की प्रविष्टि–सेल (Cell) में क्लिक करें तथा मुख्य कुंजी पटल अथवा संख्यात्मक कुंजी पटल पर संख्या कुंजियों का प्रयोग कर संख्या को टाइप करें। ऋणात्मक (Negative) संख्या की प्रविष्टि करने के लिए या उसके सामने ऋण (-) का चिह्न लगाएँ या फिर इसे कोष्ठक के भीतर यथा–(1234)। डिफाल्ट रूप से संख्याएँ ठीक से पंक्तिबद्ध हो जाएँगी तथा ऋणात्मक संख्याओं के पास लीडिंग ऋणात्मक चिह्न होगा।

पाठ (Text) की प्रविष्टि करना–सेल में क्लिक करें तथा पाठ को टाइप करें। पाठ डिफाल्ट से बाईं ओर पंक्तिबद्ध हो जाता है। यदि किसी संख्या को प्रारूप *01481* में प्रविष्ट किया जाता है, आगे वाले शून्य को कैल्क हटा देगा। आगे वाले शून्य को बनाए रखने के लिए, उदाहरण के लिए टेलीफोन के क्षेत्रीय कोड, तब ऐसी स्थिति में संख्या से पूर्व अक्षरलोप चिह्न (apostrophe) लगाया जाए यथा–**,01481**. यह डाटा इस स्थिति में पाठ माना जाएगा तथा ठीक उसी प्रकार दिखाई पड़ेगा जैसी कि प्रविष्टि की गई है।

सेलों (cells) में फिल टूल (Fill tool) का प्रयोग करना–सबसे सरल शब्दों में 'फिल टूल' से तात्पर्य वर्तमान सामग्री (content) की नकल (duplicate) करना है। नकल करने के लिए सेल का चयन करने से प्रारंभ करके उसके पश्चात् माउस को किसी भी दिशा में खींचकर (या शिफ्ट कुंजी को दबाकर उस अंतिम सेल में क्लिक करें जिसे आप भरना चाहते हैं) और उसके बाद **Edit > Fill** का चयन करें तथा उस दिशा में जाएँ जिस दिशा में आप नकल करना चाहते हैं, ऊपर, नीचे, बाएँ या दाएँ। फिल टूल का एक और अधिक जटिल उपयोग Fill series को स्प्रेडशीट के साथ जोड़ना है। इस स्थिति में फिल के लिए सेल का चयन करें और चुनें Edit > Fill > Series.

अंकों को फॉर्मेट करना—फॉर्मेटिंग टूल बार पर बने आइकॉन (Icon) का प्रयोग करते हुए कई अलग-अलग संख्या फॉर्मेट लागू किए जा सकते हैं। सेल का चयन करें तथा उसके बाद संबंधित आइकॉन पर क्लिक करें। एक डिफाल्ट सेटअप में कुछ आइकॉन दिखाई नहीं दे सकते हैं तब फॉर्मेटिंग बार के अंत में दिए गए नीचे वाले तीर (down arrow) को क्लिक करें तथा डिस्प्ले करने के लिए अन्य आइकॉनों का चयन करें।

प्रश्न 13. लिब्रेऑफिस कैल्क में स्प्रेडशीट में संशोधन किस प्रकार किया जा सकता है?

उत्तर– डाटा को छुपाना तथा दिखाना—जब घटक छुपे हुए होते हैं तब न तो वे दिखाई पड़ते हैं और न ही मुद्रित होते हैं किंतु फिर भी उनके आसपास के घटकों को चुनकर उनकी नकल बनाई जा सकती है। उदाहरण के लिए अगर कॉलम बी छुपा हुआ है तो कॉलम ए और सी का चयन कर उसकी नकल की जा सकती है। अगर आपको छुपे हुए घटक की फिर से जरूरत पड़ती है तो आप इस प्रक्रिया को उलटकर घटक को दिखा सकते हैं। शीट्स, पंक्तियों (rows) तथा कॉलमों को छुपाने या दिखाने के लिए फॉर्मेट मेन्यू के विकल्पों का प्रयोग करें या फिर कॉन्टेक्स्ट (context) मेन्यू में जाकर राइट क्लिक करें। उदाहरण के लिए एक पंक्ति (row) को छुपाने के लिए पहले पंक्ति का चयन करें तथा उसके बाद चुनें **Format > Row > Hide** (या फिर राइट क्लिक करें और **Hide)** का चुनाव करे। चुने गए सेलों को छुपाने या दिखाने के लिए मेन्यू बार से चुनें: **Format > Cells** (या फिर राइट क्लिक करके चुनें **Format Cells**)। फॉर्मेट सेलों के डायलॉग (dialog) पर सेल प्रोटेक्शन टेब पर जाएँ।

रिकॉर्ड की छँटाई (Sorting)—छँटाई शीट पर दिखाई पड़ने वाले सेलों को पुर्नव्यवस्थित कर देती है। कैल्क (Calc) में आप तीन मापदंडों तक छँटाई कर सकते हैं जो एक के बाद दूसरे लागू किए गए हों। इसके लिए छँटाई किए जाने वाले सेलों को हाइलाइट करें तथा उसके पश्चात् सोर्ट डायलॉग को खोलने के लिए sort का चयन कर या फिर सोर्ट एसेंडिंग (Sort Ascending) अथवा सोर्ट डिसेंडिंग (Sort Descending) टूलबार पर बटनों पर क्लिक करें। डायलॉग का प्रयोग करते हुए आप तीन कॉलमों तक चुने गए सेलों की छँटाई कर सकते

हैं, ये ऊपर चढ़ते हुए (ए से जेड या फिर 1–9) अथवा नीचे उतरते हुए (जेड से ए या फिर 9–1) क्रम में हो सकते हैं।

कैल्क (Calc) को खोजना तथा उसे बदलना–एक दस्तावेज में पाठ को खोजने के लिए कैल्क (Calc) के पास दो तरीके है। आप **View > Toolbars > Find** का प्रयोग करते हुए आप फाइंड टूलबार को छुपा सकते है या दिखा सकते हैं या फिर Ctrl + F को दबाकर ऐसा कर सकते हैं। इसके लिए फाइंड बॉक्स में सर्च टर्म को टाइप करें तथा उसके पश्चात् **Find Next** (डाउन ऐरो) या **Find Previous** (अप ऐरो) बटन पर क्लिक करें। उसी टर्म की अन्य घटनाओं (occurrences) को खोजने के लिए बटन पर क्लिक करना जारी रखें। **Find & Replace** डायलॉग को दर्शाने के लिए मेन्यू बार से **Edit > Find & Replace** का चयन करें या फिर मानक टूलबार से **Find & Replace** आइकॉन का चयन करें।

फॉर्मूलों अथवा वैल्यूस को खोजना–आप फॉर्मूलों की तथा गणना से प्राप्त होने वाले परिणामों से संबंधित डिस्प्ले मूल्यों की खोज करने के लिए फाइंड एवं रिप्लेस डायलॉग का प्रयोग कर सकते हैं।

• फाइंड एवं रिप्लेस डायलॉग को खोलने के लिए चयन करें **Edit > Find & Replace** या फिर आपके द्वारा प्रयुक्त किए जा रहे कैल्क रिलीज के लिए सही शॉर्टकट कुंजी कम्बीनेशन का प्रयोग करें।

• डायलॉग को फैलाने के लिए **More Options** पर क्लिक करें।

• ड्राप डाउन सूची सर्च में फॉर्मूले अथवा वैल्यूस का चयन करें और

– फॉर्मूलास के फॉर्मूला फाइंड पार्ट में जाएँ

– गणनाओं के परिणामों के वैल्यू फाइंड में जाएँ

• बॉक्स के 'सर्च फोर' में जाकर आप उस पाठ को टाइप करें जिसे आप खोजना चाहते हैं।

• किसी पाठ के बदले में दूसरे भिन्न पाठ को रिप्लेस करने के लिए बॉक्स के Replace with में जाकर नया पाठ टाइप करें।

• जब आपने अपने सर्च को सेटअप कर लिया हो तब **Find** पर क्लिक करें। पाठ को बदलने के लिए बदले में **Replace** पर क्लिक करें।

प्रश्न 14. लिब्रेऑफिस कैल्क में फंक्शंस का प्रयोग करते हुए फॉर्मूलों का निर्माण किस प्रकार किया जा सकता है?

उत्तर– स्प्रेडशीट का प्रयोग करना अधिक लाभदायक होता है क्योंकि इसमें प्रायः सामान्य प्रयोग में आने वाले गणितीय, सांख्यिकीय, तार्किक तथा अन्य सामान्य प्रयोग में आने वाले कार्यों (फंक्शंस) का संग्रह होता है। एक फंक्शन फॉर्मूलों के मेल (कम्बीनेशन) में एक अभिव्यक्ति (expression) होती है। एक फंक्शन की इनपुट लाइन में बराबर का चिह्न (=) आरंभ में लगाया जाता है और उसके बाद प्रयोत्मा फॉर्मूले को लिखता है। तब कोई व्यक्ति इस फंक्शन को निष्पादित करने के लिए सेल के संदर्भ को शामिल कर सकता है। उदाहरण के लिए योग (sum) एक गणितीय फंक्शन है जिसे फंक्शन विजार्ड का प्रयोग कर चुना जा सकता है और यहाँ पर इनपुट लाइन में इस प्रकार लौटेगा यथा–= SUM (B2 : B6). वैकल्पिक रूप से इस फॉर्मूले को इस प्रकार भी लिखा जा सकता है = SUM (B2; B3; B4; B5; B6). इस अभिव्यक्ति का अर्थ है B2 से B6 तक की वे सभी संख्याएँ जो सेलों में स्टोर की गई हैं। बताई गई अभिव्यक्ति की प्रविष्टि करने के उपरांत आप 'एंटर' कुंजी को दबाएँ। यह सेल B7 पर एक संख्या 51,900 वापिस लौटाएगा जो उस रेंज की संख्याओं का योग है। इसी प्रकार 'औसत' एक सामान्यतः प्रयुक्त होने वाला सांख्यिकीय फंक्शन है जिसको फंक्शन विजार्ड के प्रयोग द्वारा चुना जा सकता है और जो इनपुट लाइन में = AVERAGE (B2 : B6) के रूप में वापिस लौटेगा। वैकल्पिक रूप से इस फॉर्मूले को इस रूप में भी लिखा जा सकता है = AVERAGE (B2; B3; B4; B5; B6)। जब आप ऐन्टर कुंजी दबाते हैं तब इसमें B8 सेल पर संख्या 13380 आएगी जो उस रेंज की संख्याओं का औसत है।

आप फॉर्मूलों की प्रविष्टि दो तरह से कर सकते हैं या तो सीधे सेल में ही या फिर इनपुट लाइन पर जाकर। दोनों ही स्थितियों में आप निम्नलिखित चिह्नों: = , + or – का प्रयोग करके फॉर्मूले का प्रारंभ कर सकते हैं। इनके अतिरिक्त किसी अन्य तरीके से शुरू करने का परिणाम यह होता है कि फॉर्मूले को ऐसे मान लिया जाता है जैसे कि यह पाठ (टेक्स्ट) हो।

फॉर्मूलों में परिचालन–वर्कशीट के प्रत्येक सेल (cell) को डाटा होल्डर या डाटा कैलकुलेशंस के लिए स्थान के रूप में प्रयुक्त किया

जा सकता है। फॉर्मूलों के साथ बराबर का चिह्न यह दर्शाता है कि सेल का प्रयोग कैलकुलेशंस के लिए किया जाएगा। इसे आप कई अलग-अलग तरीकों से प्रविष्ट (एंटर) कर सकते हैं जैसा कि निम्न तालिका में दर्शाया गया है।

तालिका 2.1: फॉर्मूले प्रविष्ट करने के सामान्य तरीके

फार्मूला	विवरण
=A1 + 10	यह सेल A1 + 10 के सेलों की सामग्री को प्रदर्शित करता है।
=A1 * 16%	यह A1 की 16% सामग्री को प्रदर्शित करता है।
=A1 * A2	यह A1 और A2 की गुणा के परिणामों प्रदर्शित करता है।
=ROUND(A1,1)	यह सेल A1 की सामग्री को प्रदर्शित करता है जिसमें एक दशमलव स्थान तक राउंड कर दिया गया है।
=EFFECTIVE(5%,12)	एक वर्ष में 12 भुगतान के साथ 5% वार्षिक प्रभावी मामूली ब्याज की गणना करता है।
=B8-SUM(B10:B14)	यह B8 में से सेलों B10 से B 14 के योग को घटाने की गणना करता है।
=SUM(B8,SUM(B10:B14))	यह B10 से B14 सेलों के योग की गणना करता है और मूल्य को B8 में जोड़ता है।
=SUM(B1:B1048576)	यह कॉलम B की सभी संख्याओं का योग करता है।
=AVERAGE (Blood Sugar)	यह एक नाम दी गई रेंज के औसत को प्रदर्शित करता है जिसे ब्लडशूगर नाम के अंतर्गत परिभाषित किया गया है।
=IF(C31>140,"HIGH", 'OK"	यह दो स्रोतों से प्राप्त कॅंडीशनल विश्लेषण के परिणामों को प्रदर्शित करता है। यदि C31 की सामग्री 140 से अधिक है तब HIGH दर्शाएगा अन्यथा OK दर्शाएगा।

फंक्शंस को तालिका में एक शब्द के साथ पहचाना जा सकता है। उदाहरण के लिए गोल (राउंड) के बाद कोष्ठक में संदर्भों तथा संख्याओं को शामिल किया जाता है। यह भी संभव है कि शामिल करने के लिए रेंज स्थापित किए जाएँ। ऐसी स्थिति में उनको **Insert > Names** का प्रयोग करके नाम दिया जा सकता है। उदाहरण के लिए ब्लडशुगर एक रेंज यथा B3:B10 का प्रतिनिधित्व करता है। आई एफ विवरणी के द्वारा दर्शाए गए तरीके के अनुसार तार्किक फंक्शन भी निष्पादित किए जा सकते हैं जिनका परिणाम पहचाने गए सेलों में निहित डाटा पर आधारित कंडीशनल प्रतिक्रिया के रूप में सामने आता है।

प्रश्न 15. लिब्रेऑफिस कैल्क में आप चार्ट कैसे बना सकते हैं? समझाइए।

उत्तर– किसी प्रेजेंटेशन या परफॉर्मेन्स रिपोर्ट के डाटा को प्रस्तुत करने और परिमाणात्मक विश्लेषण के लिए चार्ट उपयुक्त टूल है। साधारण आदमी द्वारा विभिन्न डाटा तत्त्वों को समझने के लिए यह आकर्षक और आसान होता है।

लिब्रेऑफिस कैल्क में चार्ट को बनाने के लिए उस डाटा को हाइलाइट (सेलेक्ट) किया जाता है, जिसे चार्ट में सम्मिलित करना है। सेलेक्ट किया गया डाटा एक ही ब्लॉक में होना आवश्यक नहीं है। हम एक सैल या सैल के ग्रुप का चयन भी कर सकते हैं।

A2:D8 fx Σ = 52

	A	B	C	D
1	**Equipment Rentals**			
2		**Canoes**	**Boats**	**Motor**
3	**Jan**	12	23	47
4	**Feb**	9	31	54
5	**Mar**	14	27	56
6	**Apr**	17	28	48
7	**May**	13	19	39
8	**Jun**	8	27	52
9				
10				

चित्र 2.29: सलेक्टिंग डाटा फॉर प्लॉटिंग

अब, निम्नलिखित दो तरीकों में से एक का प्रयोग करके Chart Wizard dialog को खोलिए–

- मेन्यू बार से **Insert>Chart** को चुनिए या
- मेन टूल बार पर **Chart** Icon क्लिक कीजिए।

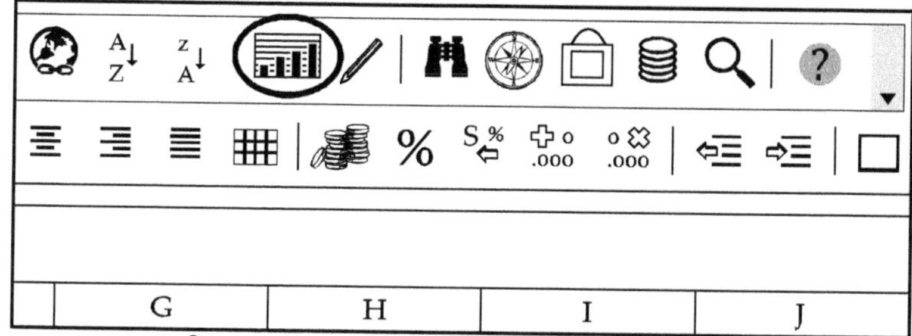

चित्र 2.30: इन्सर्ट चार्ट फ्रॉम मेन टूलबार

दोनों में से किसी भी तरीके को अपनाने के पश्चात् यह वर्कशीट पर एक चार्ट का नमूना insert करता है और फॉरमेटिंग टूल बार व चार्ट विजार्ड खुलता है।

	A	B	C	D
1		Equipment Rentals		
2		Canoes	Boats	Motors
3	Jan	12	23	47
4	Feb	9	31	54
5	Mar	14	27	56
6	Apr	17	28	48
7	May	13	19	39
8	Jun	8	27	52

चित्र 2.31: चार्ट विजार्ड

प्रश्न 16. मेन इम्प्रैस विंडो (Main Impress Window) के प्रमुख भागों को संक्षिप्त में समझाइए।

उत्तर– 'मेन इम्प्रैस विंडो' (Main Impress Window) के तीन भाग होते हैं–स्लाइड्स पैन, वर्कस्पेस तथा साइडबार। इसके अतिरिक्त किसी भी प्रेजेंटेशन को बनाने के दौरान कई 'टूल बार' Show या Hide किए जा सकते हैं।

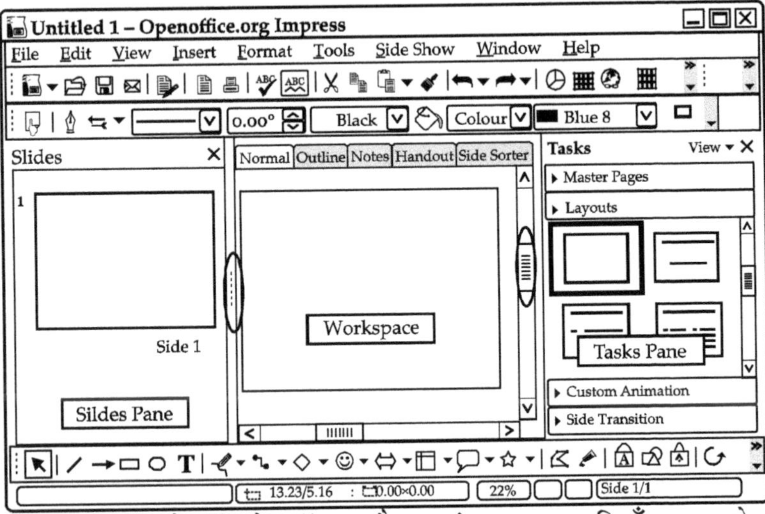

चित्र 2.32: मेन विंडो ऑफ इम्प्रैस; अंडाकार आकृतियाँ हाइड/शो चिह्नों को दर्शाती हैं।

स्लाइड्स पेन–स्लाइड्स पेन में स्लाइडों की 'थम्बनेल पिक्चर्स' होती हैं ये थम्बनेल पिक्चर्स हमें तब तक दिखाई देती हैं जब तक कि हम स्लाइड शो का क्रम परिवर्तित नहीं करते हैं। स्लाइड पेन में किसी स्लाइड को क्लिक करने से वह सलेक्ट हो जाती है तथा वर्कस्पेस में स्थित हो जाती है। जब कोई स्लाइड वर्कस्पेस में स्थित होती है, तब हम अपनी इच्छानुसार उसमें परिवर्तन कर सकते हैं।

स्लाइड्स पैन में एक ही समय में एक या अधिक स्लाइडों पर कई अतिरिक्त ऑपरेशन्स प्रदर्शित किए जा सकते हैं, जैसे–

- प्रजेंटेशन में नई स्लाइडें जोड़ना।
- किसी भी स्लाइड को "Hidden" के रूप में चिह्नित करना ताकि वह प्रजेंटेशन के भाग के रूप में दिखाई न दें।
- यदि किसी स्लाइड की और अधिक आवश्यकता नहीं है, तो उसे प्रजेंटेशन से हटाया जा सकता है।

- स्लाइड का नाम बदलना।
- स्लाइड की डुप्लीकेट स्लाइड (कॉपी तथा पेस्ट) तैयार करना या इसे प्रजेंटेशन में किसी अन्य स्थान पर ले जाना (कट तथा पेस्ट करना)।

यद्यपि स्लाइड्स पैन का प्रयोग करके इन ऑपरेशन्स को पूरा करना संभव है परंतु इसके अतिरिक्त कई अन्य कुशल विधियाँ भी हैं जो निम्नलिखित हैं–

- चयनित स्लाइडों या स्लाइडों के समूह में प्रत्येक स्लाइड के पश्चात् स्लाइड के ट्रांजिशन में परिवर्तन करना।
- प्रजेंटेशन में स्लाइडों के क्रम को बदलना।
- स्लाइड के डिजाइन में परिवर्तन करना।
- एक ही समय में स्लाइडों के समूह के लिए स्लाइड के ले-आउट में परिवर्तन करना।

साइडबार–साइडबार में सात sections होते हैं। जिस section का हम विस्तार करना चाहते हैं, उसके आइकन पर क्लिक करना चाहिए या Icons के शीर्ष पर स्थित छोटे से त्रिकोण (triangle) पर क्लिक करना चाहिए तथा drop down list से एक section का चयन करना चाहिए। एक समय में केवल एक ही section को ओपन किया जा सकता है।

- ***प्रॉपर्टीज***–ये इम्प्रैस के अंतर्गत सम्मिलित ले-आउट को दर्शाती हैं। हम अपनी इच्छानुसार किसी एक का चयन कर सकते हैं तथा उसका प्रयोग कर सकते हैं या अपनी आवश्यकताओं के अनुसार उसमें संशोधन (Modification) भी कर सकते हैं।
- ***मास्टर पेज***–यहाँ हम अपने प्रजेंटेशन के लिए पेज (स्लाइड) स्टाइल्स को चुनते हैं। इम्प्रैस में मास्टर पेज (स्लाइड मास्टर्स) के कई डिजाइन शामिल होते हैं। उनमें से एक स्लाइड डिफॉल्ट-ब्लैंक होती है तथा शेष में Background एवं Style टेक्स्ट होते हैं।
- ***कस्टम एनिमेशन***–प्रत्येक स्लाइड के विभिन्न तत्त्वों में वृद्धि करने के लिए कई प्रकार के एनिमेशन का प्रयोग

किया जा सकता है। कस्टम एनिमेशन sections एनिमेशन में कुछ जोड़ने, परिवर्तन करने या उसे हटाने के लिए एक आसान विधि प्रदान करता है।

- ***स्लाइड ट्रांजिशन***–स्लाइड ट्रांजिशन कई प्रकार के स्लाइड ट्रांजिशन विकल्प प्रदान करता है। डिफॉल्ट को 'नो ट्रांजिशन (No Transition)' पर सेट किया जाता है, जिसमें कि आगे वाली स्लाइड बड़ी सरलता से मौजूदा स्लाइड का स्थान ले लेती है। हालाँकि, कई अतिरिक्त (additional) ट्रांजिशन भी उपलब्ध होते हैं। हम ट्रांजिशन की गति (धीमी, मध्यम, तेज) ऑटोमेटिक या मैन्युअल ट्रांजिशन में से किसी एक का चयन करके निर्दिष्ट कर सकते हैं तथा यह भी चयन कर सकते हैं कि चयनित स्लाइड को कितनी देर तक दर्शाया जाना चाहिए।
- ***स्टाइल्स एवं फॉर्मेटिंग***–स्टाइल्स एवं फॉर्मेटिंग में हम ग्राफिक्स स्टाइल्स को एडिट कर सकते हैं तथा प्रयोग में ला सकते हैं, किंतु हम केवल प्रजेंटेशन स्टाइल्स को ही एडिट कर सकते हैं। जब हम किसी स्टाइल को एडिट करते हैं तो किए गए परिवर्तन स्वतः ही हमारी प्रजेंटेशन में उस स्टाइल के साथ फॉर्मेट किए गए सभी तत्त्वों पर निर्दिष्ट हो जाते हैं। यदि हम यह सुनिश्चित करना चाहते हैं कि किसी विशिष्ट स्लाइड पर स्टाइल्स अपडेट (update) नहीं की गई हैं, तो स्लाइड के लिए एक नया मास्टर पेज बना लेना चाहिए।
- ***गैलरी***–इम्प्रैस गैलरी को open करें जहाँ हम अपने प्रजेंटेशन में कॉपी या लिंक के रूप में किसी item को insert कर सकते हैं। किसी भी object की कॉपी, मूल object से मुक्त होती है। मूल object में किए गए परिवर्तनों का कॉपी पर कोई प्रभाव नहीं पड़ता है। लिंक मूल object पर निर्भर रहता है। मूल object में किए गए परिवर्तन लिंक में भी प्रतिबिंबित (reflected) होते हैं।

- ***नेविगेटर***–यह इम्प्रैस नेविगेटर को open करता है, जिसमें हम शीघ्रतापूर्वक किसी अन्य स्लाइड पर जा सकते हैं या किसी स्लाइड पर एक object का चयन कर सकते हैं। हमें अपने प्रजेंटेशन में स्लाइडों तथा objects को एक सार्थक नाम देना चाहिए ताकि नेविगेटर का प्रयोग करते समय हम उन्हें आसानी से पहचान सकें।

वर्कस्पेस–वर्कस्पेस (आमतौर पर, मेन विंडो के केंद्र में) में पाँच टैब होते हैं–नॉर्मल, आउटलाइन, नोट्स हैंडआउट तथा स्लाइड सॉर्टर। ये पाँचों टैब 'व्यू बटन' कहलाते हैं। वर्कस्पेस के नीचे स्थित 'व्यू बटन' चयनित व्यू के आधार पर परिवर्तित होते हैं।

Normal	Outline	Notes	Handout	Slide Sorter

चित्र 2.33: वर्कस्पेस टैब्स

वर्कस्पेस व्यूज–प्रत्येक वर्कस्पेस व्यू को कुछ निश्चित कामों को सरलता से पूरा करने के लिए डिजाइन किया जाता है। इसलिए उन कार्यों को शीघ्रतापूर्वक पूरा करने के लिए हमें स्वयं वर्कस्पेस व्यूज की जानकारी रखना उपयोगी होता है। यह ध्यान रखना चाहिए कि प्रत्येक वर्कस्पेस व्यू चयनित किए जाने पर टूलबार के एक भिन्न सेट को दर्शाता है। मेन्यूबार में **View>Toolbars** पर जाकर टूलबार के इन सेटों को अपनी रुचि के अनुसार Customise किया जा सकता है, उसके पश्चात् हम कुछ जोड़ने या हटाने के लिए टूलबार को क्रमशः 'check' या 'uncheck' कर सकते हैं।

नॉर्मल व्यू–अलग-अलग स्लाइडों पर काम करने के लिए नॉर्मल व्यू एक प्रमुख व्यू होता है। इस व्यू का प्रयोग format, डिजाइन तथा टेक्स्ट में कुछ जोड़ने, ग्राफिक्स तथा एनिमेशन इफेक्ट्स के लिए किया जाता है।

आउटलाइन व्यू–आउटलाइन व्यू में प्रजेंटेशन की सभी स्लाइडें, अपने संख्यांकित क्रम (numbered sequence) में होती हैं। यह आउटलाइन format में प्रत्येक स्लाइड के लिए विषय का शीर्षक (topic titles), बुलेट युक्त सूची (bulleted lists) एवं संख्यांकित सूची (numbered list) को दर्शाता है। प्रत्येक स्लाइड के अंतर्गत केवल डिफॉल्ट टेक्स्ट बॉक्सों में मौजूद टेक्स्ट ही दर्शाया जाता है।

इसलिए यदि हमारी स्लाइड में अन्य टेक्स्ट बॉक्सेज या ड्रॉइंग objects हैं तो इन objects में मौजूद टेक्स्ट को दर्शाया नहीं जाता है। इसमें स्लाइडों के नाम भी सम्मिलित नहीं होते हैं।

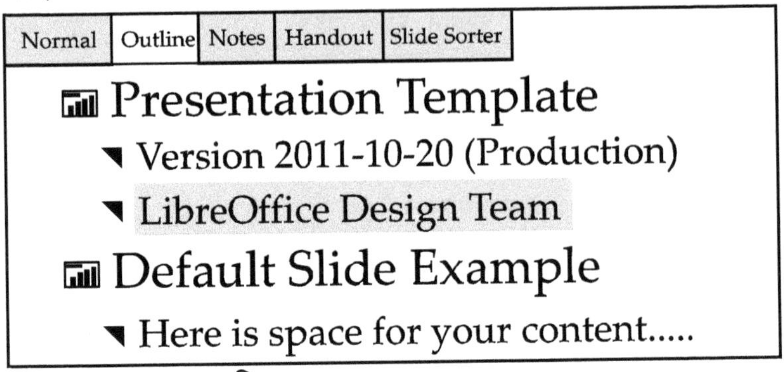

Normal
Outline
Notes
Handout
Slide Sorter
Presentation Template
Version 2011-10-20 (Production)
LibreOffice Design Team
Default Slide Example
Here is space for your content.....

चित्र 2.34: आउटलाइन व्यू

नोट्स व्यू–नोट्स व्यू का प्रयोग स्लाइड में नोट्स जोड़ने के लिए किया जाता है। यह नोट्स प्रजेंटेशन को दर्शाते समय दिखाई नहीं देते हैं।

Normal
Outline
Notes
Handout
Slide Sorter
Default Slide Example :
• Here is space for your contact –
• Some hints :
• Use the pages being the basis for the default slides
• It would for useful to add your presentation like to the user. Add is via invent " Page number – Process.
• Use the LibreOffice colour palette delivered with LibreOffice (Libreoffice.doc)
LibreOffice slides
Click to add Notes

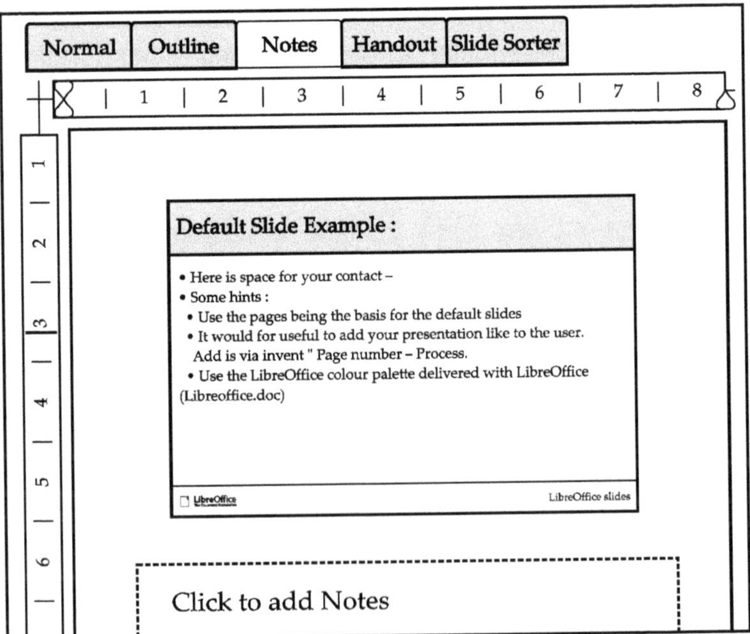

चित्र 2.35: नोट्स व्यू

- वर्कस्पेस में नोट्स टैब पर क्लिक करें।
- जिस स्लाइड में हम नोट्स को जोड़ना चाहते हैं, उसे सलेक्ट करें।
- स्लाइड पेन में स्लाइड पर क्लिक करें या नेविगेटर में स्लाइड के नाम पर दो बार क्लिक (double click) करें।
- स्लाइड के नीचे टेक्स्ट बॉक्स में 'क्लिक टू एड नोट्स (Click to add notes)' शब्दों पर क्लिक करें तथा टाइप करना शुरू करें।

हैंडआउट व्यू–हैंडआउट व्यू प्रिंटिड हैंडआउट के लिए स्लाइड का ले-आउट सेट करने हेतु प्रयोग में लाया जाता है। वर्कस्पेस में हैंडआउट टैब पर क्लिक करने से साइड बार पर ले-आउट्स सेक्शन खुलता है जैसा कि निम्न चित्र में दर्शाया गया है, यहाँ पर हम प्रति पेज के लिए 1, 2, 3, 4, 6 या 9 स्लाइड्स प्रिंट हेतु चुन सकते हैं। यदि ले-आउट सेक्शन नहीं खुलता है, तो साइड बार के प्रॉपर्टीज आइकन (Properties icon) पर क्लिक करना चाहिए। हैंडआउट पर प्रिंट की हुई सूचना को अपनी इच्छानुसार Customize करने के लिए भी हम इस व्यू का प्रयोग कर सकते हैं।

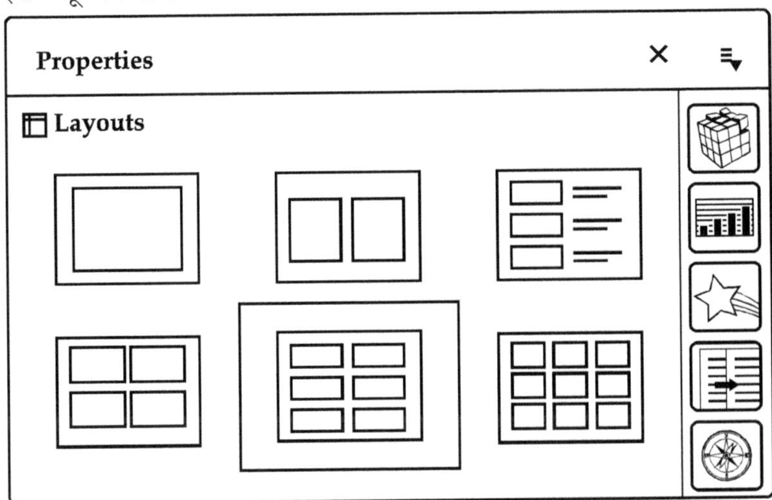

चित्र 2.36: हैंडआउट ले-आउट्स

स्लाइड सॉर्टर व्यू–स्लाइड सॉर्टर व्यू अपने अंतर्गत सभी प्रकार की स्लाइडों के थम्बनेल्स (thumbnails) शामिल करता है। इस व्यू

का प्रयोग स्लाइडों के एक समूह के साथ या केवल एक स्लाइड के साथ काम करने के लिए करना चाहिए।

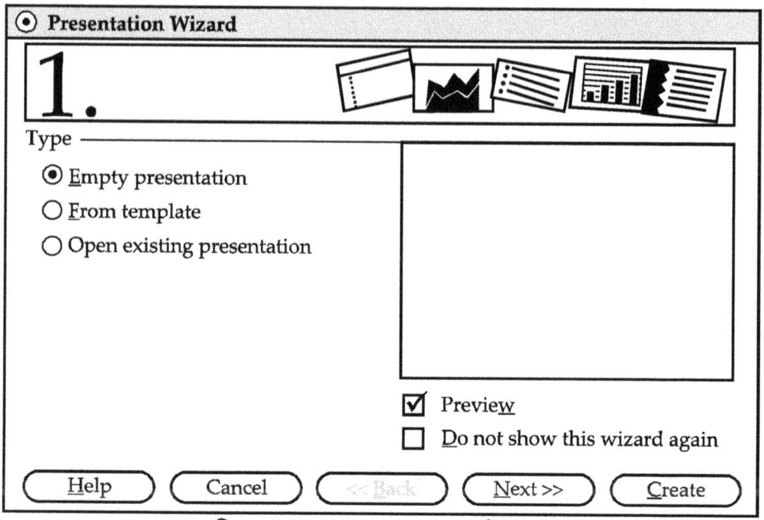

Presentation Wizard

1.

Type

Empty presentation

From template

Open existing presentation

Preview

Do not show this wizard again

Help | Cancel | << Back | Next >> | Create

चित्र 2.27: स्लाइड सॉर्टर व्यू

स्लाइड सॉर्टर व्यू में स्लाइडों के साथ हम उसी प्रकार कार्य कर सकते हैं, जिस प्रकार हम स्लाइड पैन में कर सकते हैं। एक स्लाइड में परिवर्तन करने के लिए राइट-क्लिक करना चाहिए तथा कंटेक्स्ट (Context) मेन्यू के अंतर्गत निम्नलिखित में से किसी एक को चुनना चाहिए–

- **न्यू स्लाइड**–सलेक्टेड स्लाइड के पश्चात् एक नई स्लाइड जोड़ता है।
- **डुप्लीकेट स्लाइड**–यह सलेक्टेड स्लाइड की डुप्लीकेट स्लाइड का निर्माण करता है तथा चयनित स्लाइड के तुरंत पश्चात् एक नई स्लाइड सेट करता है।
- **डिलीट स्लाइड**–सलेक्टेड स्लाइड को डिलीट करता है।
- **रीनेम स्लाइड**–सलेक्टेड स्लाइड का नाम परिवर्तन करने में हमारी सहायता करता है।
- **स्लाइड ले-आउट**–इसके द्वारा हम सलेक्टेड स्लाइड का ले-आउट बदल सकते हैं।

- **स्लाइड ट्रांजिशन**–इसके द्वारा हम सलेक्टेड स्लाइड के ट्रांजिशन में परिवर्तन कर सकते हैं।
  एक स्लाइड के लिए, स्लाइड को सलेक्ट करें तथा इच्छित ट्रांजिशन को जोड़ें।
  एक से अधिक स्लाइडों के लिए, स्लाइडों के समूह को सलेक्ट करें तथा इच्छित ट्रांजिशन को जोड़ें।
- **हाइड स्लाइड**–कोई भी हिडन (Hidden) स्लाइड, स्लाइड शो में दिखाई नहीं देती है।
- **कट**–यह विकल्प सलेक्टेड स्लाइड को हटा देता है तथा उसे क्लिपबोर्ड में सेव कर देता है।
- **कॉपी**–यह सलेक्टेड स्लाइड को हटाए बिना क्लिपबोर्ड में कॉपी करता है।
- **पेस्ट**–यह सलेक्टेड स्लाइड के पश्चात् क्लिपबोर्ड से एक स्लाइड को Insert करता है।

जी.पी.एच. की पुस्तकों का मुख्य उद्देश्य ज्ञान के साथ-साथ अच्छे नम्बर दिलाना है।

प्रश्न 17. इम्प्रैस में आप प्रेजेंटेशन विजार्ड का प्रयोग करके नई प्रेजेंटेशन कैसे बना सकते हैं? बताइए।

उत्तर– प्रजेंटेशन विजार्ड का प्रयोग करते हुए नई प्रजेंटेशन को प्रारंभ करने की विधि इस प्रकार है–

इम्प्रैस (Impress) को प्रारंभ करने पर प्रजेंटेशन विजार्ड सामने आता है–

(1) टाइप के अंतर्गत एक विकल्प को चुनें। इम्प्रैस गाइड में ये विकल्प Covered होते हैं।

(क) एम्प्टी प्रजेंटेशन (Empty Presentation) एक खाली (Blank) प्रजेंटेशन बनाता है।

(ख) यह टेम्पलेट से नए प्रजेंटेशन के आधार पर पहले से ही निर्मित, टेम्पलेट डिजाइन का प्रयोग करता है।

विजार्ड उपलब्ध टेम्पलेट की सूची (list) दर्शाने के लिए परिवर्तन करता है। हमें अपनी आवश्यकतानुसार टेम्पलेट का चयन करना चाहिए।

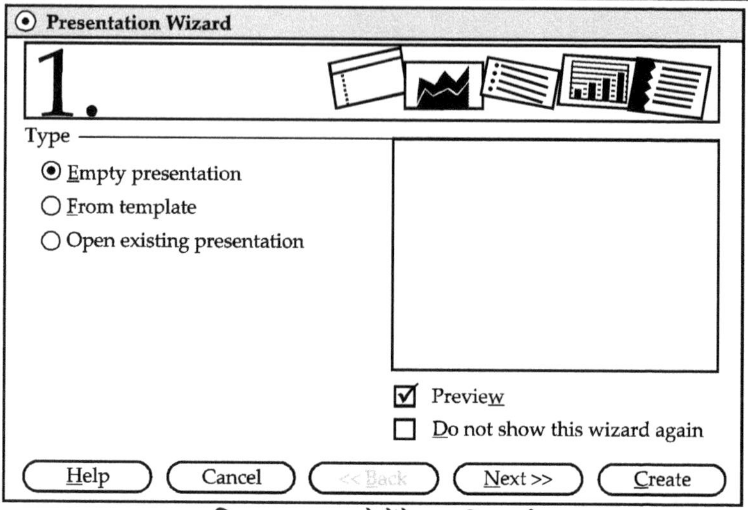

Presentation Wizard

1.

Type

Empty presentation

From template

Open existing presentation

Preview

Do not show this wizard again

Help Cancel << Back Next >> Create

चित्र 2.38: प्रेजेंटेशन विजार्ड

(2) यदि हमने चरण-1 में 'एम्प्टी प्रजेंटेशन (Empty Presentation)' का चयन किया है, तो Next (विकल्प) में क्लिक करने पर प्रजेंटेशन विजार्ड चरण-2 को दर्शाता है। यदि हम टेम्पलेट से सलेक्ट करते हैं, तो 'प्रीव्यू बॉक्स' (Preview box) में एक Example Slide दिखाई देती है।

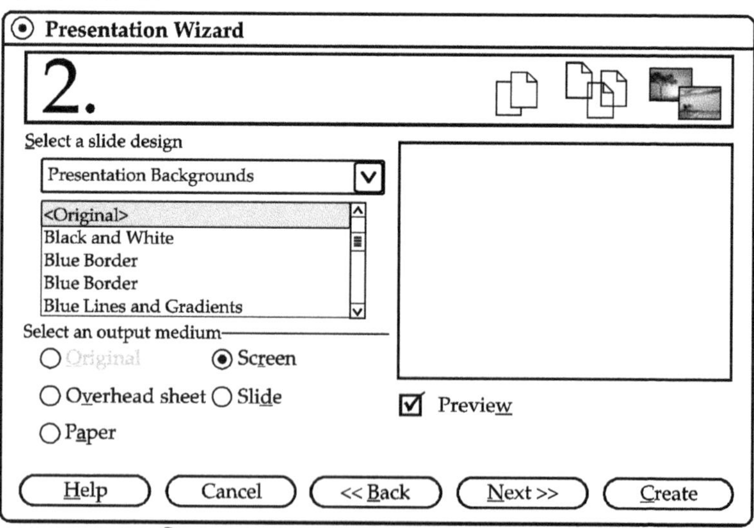

चित्र 2.39: स्लाइड डिजाइन का चयन

(3) 'सलेक्ट ए स्लाइड डिजाइन (Select a slide design)' के अंतर्गत डिजाइन का चयन करना चाहिए। स्लाइड डिजाइन सेक्शन हमें दो मुख्य विकल्प प्रदान करता है; प्रजेंटेशन बैकग्राउंड्स एवं प्रेजेंटेशंस। प्रत्येक के पास स्लाइड डिजाइनों के लिए विकल्पों की एक सूची होती है। यदि हम **<Original>** की अपेक्षा इनमें से किसी एक का प्रयोग करना चाहते हैं, तो सलेक्ट करने के लिए इस पर क्लिक करना चाहिए।

(क) चित्र 2.39 में 'प्रजेंटेशन बैकग्राउंड्स' (Presentation Backgrounds) के प्रकार दर्शाए गए हैं। जब हम एक 'प्रजेंटेशन बैकग्राउंड' को सलेक्ट करते हैं, तो प्रीव्यू विंडो में हमें स्लाइड डिजाइन का प्रीव्यू दिखाई देगा।

(ख) **<Original>** ब्लैंक प्रजेंटेशन स्लाइड डिजाइन के लिए होता है।

(4) सलेक्ट एन आउटपुट मीडियम के अंतर्गत 'हाउ द प्रजेंटेशन विल बी यूज्ड' को सलेक्ट करना चाहिए। लगभग सभी प्रजेंटेशन, कम्प्यूटर स्क्रीन डिस्प्ले के लिए निर्मित की जाती हैं। यहाँ पर स्क्रीन सलेक्ट करने का सुझाव दिया जाता है।

(5) Next पर क्लिक करने से हमें चरण-3 का प्रजेंटेशन विजार्ड दिखाई देता है।

(क) Effect ड्रॉप-डाउन मेन्यू से आवश्यकतानुसार स्लाइड ट्रांजिशन को चुनें।

(ख) Speed ड्रॉप-डाउन मेन्यू से प्रजेंटेशन में विभिन्न स्लाइडों के बीच ट्रांजिशन के लिए इच्छानुसार स्पीड को सलेक्ट करें। इस अवस्था के लिए मीडियम (Medium) एक अच्छा विकल्प है।

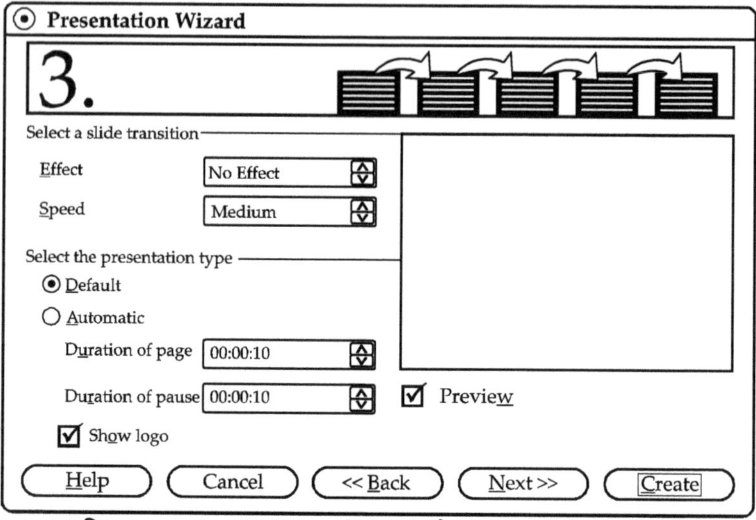

चित्र 2.40: स्लाइड ट्रांजिशन इफेक्ट का चयन करना

(6) '**Next**' पर क्लिक करने से प्रजेंटेशन विजार्ड का चरण 4 सामने आता है, जिसमें हम अपनी कंपनी तथा स्व-निर्मित प्रजेंटेशन के बारे में जानकारी 'Enter' कर सकते हैं।

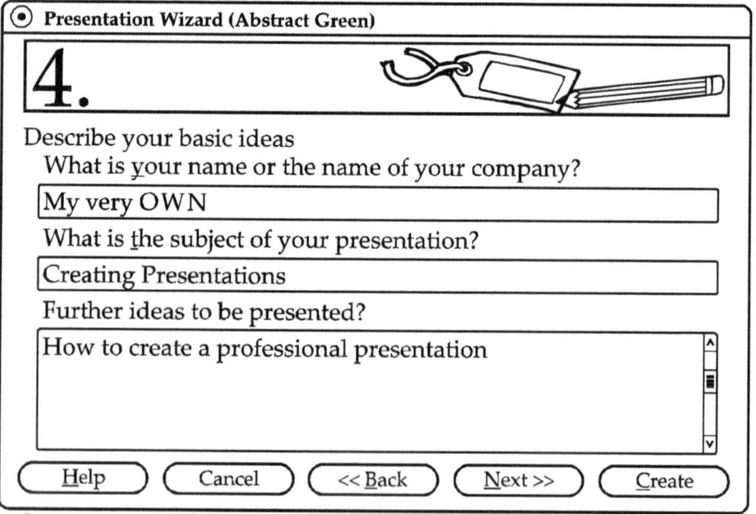

चित्र 2.41: प्रेजेंटेशन के बारे में जानकारी (सूचना) एंटर करना

(7) 'Next' पर क्लिक करने से प्रजेंटेशन विजार्ड का चरण 5 सामने दिखाई देता है, जो हमारे प्रजेंटेशन का प्रीव्यू दर्शाता है कि हमारा

प्रस्तावना

सूचना प्रौद्योगिकी (Information Technology) आँकड़ों की प्राप्ति, सूचना संग्रह, सुरक्षा, परिवर्तन, आदान-प्रदान, अध्ययन, डिजाइन आदि कार्यों तथा इन कार्यों के निष्पादन के लिए आवश्यक कम्प्यूटर हार्डवेयर एवं सॉफ्टवेयर अनुप्रयोगों से संबंधित है। सूचना प्रौद्योगिकी कम्प्यूटर आधारित सूचना-प्रणाली का आधार है। सूचना प्रौद्योगिकी, वर्तमान समय में वाणिज्य और व्यापार का अभिन्न अंग बन गई है। संचार क्रांति के फलस्वरूप अब इलेक्ट्रॉनिक संचार को भी सूचना प्रौद्योगिकी का एक प्रमुख घटक माना जाने लगा है, और इसे सम्मिलित रूप से सूचना एवं संचार प्रौद्योगिकी के नाम से जाना जाता है। एक उद्योग के तौर पर यह उभरता हुआ क्षेत्र है।

सूचना प्रौद्योगिकी के बढ़ते प्रभाव ने पुस्तकालय एवं सूचना सेवाओं को काफी हद तक प्रभावित किया है। ऐसे में यह आवश्यक हो जाता है कि पुस्तकालय एवं सूचना विज्ञान के विद्यार्थी इसके बारे में विस्तृत जानकारी एवं आवश्यक समझ विकसित करें।

प्रस्तुत पुस्तक ***"पुस्तकालयों में सूचना एवं संचार प्रौद्योगिकी (बी.एल.आई.आई.-014)"*** में पुस्तकालय के संदर्भ में आई.सी.टी. उपयोगों की चर्चा की गई है। यह पुस्तक पुस्तकालय और सूचना विज्ञान में प्रमाणपत्र की प्रश्न पत्र की तैयारी के लिए सारगर्भित एवं परीक्षोपयोगी प्रश्नोत्तर के रूप में लिखी गई है। इसके अध्ययन से न केवल अल्प समयावधि में छात्रों को अपना पाठ्यक्रम पूर्ण कर पाने में मदद मिल सकेगी बल्कि प्रश्नों के उत्तरों को हल करने में भी सरलता होगी।

पुस्तक की विषय-सामग्री के विस्तृत एवं जटिल उपबंधों को तर्कपूर्ण एवं संप्रभावी ढंग से संक्षेप में प्रस्तुत किया गया है। भाषा उपयुक्त, सरल एवं प्रवाहपूर्ण रखने का प्रयत्न किया गया है। प्रत्येक अध्याय के प्रारंभ में अध्याय की भूमिका दी गई है जिससे छात्रों को अध्याय को समझने में सरलता होगी।

इसकी सबसे बड़ी और महत्त्वपूर्ण विशेषता यह है कि इसके अंतर्गत आपको गत वर्षों के प्रश्न पत्र हल सहित दिए जाते हैं जो आपकी परीक्षा को न केवल सरल बनाते हैं बल्कि अच्छे अंक प्राप्त करने में भी सहायक होते हैं। गाइड में प्रश्न पत्रों के प्रारूप को आपके सामने बिल्कुल उसी प्रकार प्रस्तुत किया गया है जैसा आपके सामने परीक्षा केंद्र में प्रस्तुत होता है, जो आपको अपने आप में एक अलग प्रकार का आत्मविश्वास बढ़ाने में सहायक होगा।

प्रकाशन (GPH) अपने कार्यरत सहायकों व लेखकों का सहृदय से आभार प्रकट करता है, जिनके सहयोग और प्रयासों के कारण ही इस गाइड का प्रकाशन संभव हो पाया है।

आगामी संस्करण में आपके सुझावों को यथास्थान साभार सम्मिलित किया जाएगा। अत: अपने सुझाव नि:संकोच हमें हमारी **Email :feedback@gullybaba.com** पर या सीधे प्रकाशन के पते पर लिखें और हमें अपने सुझावों से अनुग्रहीत करें।

हम आपकी सफलता की कामना करते हैं।

विषय-सूची

अध्याय 1. कम्प्यूटर के मूलतत्त्व......................................1
(Computer Basics)

प्रश्न 1. कम्प्यूटर से आप क्या समझते हैं? चर्चा कीजिए।.........2
प्रश्न 2. कम्प्यूटर के वर्गीकरण पर चर्चा कीजिए।....................3
प्रश्न 3. निम्नलिखित पर संक्षिप्त टिप्पणी लिखिए–...............6
(i) डेस्कटॉप कम्प्यूटर
(ii) नोटबुक एवं लेपटॉप
प्रश्न 4. हार्डवेयर से आप क्या समझते हैं? कम्प्यूटर के मुख्य हार्डवेयर घटकों को समझाइए।...7
प्रश्न 5. कम्प्यूटर के बाहरी स्टोरेज उपकरणों को समझाइए।.....9
प्रश्न 6. कम्प्यूटर की इनपुट डिवाइसों के बारे में चर्चा कीजिए।...12
प्रश्न 7. कम्प्यूटर की आउटपुट डिवाइसों के बारे में चर्चा कीजिए।...16
प्रश्न 8. सॉफ्टवेयर क्या है? विभिन्न प्रकार के सॉफ्टवेयर तथा उनके कार्यों का वर्णन कीजिए।..19
प्रश्न 9. उबुन्टू क्या है? इसे इंस्टॉल करने के लिए मुख्य चरण बताइए।..29

अध्याय-2. ऑफिस टूल्स..35
(Office Tools)

प्रश्न 1. लिब्रेऑफिस सूट क्या है? इसके महत्त्वपूर्ण घटक एवं लाभों को संक्षेप में बताइए।..36

प्रजेंटेशन कैसा दिखाई देगा। यदि प्रीव्यू दिखाई नहीं देता, तो 'Preview' को सलेक्ट करना चाहिए।

(8) यदि हम अपने प्रजेंटेशन का सारांश (Summary) बनाना चाहते हैं, तो **'Create Summary'** को सलेक्ट करना चाहिए।

(9) **'Create'** पर क्लिक करने से हमारी नई प्रजेंटेशन निर्मित हो जाती है।

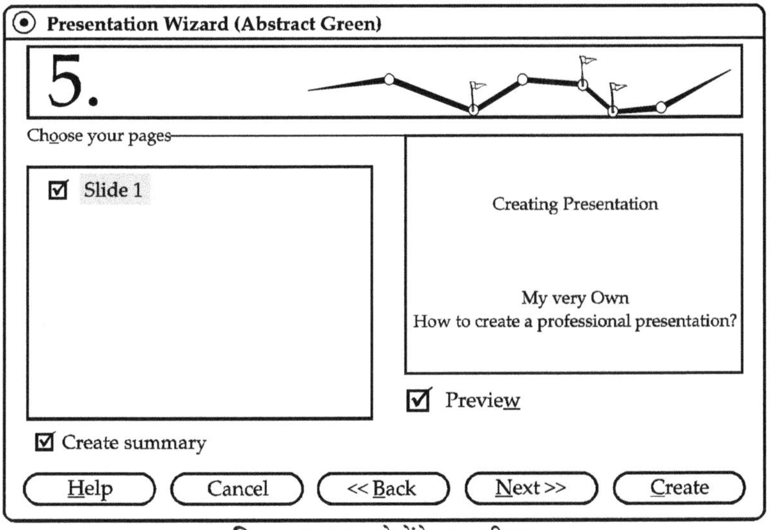

चित्र 2.42: प्रेजेंटेशन प्रीव्यू

प्रश्न 18. निम्नलिखित पर संक्षिप्त टिप्पणी लिखिए–

(i) इम्प्रैस में एक प्रेजेन्टेशन को फॉर्मेट करना

उत्तर– एक नई प्रेजेन्टेशन में केवल एक खाली स्लाइड होती है। एक नई स्लाइड को एक प्रेजेन्टेशन में निम्नानुसार प्रविष्ट किया जा सकता है–

• मुख्य मेन्यू बार में **Insert** पर जाएँ और **Slide** को चुनें।

• वर्कस्पेस, स्लाइड पेन अथवा स्लाइड सोर्टर व्यू में एक स्लाइड पर राइट क्लिक करें तथा कान्टेक्स्ट मेन्यू में से **Slide > New Slide** को चुनें।

• या फिर प्रजेन्टेशन टूलबार में **Slide** आइकॉन  पर क्लिक

करें। अगर प्रजेन्टेशन टूलबार दिखाई न पड़ रहा हो तब मुख्य मेन्यू बार में **View > Toolbar** पर जाकर लिस्ट में से **Presentation** को चुनें।

प्रेजेन्टेशन में चुनी गई स्लाइड के बाद एक नई स्लाइड को प्रविष्ट करें। एक स्लाइड की नकल करने के लिए–

• स्लाइड्स पेन (Pane) में से उस स्लाइड को चुनें जिसकी आप नकल करना चाहते हैं।

• स्लाइड्स पेन या वर्कस्पेस स्लाइड पर राइट क्लिक करें या फिर कॉनटेक्स्ट मेन्यू से **Duplicate Slide** को चुनें। या फिर स्लाइड सोर्टर व्यू पर जाएँ, एक स्लाइड पर राइट क्लिक करें और कन्टेक्स्ट मेन्यू में से **Duplicate Slide** का चयन करें। या फिर वैकल्पिक रूप से मुख्य मेन्यू बार पर **Insert** में जाएँ और **Duplicate Slide** का चयन करें।

• प्रेजेन्टेशन में जाकर चुनी गई स्लाइड के बाद डुप्लीकेट स्लाइड को अंदर डाले।

(ii) इम्प्रैस में स्लाइड लेआउट का चयन

उत्तर– लिब्रेऑफिस के पास Layouts की एक श्रृंखला है जिसमें खाली स्लाइड से लेकर छह कन्टेन्टस बॉक्स तथा एक शीर्षक (टाइटल) शामिल है। एक प्रेजेन्टेशन में पहली स्लाइड प्रायः शीर्षक स्लाइड होती है। आप अपने शीर्षक स्लाइड के लिए किसी खाली ले-आउट या शीर्षक ले-आउटस में से किसी एक स्लाइड का प्रयोग कर सकते हैं। एक शीर्षक (टाइटल) बनाने के लिए *Click to add title* पर क्लिक करें तथा उसके बाद शीर्षक पाठ (टेक्स्ट) को टाइप करें। उपशीर्षक अथवा पाठ सामग्री को जोड़ने के लिए *click to add text* पर क्लिक करें और अपने उपशीर्षक अथवा पाठ को टाइप करें।

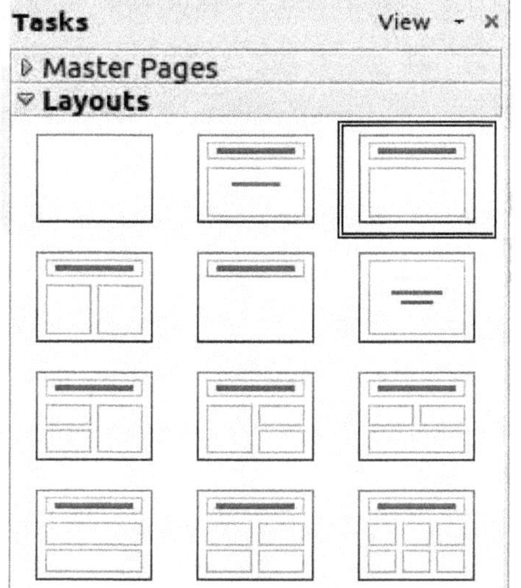

चित्र 2.43: उपलब्ध स्लाइड ले-आउटस

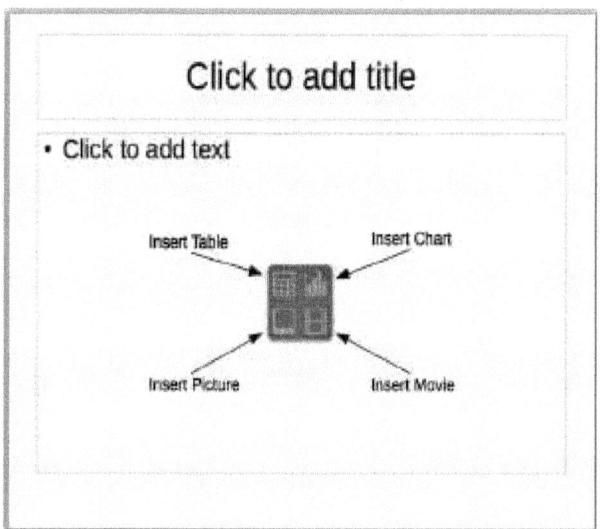

चित्र 2.44: सामग्री के प्रकार का चयन करना

किसी स्लाइड के ले-आउट का चयन करने अथवा उसे बदलने के लिए स्लाइडस पेन (Pane) में स्लाइड का चयन करें ताकि यह वर्क स्पेस पर दिखाई पड़ सके और टॉस्क पेन में ले-आउटस से चाहे गए ले-आउट का चयन करें। कई ले-आउटों में एक अथवा एक से अधिक सामग्री बॉक्स होते हैं। इनमें से प्रत्येक सामग्री बॉक्स को इस प्रकार

कॉन्फिगर किया जा सकता है कि उनमें पाठ, चलचित्र, चित्र, चार्ट अथवा तालिकाओं को स्थान प्रदान किया जा सके। आप संबंधित आइकॉन पर जाकर (जो सामग्री बॉक्स के मध्य में प्रदर्शित होता है) क्लिक करके उसका चयन कर सकते हैं। अगर आप सामग्री बॉक्स को पाठ के लिए प्रयुक्त करना चाहते हैं तब *Click to add text* पर क्लिक करें।

(iii) इम्प्रैस में चित्र, तालिकाएँ, मीडिया तथा एनीमेशन को जोड़ना

उत्तर– आप प्रेजेन्टेशन स्लाइडों में चित्र, तालिकाएँ, चार्ट अथवा मीडिया (दृश्य श्रव्य चित्र) को जोड़ सकते हैं। एक तालिका को जोड़ने के लिए आप निम्न प्रक्रिया को अपना सकते हैं–

(i) उस स्लाइड का चयन करें जिसमें वह तालिका हो तथा, यदि आवश्यक हो तो, उस तालिका के लिए स्थान बनाने के लिए स्लाइड ले आउट में परिवर्तन किया जा सकता है।

(ii) टास्क पेन में *Table Design* का चयन करें। अगर टास्कपेन दिखाई न पड़ रहा हो तब **View > Task Pane** का चयन करे।

(iii) पूर्व परिभाषित तालिका स्टाइलों में से किसी एक का चयन करें और साथ ही किसी योजना का भी चयन करें जैसी कि आप चाहते हों। स्टाइल को चुन लेने से Insert Table Dialog खुल जाता है जहाँ पर आप rows और कॉलमों की संख्या का उल्लेख कर सकते हैं।

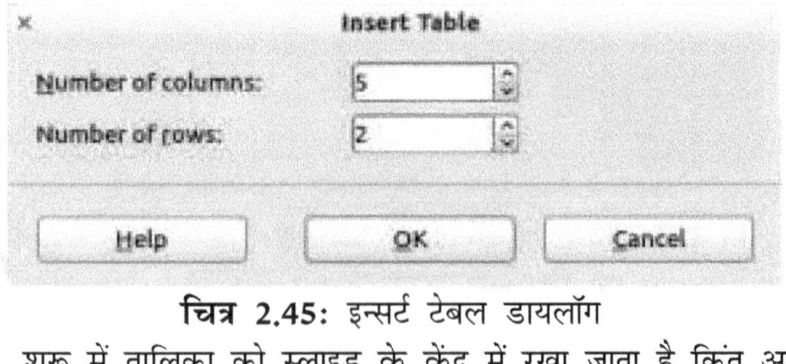

चित्र 2.45: इन्सर्ट टेबल डायलॉग

शुरू में तालिका को स्लाइड के केंद्र में रखा जाता है किंतु आप इसे स्थान परिवर्तन के लिए खींचकर नई स्थिति में ले जा सकते हैं।

आप मुख्य मेन्यू से **Insert > Table** का चयन करके सीधे भी तालिका बना सकते हैं या फिर मानक टूल बार में से **Insert Table** की सहायता से ऐसा किया जा सकता है। ऐसा करने से Insert Table Dialog खुल जाता है जहाँ पर आप कॉलमों तथा rows की संख्या का उल्लेख कर सकते हैं।

एक तालिका डालने हेतु एक ग्राफिक टूल खोलने के लिए आप इन्सर्ट टेबल आइकॉन के आगे छोटी काली त्रिभुज पर क्लिक करें। इस टूल का प्रयोग करने के लिए माउस को ग्रिड में दाईं ओर नीचे तब तक ले जाएँ जब तक कि आपके पास चाही गई संख्या में कॉलम तथा source प्राप्त न हो जाएँ और तब तालिका को insert करने के लिए माउस के बाएँ बटन पर क्लिक करें।

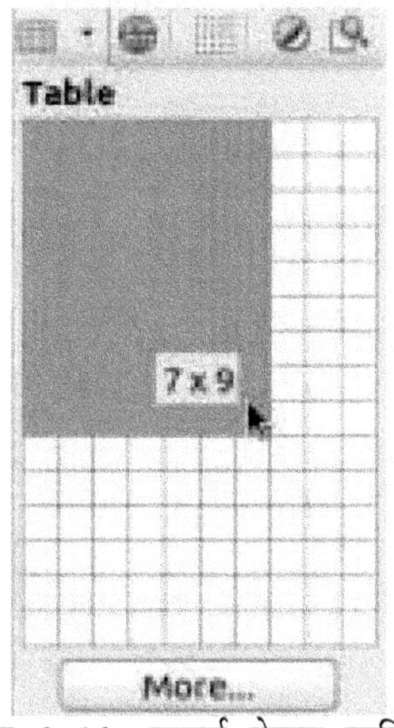

चित्र 2.46: इन्सर्ट टेबल ग्राफिक टूल

किसी फाइल से चित्र Insert करना–किसी फाइल से चित्र Insert करना बहुत आसान और जल्दी होता है। सबसे पहले एक स्लाइड ले-आउट का चयन करें। उसके बाद–

• मेन्यू बार पर **Insert > Picture > From File** पर जाएँ या फिर **Insert Picture** आइकॉन पर क्लिक करें यदि आपने स्लाइड को डाल दिया है और Insert Picture डायलॉग खुल जाता है।

• उस निर्देशिका पर जाएँ जिसमें चाहा गया चित्र हो तथा लिब्रेऑफिस फाइल का चयन करें जिसमें बड़ी संख्या में आकृतियों के प्रकार हों। अगर **Preview** विकल्प का चयन किया जाए तो चुनी गई फाइल की बारीकियाँ Preview Pane में दाईं ओर प्रदर्शित हो जाएँगी।

• चित्र को वर्तमान (चुनी गई) स्लाइड पर डालने के लिए **Open** पर क्लिक करें। अब चित्र स्लाइड पर प्रदर्शित हो जाएगा जिसके साथ रंगीन रिसाइजिंग हैंडल भी लगे होंगे।

(iv) इम्प्रैस में एक एनीमेशन को बनाना

उत्तर– आप किसी एक अथवा एकाधिक वस्तुओं को कस्टम एनीमेशन का प्रयोग करते हुए निम्नानुसार बना सकते हैं–

• कस्टम एनीमेशन विभाग को खोलें, **Tasks Pane** में जाकर नाम पर क्लिक करें।

• स्लाइड पर चुनी गई वस्तु में एनीमेशन प्रभाव को जोड़ने अथवा उसे परिवर्तित करने के लिए कस्टम एनीमेशन डायलॉग को खोलें। कस्टम एनीमेशन अनुभाग को खोलने का कार्य **Slide Show > Custom Animation** पर जाकर भी किया जा सकता है या फिर Drawing टूल बार पर **Custom Animation** टूल का प्रयोग करके भी किया जा सकता है।

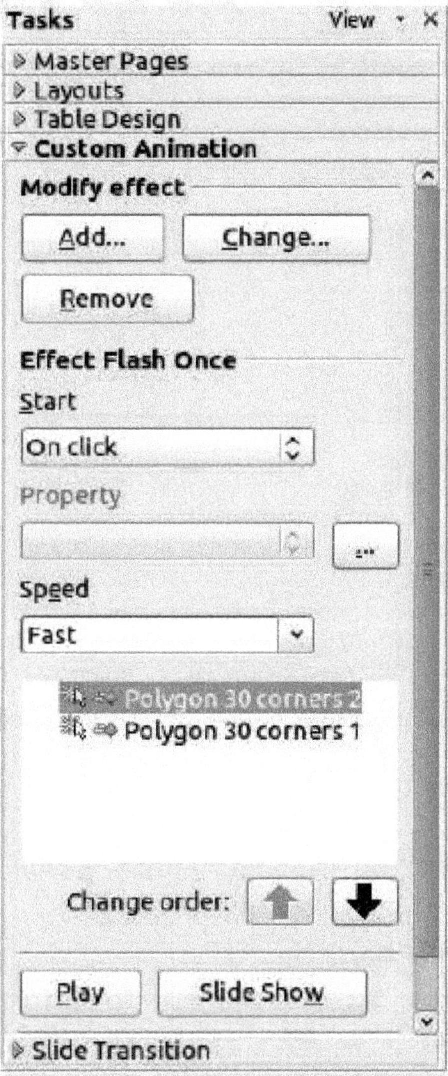

चित्र 2.47: Task Pane पर Custom Animation अनुभाग

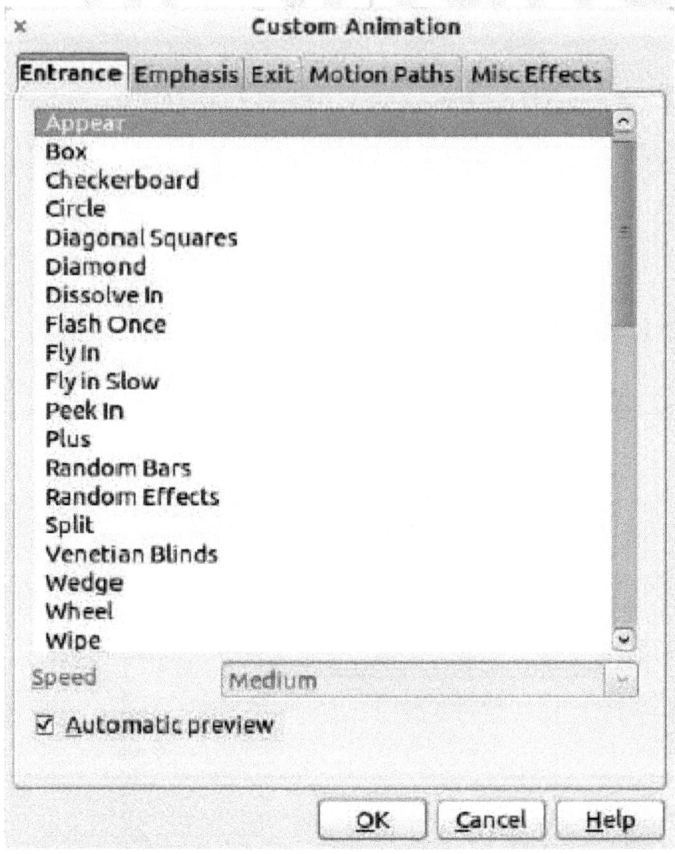

चित्र 2.48: Custom Animation Dialog

(v) इम्प्रैस में स्लाइड मास्टर्स

उत्तर– स्लाइड मास्टर्स के संग्रह के साथ इम्प्रैस आता है। ये slide masters टास्क पेन के मास्टर पेज अनुभाग में दिखाए जाते हैं तथा इनके तीन उप अनुभाग होते हैं–(i) Used in this presentation, (ii) Recently used तथा (iii) Available for use. स्लाइड की बारीकियों को दर्शाने के लिए +चिह्न पर क्लिक करें, जो कि उप-अनुभाग के नाम के आगे होगा और फिर इसे फैलाएँ। या फिर (–) चिह्न पर क्लिक करें ताकि यह उप अनुभाग ढह जाए (collapse) और उसकी बारीकियाँ छुप जाएँ। *Available for Use* में दिखाई पड़ने वाला प्रत्येक slide master,

उसी नाम की एक टेम्पलेट में से होता है। अगर आपने स्वयं अपनी टेम्पलेट बनाई है या फिर अन्य स्रोतों से जोड़ी है तो ऐसी स्थिति में उन टेम्पलेट्स में से भी स्लाइड मास्टर्स सूची में दिखाई पड़ेगी।

(vi) इम्प्रैस में स्लाइड शोः एक साथ रखना

उत्तर– लिब्रेऑफिस इम्प्रैस आपको ऐसे टूल प्रदान करता है कि आप स्वयं स्लाइड शो बना सकें तथा उन्हें प्रदर्शित कर सकें जिनमें निम्नांकित भी शामिल हैं–

- किस स्लाइड को दर्शाया जाना है तथा किस अनुक्रम में
- शो को मानव चालित रखना है अथवा स्वचालित
- स्लाइडों के बीच संक्रमण (transitions)
- निजी स्लाइडों पर एनीमेशन
- अंत:क्रिया: जब आप बटन अथवा लिंक पर क्लिक करते हैं तब क्या होता है।

स्लाइड शो को एक साथ रखने से जुड़े अधिकांश कार्य स्लाइड सोर्टर व्यू में सबसे अच्छी तरह से किए जा सकते हैं। अत: आप मुख्य मेन्यू में से चुनें **View > Slide Sorter** या फिर Slide Sorter tab पर क्लिक करें जो वर्कस्पेस पेन में सबसे ऊपर होता है। आपकी सभी स्लाइडे वर्कस्पेस में दिखाई पड़ेंगी तब आपको उन सभी को देखने के लिए स्क्रॉल करना होगा।

एक स्लाइड शो के लिए बेसिक सेटिंग्स को सेट कर लें जिसमें यह शामिल होता है कि स्लाइड को कहाँ से शुरू करना है। आप जिस तरह से स्लाइडों को आगे बढ़ाते जाएँगे, उसी प्रकार के प्रजेन्टेशन और प्वाइंटर विकल्प होंगे। तब आप **Slide Show > Slide Show Settings** का चयन मुख्य मेन्यू में से करें ताकि स्लाइड शो डायलॉग खुल सके और स्लाइड शो की सेटिंग्स बदली जा सकें (जैसा कि निम्न चित्र में दिखाया गया है)।

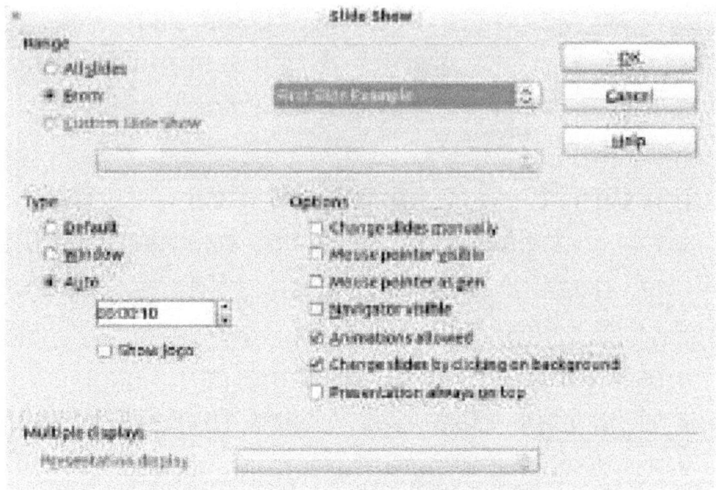

चित्र 2.49: स्लाइड शो सेटिंग्स का चयन

(vii) इम्प्रैस में स्लाइड शो में परिवर्तन

उत्तर– स्लाइड शो में डिफाल्ट द्वारा सभी स्लाइडें उसी क्रम में दिखाई पड़ेंगी जिस क्रम में स्लाइड सोर्टर में दिखाई पड़ रही थी। इसके लिए स्लाइडों के बीच में संक्रमण (ट्रांजीशन) का प्रयोग किया जाता है जैसा कि प्रेजेन्टेशन विजार्ड स्टेप-3 में बताया गया है। अगर एक से अधिक स्लाइडें अनावश्यक प्रतीत हों तो उन स्लाइड/स्लाइडों को Hide कर दें। किसी स्लाइड को Hide करने के लिए स्लाइड पेन पर उस स्लाइड को राइट क्लिक करें तथा पॉप-अप मेन्यू में **Hide Slide** का चयन करें। जब तक आवश्यक न हो, किसी Slide को delete न करें नहीं तो आपको उस स्लाइड को फिर से create करना पड़ सकता है। स्लाइडों के क्रम को बदलने के लिए Slide Show मेन्यू का प्रयोग करें। Slide संक्रमण (ट्रांजीशन) को बदलने के लिए स्लाइडों को एनीमेट करें तथा अन्य संवर्द्धन (एनहैन्समेन्ट्स) करें। उसके लिए टास्क पेन में से विभिन्न चयनों का प्रयोग करें। आपके पहले स्लाइड शो में सभी स्लाइडों के लिए शायद वही स्लाइड संक्रमण होगा। अगर आप प्रत्येक स्लाइड को किसी विशिष्ट समय तक दर्शाना चाहते हैं, तो **Automatically after** पर क्लिक करें तथा उसमें सैकंडों की

संख्या प्रविष्ट कर दें। टास्क पेन पर स्लाइड ट्रान्जेक्शन के अंतर्गत पाए गए ट्रांजेक्शन विकल्पों पर जाकर **Apply to all slides** पर क्लिक करें।

(viii) इम्प्रैस में स्लाइड शो को चलाना

उत्तर– स्लाइड शो को चलाने के लिए निम्नलिखित में से किसी एक कार्य को करें–

• मीनू बार में जाकर **Slide Show > Slide Show** पर क्लिक करें।

• प्रेजेन्टेशन टूलबार पर जाकर **Slide Show** आइकॉन पर क्लिक करें।

• कुँजी पटल पर *F5* को दबाएँ।

कान्टेक्स्ट मेन्यू को खोलने के लिए स्क्रीन पर कहीं भी राइट क्लिक करें जहाँ से आप स्लाइडों के बीच में से जाकर अन्य विकल्पों को सेट कर सकते हैं। किसी भी समय (जिसमें स्लाइड शो का समाप्त होना भी शामिल है) बाहर आने के लिए आप *Esc* कुँजी को दबाएँ।

अध्याय 3 नित्य प्रति कार्य (Housekeeping Operations)

भूमिका

पुस्तकालय एक सेवा संस्थान है। मानव जीवन की अन्य गतिविधियों के समान ही पुस्तकालय में भी कम्प्यूटर उपयोगी है। स्वचालन का तात्पर्य किसी प्रक्रिया में यंत्र के उपयोग से संबंधित है। यंत्र के उपयोग से समय एवं श्रम की बचत होती है तथा गुणवत्ता भी प्राप्त की जा सकती है।

पुस्तकालय स्वचालन का अर्थ पुस्तकालय एवं सूचना सेवाओं की प्रक्रियाओं को पूर्ण करने से समझा जाता है। वस्तुतः पुस्तकालय स्वचालन पुस्तकालय एवं सूचना सेवाओं का कम्प्यूटर स्वरूप प्रदर्शित करता है जो कि सूचना प्रौद्योगिकी से प्रभावित रहता है।

पुस्तकालय स्वचालन पुस्तकालय के दैनिक कार्यों से आरंभ होकर सूचना पुनःप्राप्ति एवं खोज तथा संसाधन सहभागिता व नेटवर्क से संबंधित कार्यों के निष्पादन तक पहुँचता है। इस प्रकार यह एक विशिष्ट प्रक्रिया है जो कि पुस्तकालय विज्ञान के छात्रों के लिए महत्त्वपूर्ण तथा पुस्तकालय के संवर्धन, विकास एवं नवीनीकरण के लिए नितांत आवश्यक है।

प्रश्न 1. अधिग्रहण/अर्जन से आप क्या समझते हैं? इसके विभिन्न उद्देश्य स्पष्ट कीजिए।

उत्तर– पुस्तकालय में पुस्तकें पाठकों के उपयोग के लिए संगृहीत की जाती हैं, वर्गीकृत की जाती हैं, सूचीकृत की जाती हैं एवं व्यवस्थित की जाती हैं। विशिष्ट पुस्तकालय में वहाँ के सदस्यों के लिए उपयोगी पाठ्य-सामग्री का संग्रह अर्जन अथवा अधिग्रहण कहलाता है। पुस्तकालय में किस प्रकार की पुस्तकों का अधिग्रहण किया जाएगा यह उसके प्रकार, उद्देश्य एवं सदस्यों की माँग पर निर्भर करता है। अर्थात् यदि पुस्तकालय सार्वजनिक है तो उसका उद्देश्य नागरिकों में पुस्तकों के अध्ययन से ज्ञान का विकास करना, सामाजिक चेतना जागृत करना, मनोरंजन करना आदि होता है। शैक्षणिक पुस्तकालय में विद्यार्थियों एवं शिक्षकों के ज्ञानार्जन तथा उन्नयन हेतु पाठ्य-पुस्तकों तथा संदर्भ पुस्तकों का अधिग्रहण किया जाता है।

इस कार्य को पुस्तकालय का अधिग्रहण (आवाप्ति) विभाग पूरा करता है। अधिग्रहण कार्यों में उपयोक्ताओं की आवश्यकताओं का पता लगाना तथा प्रलेखों का चयन, अर्जन एवं परिग्रहण के कार्य शामिल हैं। इन कार्यों के व्यावहारिक संचालन के लिए अनेक अभिलेख, पंजिकाओं एवं फाइलों का रूपांकन, निर्माण, अनुरक्षण एवं निष्पादन किया जाता है। इसके लिए कुछ सुदृढ़ नीति को निर्धारण किया जाता है। पुस्तकालय में पाठ्य-सामग्री का अधिग्रहण करते समय विशेषतः निम्न बातें ध्यान में रखी जाती हैं–

- पुस्तक अथवा पाठ्य-सामग्री की उपयोगिता
- पाठकों की माँग
- उपलब्ध वित्त।

किसी भी पुस्तकालय में पाठ्य-सामग्री का संग्रह करते समय यह ध्यान रखना होता है कि पुस्तकालयों में पुस्तकों की क्या स्थिति है। यथा उस पुस्तकालय में शोधकार्य, प्रकाशन और महाविद्यालय के अपने अध्ययन कार्यक्रम को पूरा करने में आदि। इसके साथ ही पाठ्य-सामग्री आवाप्ति नीति में निम्न अन्य तत्त्वों का भी ध्यान रखा जाना चाहिए–

- पुस्तकालय का आकार
- संग्रह की प्रकृति

- पाठ्यक्रम
- अध्ययन
- शोध कार्यक्रम की प्रकृति और प्रसार
- विद्यार्थियों/पाठकों की संख्या।

20वीं शताब्दी के तीसरे दशक तक केवल मुद्रित स्रोतों का ही अधिग्रहण होता था, लेकिन अब ई-स्रोतों का भी अधिग्रहण किया जाता है। बस फर्क इतना है कि इनके अधिग्रहण के लिए लाइसेंस की आवश्यकता होती है एवं इन्हें पुस्तकालय से बाहर भी उपयोगकर्त्ताओं द्वारा सीधे ऑनलाइन प्राप्त किया जा सकता है।

इस प्रकार पुस्तकालय में पाठ्य-सामग्री पाठकों की माँग, रुचि, अध्येतव्य विषय, वर्तमान तथा भावी उपयोग के अनुसार अधिग्रहण की नीति बनाना आवश्यक है। इसके अतिरिक्त अधिग्रहण नीति में वित्त का स्थान भी बहुत महत्त्वपूर्ण होता है। असीमित प्रकाशन के सामने उपलब्ध धन और आय का स्रोत सीमित होता है। अतः पाठ्य-सामग्री का चयन करते समय यह ध्यान रखना आवश्यक है कि कम से कम मूल्य पर अधिकाधिक पाठकों को पाठ्य-सामग्री उपलब्ध हो।

इस विभाग का मुख्य ध्येय है कि कम से कम मूल्य में अधिकाधिक लोगों के लिए महान साहित्य उपलब्ध कराना। इस प्रकार इस विभाग के निम्न उद्देश्य हैं–

- योग्य पाठकों को यथासमय उपयुक्त पुस्तक उपलब्ध कराना।
- शिक्षा और ज्ञान को सर्वसुलभ करना।
- देश और विश्व के कल्याण हेतु सारी जनता को सदा कर्त्तव्य पथ पर लगाए रखना।
- विद्वानों, वैज्ञानिकों, मनीषियों में ज्ञान चिंतन और अन्वेषण कार्य को निरंतर बनाए रखना।
- इन प्रयत्नों के द्वारा ज्ञानधारा के प्रवाह को सर्वदा गतिमान और सर्वतोमुखी बनाना।

प्रश्न 2. प्रक्रियाकरण कार्य से आप क्या समझते हैं? इसकी आवश्यकता एवं संगठनात्मक संरचना का उल्लेख कीजिए।

उत्तर– प्रक्रियाकरण कार्य में तकनीकी प्रक्रियाकरण एवं भौतिक प्रक्रियाकरण कार्य सम्मिलित हैं। यह दोनों ही कार्य पुस्तकालय के तकनीकी विभाग द्वारा किए जाते हैं।

तकनीकी विभाग पुस्तकालय के महत्त्वपूर्ण विभागों में एक विभाग है तथा पुस्तकालय के अन्य सभी क्रियाकलापों का केंद्र बिंदु है। इसे अन्य नामों से भी पुकारा जाता है, जैसे प्रक्रियाकरण विभाग, तकनीकी प्रक्रियाकरण विभाग, प्रसूचीकरण विभाग, तकनीकी विभाग इत्यादि। चाहे जिस नाम से भी पुकारा जाए इस विभाग के उद्देश्य तथा कार्य वही रहते हैं। एक अच्छे संग्रह का निर्माण करने के लिए अधिग्रहण विभाग उत्तरदायी है, जबकि तकनीकी विभाग प्रलेखों के संग्रह को सेवा योग्य इकाइयों के रूप में परिवर्तित करता है। इसे मुख्यत: दो कार्यों को संपन्न करके प्राप्त किया जाता है–तकनीकी प्रक्रियाकरण जिसमें वर्गीकरण एवं प्रसूचीकरण सम्मिलित हैं, तथा परिचालन एवं पाठकों के उपयोग के लिए प्रलेखों की तैयारी।

प्रक्रियाकरण की आवश्यकता–अनेक कारणों/कारकों के आधार पर प्रक्रियाकरण किया जाना आवश्यक है। ये हैं–

- सूचना की वृद्धि की त्वरित गति के कारण प्रलेखों का बड़ी संख्या में उत्पादन तथा इसके फलस्वरूप उपयोक्ताओं के समक्ष इनके पठन एवं स्वांगीकरण हेतु समय की अपर्याप्तता की समस्याएँ।
- सूचना के अंतर्विषयी स्वरूप के साथ जुड़ी हुई विषय विशेषज्ञता की जटिलता।
- पाठकों द्वारा श्रेष्ठ सेवाओं की माँग इत्यादि।

इसके अतिरिक्त, पुस्तकालय विज्ञान के पाँच सूत्रों की माँग का दबाव; विशेषकर द्वितीय तथा तृतीय सूत्र की माँग जिन्होंने पुस्तकालयाध्यक्षों को संग्रह के विन्यास एवं प्रबंधन के लिए नवीन कार्य प्रणालियों के बारे में जानने को बाध्य कर दिया है। इसके परिणामस्वरूप नवीन उपकरणों का विकास हुआ है, जिन्हें शब्दावली नियंत्रण विधियाँ जैसे वर्गीकरण पद्धति, पर्यायकोश, प्रसूची संहिता, विषय शीर्षक सूचियाँ इत्यादि कहते हैं, जो सूचना के वर्गीकरण एवं अनुक्रमणीकरण के

प्रयोजन के लिए उपयोग में लाए जाते हैं। तकनीकी प्रक्रियाकरण के कुछ लाभ हैं, जैसे–

- यह प्रलेखों/सूचना के सुव्यवस्थित विन्यास में सहायता प्रदान करता है, और इस तरह से यह जब कभी आवश्यक हो उनके संग्रह एवं पुनःप्राप्ति को सुसाध्य बनाता है।
- यह पाठकों द्वारा किए गए प्रश्नों के विश्लेषण को सुगम बनाता है।
- यह सूचना सेवाओं और तत्संबंधी उत्पादों के निर्माण में सहायता प्रदान करता है।

संगठनात्मक संरचना–पुस्तकालय, विशेषकर एक विश्वविद्यालय पुस्तकालय का तकनीकी विभाग कई इकाइयों से बना हो सकता है; जैसे, वर्गीकरण इकाई, प्रसूचीकरण इकाई, पुस्तक प्रक्रियाकरण इकाई इत्यादि; और यह तकनीकी प्रक्रियाकरण के नित्यचर्या कार्यों को संपन्न करता है। छोटे पुस्तकालयों के मामले में विभिन्न इकाइयों का इस प्रकार का सीमांकन नहीं होता है। तथापि पुस्तकालय के आकार से निरपेक्ष यह आवश्यक है कि इस विभाग का मुखिया एक सक्रिय व्यक्ति हो जिसमें पर्याप्त व्यावसायिक निपुणता हो और इसके साथ ही इस विभाग में प्रक्रियाकरण कार्य हेतु कर्मचारी प्रदान किए जाएँ। इसके अतिरिक्त इस विभाग को पुस्तकालय के अन्य विभागों से सहयोग प्राप्त होना आवश्यक है।

प्रश्न 3. परिसंचरण (Circulation) कार्य से आपका क्या तात्पर्य है? इसके लक्ष्य एवं विषय-क्षेत्र को संक्षिप्त में समझाइए।

उत्तर– आधुनिक सेवा पुस्तकालयों में परिसंचरण (परिचालन) कार्य एक प्राथमिक कार्य है। विचारपूर्ण और कष्टसाध्य विधि से निर्मित प्रलेख-संग्रह की सार्थकता उसके उपयोग में निहित है, अतः इसे निधानी (Shelf) पर व्यर्थ ही नहीं छोड़ना चाहिए। वस्तुतः प्रत्येक पाठक को उसकी वांछित पुस्तक मिलनी चाहिए और प्रत्येक पुस्तक को उसका पाठक मिलना चाहिए। अतः पुस्तकालयों ने एक ऐसी सेवा देनी आरंभ की जिसके द्वारा पाठक वर्ग अपने-अपने सुविधा-समय में

पुस्तकालय से दूर, घर पर अथवा अन्य स्थान पर, या पुस्तकालय में ही शोधकक्ष अथवा अध्ययनकक्ष में अध्ययन कर सकें। ऐसी स्थिति विश्वविद्यालय पुस्तकालयों में अथवा अभिलेखागारों अथवा संग्रहालयों के पुस्तकालयों में प्रायः उत्पन्न हो जाती है। कुछ ऐसे भी अभिलेख होते हैं जिन्हें सुरक्षा इत्यादि कारणों से पुस्तकालय से बाहर नहीं ले जाने दिया जाता। परंतु किसी भी रूप में पुस्तकों को पाठकों के लिए परिसंचरित करना ही होता है। परिसंचरण की कार्याविधि से संबंधित सभी कार्य, तत्संबंधित अभिलेखों और फाइलों का निर्माण और रख-रखाव एवं अन्य कार्य, परिसंचरण कार्य कहलाते हैं।

परिसंचरण कार्य का लक्ष्य—परिसंचरण का लक्ष्य, पाठ्य-सामग्री का अधिकतम उपयोग संभव करने के लिए उसे पाठक वर्ग को अधिकतम उपलब्ध कराना होता है। किसी भी परिसंचरण सेवा का मूलभाव इस कार्य को कम लागत और सुचारू रूप से संपन्न करने में निहित है। इसका निहितार्थ है कि विविध प्रकार के प्रलेखों को विभिन्न प्रकार के पाठक वर्ग को उधार दे पाने में सक्षम कार्यविधि वाली किसी प्रभावी परिसंचरण प्रणाली को अपनाया जाए। इसमें पाठक वर्ग के लिए पाठ्य-सामग्री की अधिकतम उपलब्धता के साथ-साथ उसकी आवाजाही पर समुचित नियंत्रण भी अपेक्षित है। पुस्तकालय के परिसंचरण विभाग द्वारा इन लक्ष्यों को मूर्त कर पाना, एक प्रकार का प्रबंधकीय उद्देश्य है।

परिसंचरण कार्य का विषय-क्षेत्र—परिसंचरण कार्य में निम्नलिखित कार्यों को सम्मिलित किया जाता है—

- सदस्यता पंजीकरण,
- उधार देने के कार्य, यथा देय-आदेय,
- नवीकरण, यथा पाठकों द्वारा अतिरिक्त समय की माँग,
- वापस माँगना, यथा पाठक से पुस्तक लौटाने के लिए कहना,
- आरक्षण, यथा उधार दी गई पुस्तकों को अन्य सदस्य के लिए आरक्षित करना, तथा
- विज्ञप्ति, यथा उपर्युक्त कार्यों के लिए सदस्यों से संप्रेषण करना।

परिसंचरण प्रभाग के अन्य कार्यों में अतिरिक्त ऋण सेवाओं जैसे, अंतरपुस्तकालय ऋण सेवा तथा आरक्षित पुस्तक-संग्रह, को भी सम्मिलित किया गया है। परिसंचरण पटल के प्रायः प्रवेश स्थल के निकट अवस्थित होने के कारण परिसंचरण प्रभाग को प्रवेश पंजी और निजी वस्तु पटल के कार्य भी सौंप दिए जाते हैं।

विभिन्न पुस्तकालयों में परिसंचरण की निश्चित कार्य-सीमा भिन्न-भिन्न होती है।

प्रश्न 4. पत्रिका नियंत्रण क्या है? इसके विभिन्न कार्य बताइए।

उत्तर– पत्रिकाओं का नियंत्रण एक जटिल प्रक्रिया है जिसमें बड़ी संख्या में प्रकाशनों व उनके खर्चों का रखरखाव किया जाता है। पत्रिका नियंत्रण विभाग के मुख्य कार्य निम्न हैं–

- पत्रिकाओं का शुल्क
- ई-पत्रिकाओं और डेटाबेस की सदस्यता
- सदस्यता/पत्रिका शुल्क का नवनीकरण
- ई-पत्रिका और डेटाबेस की सदस्यता/शुल्क का नवनीकरण
- गुम हुए अंकों का दावा करना
- पत्रिकाओं का प्रतिस्थापन
- विनिबंध (मोनोग्राफ) क्रमिक प्रकाशन और
- बीजक प्रस्तुतिकरण

इसके अतिरिक्त, पत्रिका नियंत्रण विभाग में रसीदों, अनुस्मारक, पत्रिका वापिस न मिलने का दावा, अवधि परिवर्तन, शीर्षक विषय आदि की समस्याओं का मानवीय रूप से क्रियान्वयन करना पड़ता था जिसके कारण सीरियल नियंत्रण के लिए स्वचालन की आवश्यकता पड़ी।

स्वचालन के आने से अधिकांश कार्य सरल व कुशलता से पूरे किए जा सकते हैं। इसके अलावा, हस्तचालित प्रणाली में कई प्रकार के आँकड़ों में अधिक परिश्रम और समय व्यर्थ होता है व कई बार तो कंप्यूटर की भी सुविधाएँ लेनी पड़ती हैं। विषयानुसार सूची, आकृति अनुसार सूची, प्रकाशक के अनुसार सूची आदि कंप्यूटर की सुविधा से ही आसानी से तैयार की जा सकती है।

प्रश्न 5. पुस्तकालय सामग्री के व्यवस्थापन पर विस्तारपूर्वक चर्चा कीजिए।

अथवा

निधानी परिशोधन पर संक्षिप्त टिप्पणी लिखिए।

उत्तर– पुस्तकालय चाहे जिस प्रकार का हो, उसके संग्रह को सबसे पहले कई अनुक्रमों में विभाजित किया जाता है। पुस्तकालय के आकार के अनुसार उसके संग्रह को दो अनुक्रमों – पुस्तकें और पत्रिकाएँ – अथवा दो से अधिक अनुक्रमों में विभाजित करने के पश्चात् शेल्फ पर व्यवस्थापित किया जाता है।

पुस्तकालय सामग्री के व्यवस्थापन में निम्नलिखित कार्य आते हैं–

(1) अनुक्रम व्यवस्थापन–पुस्तकालय सामग्री का विभाजन निम्नलिखित में से एक अथवा एकाधिक लक्षणों पर निर्भर करता है–

(क) अभिगम का विचार–पुस्तकालय द्वारा अपने प्रलेख संग्रह को निर्बाध प्रवेश अथवा बाधित प्रवेश में विभाजित किया जा सकता है। सामान्यत: माइक्रोफिल्म, पांडुलिपि, कला-ग्रंथ, तथा पुरातन और दुर्लभ ग्रंथों को बाधित अनुक्रम में रखा जाता है। इसी प्रकार 'वगीकृत' प्रलेख और निजी पत्र भी बाधित अनुक्रम में ही रखे जाते हैं। कुछ पुस्तकालयों की नीति के अनुसार एक निर्धारित तिथि से पूर्व प्रकाशित ग्रंथों को बाधित अनुक्रम में ही रखा जाता है।

(ख) पुस्तकों का आकार–विभिन्न आकार – सामान्य, बड़ा और लघु के आधार पर पुस्तकों का विभाजन, शेल्विंग स्थान का अधिक सही उपयोग करने में सहायता करता है। पुस्तक का सामान्य आकार 5.5" × 8.75" का होता है। इससे छोटी पुस्तकों को लघु पुस्तक अनुक्रम और अधिक बड़ी पुस्तकों को दीर्घाकार पुस्तक अनुक्रम में रखा जाता है।

(ग) उद्देश्य–शैक्षिक पुस्तकालय में संग्रह का व्यवस्थापन पाठक द्वारा उपयोग के उद्देश्य के अनुसार किया जाता है। त्वरित सूचना प्रदान करने वाले ग्रंथ, यथा–शब्दकोश, विश्वकोश, ग्रंथसूची को संदर्भ अनुक्रम में रखा जाता है। पाठ्यक्रमों के

लिए संस्तुत पुस्तक को पाठ्य-पुस्तक के अनुक्रम में रखा जाता है।

(घ) सामग्री की श्रेणियाँ–सार्वजनिक पुस्तकालय में सामग्री का विभाजन उसकी शैली और स्तर के अनुसार जैसे–बाल-पुस्तक, वयस्क पुस्तक इत्यादि अनुक्रम में किया जाता है।

(ङ) भौतिक स्वरूप–कुछ सामग्री, यथा–ताड़पत्र पर लिखे ग्रंथ, ग्रामोफोन रिकॉर्ड, टेप, फिल्म, चित्र इत्यादि के संरक्षण की विशेष समस्या होती है। अतः इन्हें भी अलग अनुक्रम में रखा जाता है।

(च) विशिष्ट अनुक्रम–कभी-कभी पुस्तकालय विशिष्ट क्षेत्र में संग्रह निर्माण करते हैं, यथा–गाँधी साहित्य, नेहरू साहित्य, संस्थान के प्रकाशनों का संग्रह इत्यादि। इन्हें भी अलग-अलग अनुक्रम में रखा जाता है।

(छ) अनुक्रमों को मिलाकर व्यवस्थापन करना–प्रलेखों के लिए विविध और जटिल विधि एवं भिन्न दिशाओं से पहुँच संभव बनाने के लिए, व्यवस्थापन को एकपक्षीय, जैसे मात्र विषय आधारित ही नहीं बनाया जाता है। सामान्यतः पुस्तक की विभिन्न चारित्रिक विशेषताओं में समन्वय करके ही शेल्फ व्यवस्थापन निर्धारित किया जाता है। समन्वय का निर्धारण पुस्तकालय सेवाओं पर निर्भर करता है।

(2) शेल्फ व्यवस्थापन–पुस्तकालय द्वारा अपने प्रलेख संग्रह के लिए विभिन्न अनुक्रमों का निर्धारण कर लेने के बाद संबंधित सामग्री को उपयुक्त शेल्फ में रखा जाता है। जो कि निम्नलिखित में से एक अथवा अधिक लक्षणों पर निर्भर करता है–

(क) लेखक अथवा आख्या के वर्णक्रमानुसार–छोटे पुस्तकालयों में पुस्तकों को लेखक अथवा आख्या के वर्णक्रम में व्यवस्थापित करना अधिक सहज माना जा सकता है। साधारणतः कथा साहित्य को अलग अनुक्रम में लेखक के नाम के अनुसार व्यवस्थापित करते हैं। लेखक के अनुसार

व्यवस्थापन बड़े पुस्तकालयों में पुस्तकालय विज्ञान के सूत्रों को संतुष्ट नहीं कर पाता है।

(ख) **वर्गीकृत व्यवस्थापन**–ऐसा माना गया है कि पुस्तकों के वर्गीकृत व्यवस्थापन के लिए विषय एक स्थायी और अधिक उपयोगी आधार है। आकार, आख्या और कभी-कभी लेखक भी पुस्तक के एक से दूसरे संस्करण में बदले जा सकते हैं। लेकिन पुस्तक का विषय अपरिवर्तनीय रहता है। अतः पुस्तकालयों को लक्ष्य प्राप्ति के लिए पुस्तकों का व्यवस्थापन उनके विषय के अनुसार ही करना चाहिए। शेल्फ पर पुस्तकों का व्यवस्थापन बहुसंख्यक की पहुँच के अनुरूप होना चाहिए। पाठकों द्वारा प्रलेखों तक पहुँचने के लिए दो प्रकार का अभिगम अपनाया जा सकता है, यथा–'पूर्व-ज्ञात प्रलेखों के लिए खोजना' और 'अज्ञात प्रलेखों के लिए खोजना'। जिन प्रलेखों के लेखक, आख्या इत्यादि का पाठक को पता होता है, वे पूर्वज्ञात प्रलेख कहे जाते हैं। जिन प्रलेखों के अस्तित्व का पाठक को कुछ पता ही नहीं होता, उन प्रलेखों को अज्ञात प्रलेख कहा जाता है। 'ज्ञात' या 'अज्ञात' का निर्णय पाठक के ज्ञान के आधार पर किया जाता है। ज्ञात प्रलेखों तक पहुँच, जो अपेक्षाकृत कम ही होती है, लेखक, आख्या इत्यादि के द्वारा पहुँच; और 'अज्ञात' प्रलेखों के लिए पहुँच, 'विशिष्ट विषयगत पहुँच' कहलाती है। विषयगत पहुँच सर्वप्रमुख पहुँच या अभिगम है। इसीलिए वर्गीकृत व्यवस्थापन पाठकों के लिए बहुत उपयोगी है। चूँकि वे सभी संबद्ध सामग्री एक ही स्थान पर पा जाते हैं, उनका अवलोकन करके वे अपनी वांछित पुस्तक चुन लेते हैं। एक सुनियोजित विषय-व्यवस्थापन उन्हें वांछित सामग्री तक पहुँचा देता है।

(ग) **खंड व्यवस्थापन**–इस विधि में पुस्तकों को किसी निर्धारित वर्गीकरण पद्धति के अनुसार शेल्फ तक, केस से केस तक क्रम में व्यवस्थापित किया जाता है।

(घ) परिग्रहण संख्या–परिग्रहण संख्या के अनुसार व्यवस्थापन भी पहुँच में प्रभावकारी हो सकता है, यदि (i) स्टैक तक पहुँच बाधित हो, (ii) सामग्री के निहित विषय को स्पष्ट करते हुए अधिक विस्तृत और गहन विषय प्रसूची तथा लेखक प्रसूची उपलब्ध हों, और (iii) विशिष्ट प्रलेखों के लिए अनुरोध करना, जिसकी स्थिति उपयोक्ताओं को पहले से ही ज्ञात हो। इन सभी शर्तों को पूरा करना कठिन होता है, अतः परिग्रहण संख्या के अनुसार व्यवस्थापन को वरीयता नहीं दी जाती।

निधानी परिशोधन–स्टैक क्षेत्र का निधानी परिशोधन यह सुनिश्चित करता है कि मुक्त अभिगमन प्रणाली के अंतर्गत सामग्रियाँ अपने निर्धारित स्थानों पर ही बनी हुई हैं और वे अपने स्वरूप में हैं। निधानी परिशोधन निश्चित अंतराल पर किया जाता है। इसमें निम्नलिखित कार्य शामिल हैं–

(1) निधानी में सही क्रम बनाए रखना।

(2) गंभीर क्षतिग्रस्त शीर्षकों को प्रतिस्थापित करने के लिए पहचान करना।

(3) मामूली सुधार-कार्य की आवश्यकता वाले शीर्षकों की पहचान करना।

स्टैक्स का पुनर्नवीकरण–पुनर्नवीकरण का अर्थ पूरे स्टैक्स को सफाई द्वारा सुव्यवस्थित करने से है। 'एक सक्रिय और सुसंगठित पुनर्नवीकरण कार्यक्रम, पुस्तकालय में एक महत्त्वपूर्ण अनुरक्षण गतिविधि होती है।' यह कार्य वर्ष में एक बार किया जाता है। हालाँकि, सप्ताह या माह में स्टैक क्षेत्र का भाग चुनकर इसे नियमित रूप से भी किया जा सकता है। चयनित क्षेत्रों में निधानी से समस्त पुस्तकें निकाल ली जाती हैं। प्रत्येक पुस्तक को सफाई के बाद प्रतिस्थापित किया जाता है। क्षतिग्रस्त पुस्तकों को हटाकर पृथक् कर दिया जाता है; अधिक क्षतिग्रस्त पुस्तकों को पेशेवर परिरक्षण की आवश्यकता होती है। ये कार्य पेशेवर परिरक्षकों को सौंपे जाते हैं। जी.पी.एच. की पुस्तकों का मुख्य उद्देश्य ज्ञान के साथ-साथ अच्छे नम्बर दिलाना है।

प्रश्न 6. पुस्तकालय में नित्य प्रति कार्यों के कार्य विश्लेषण पर चर्चा कीजिए।

उत्तर– पुस्तकालयों में सामान्य संगठनात्मक परिदृश्य की दृष्टि से विचार करते समय पुस्तकालय को स्वचालित करने की योजना बनाने में नित्य प्रति व्यवस्था का विश्लेषण काफी उपयोगी होता है। यह पुस्तकालय सॉफ्टवेयर प्रबंधन को डिजाइन करने तथा उसका उपयोग करने तथा सॉफ्टवेयर विक्रेताओं तथा प्रोग्रामर्स के साथ संपर्क करने की पहली शर्त है। पुस्तकालय के नित्य प्रति कार्य का निकट विश्लेषण हमें तीन पदानुक्रमिक स्तर प्रदान करता है, ये हैं–प्रक्रिया संबंधी, गतिविधियाँ तथा कार्य (टास्क); जिनका विवरण इस प्रकार है–

(1) प्रक्रिया एवं गतिविधियाँ–इस संबंध में अठारह प्रक्रियाएँ सभी प्रकार के पुस्तकालयों के लिए समान हैं। एक स्वचालित पुस्तकालय नित्य प्रति प्रणाली के डिजाइन और प्रयोग की दृष्टि से इन सभी प्रक्रियाओं के विश्लेषण की आवश्यकता होती है। इससे स्वचालित वातावरण में नित्य प्रति कार्यों को समझने तथा उन्हें लागू करने में सहायता मिलेगी। इन प्रक्रियाओं का विश्लेषण पी.ए. थॉमस (1975) ने प्रत्येक परिचालनात्मक उपप्रणाली के अंतर्गत छः संभव गतिविधियों के रूप में किया है जो इस प्रकार हैं–प्रारंभ करना, प्राधिकृत करना, एक्टिवेट करना, रिकॉर्ड करना, रिपोर्ट करना तथा निरस्त करना (कैंसिल करना)।

इस सभी गतिविधियों का प्रत्येक प्रक्रिया में शामिल होना आवश्यक नहीं है। प्रत्येक प्रक्रिया के सामने इन छह में एक अथवा एकाधिक गतिविधियाँ होती हैं। इन छह सामान्य गतिविधियों को इस प्रकार परिभाषित किया जा सकता है–

प्रारंभ करना (Initiate)–वह गतिविधि जो यह स्पष्ट करती है कि प्रक्रिया अब शुरू कर दी जानी चाहिए।

प्राधिकृत करना–कुछ मामलों में, अगली कार्रवाई से पहले, एक निश्चित प्रक्रिया को लागू करने की स्वीकृति का निर्णय लिया जा चुका हो।

सक्रिय (Activate)–जब यह पता चल जाए कि प्रक्रिया आवश्यक है तथा कुछ मामलों में स्वीकृत भी हो जाए तब प्रायः उचित कार्रवाई करके इसे लागू कर दिया जाता है।

रिकॉर्ड करना—वह कार्य जो दर्शाता हो अथवा रिकॉर्ड करता हो कि क्या कार्रवाही की गई है।

रिपोर्ट करना—पुस्तकालय स्टाफ को यह नोटिफाई करना कि कार्यवाही की जा चुकी है।

निरस्त करना (Cancel)—किसी प्रक्रिया को रोकना खासकर जब किसी कार्यवाही को वापिस लेना अथवा उसे निरस्त करने का मामला हो।

(2) कार्य (Task)—पदानुक्रम का तीसरा स्तर कार्यों (टास्क) से संबंधित है जो प्रत्येक प्रक्रिया में एक गतिविधि के अंतर्गत होते हैं। टास्क से तात्पर्य संबंधित समूह के परिचालनों से है जो एक विशिष्ट प्रकार का जॉब करने के लिए किए जाते हैं। एक स्वचालित पुस्तकालय प्रणाली में टास्क का उद्देश्य मॉड्यूल को अगले स्तर पर ले जाने वाले घटकों से संबंधित कार्यों को सामूहिक रूप से संपन्न करना है। टास्क के प्रत्येक गतिविधि में होने के समान ही उसका प्रत्येक प्रक्रिया में होना भी आवश्यक नहीं है। पुस्तकालय की परिचालनात्मक उपप्रणाली में जो अधिकांश कार्य आते हैं किसी एक दस्तावेज से संबंधित ग्रंथपरक तथा प्रशासनिक सूचना के विशिष्ट रिकॉर्ड को बनाना अथवा उसका उपयोग करना शामिल है। इस प्रसंग में ASLIB ने पंद्रह ऐसी कार्यों की सूची बनाई जो उसकी मूल प्रक्रियाओं से जुड़े हैं। ये हैं—पास, प्राप्त करना, रद्द करना, स्थान, हटाना, सर्च करना, डुप्लीकेट, साथ जोड़ना (एटैच), अलग करना, चलना (मूव), छँटाई (सोर्ट) करना। इन कार्यों के साथ चार घटक (element) कार्यों का भी समर्थन दिया गया है जो हैं—पढ़ना, जाँच करना, प्रविष्टि तथा निर्णय।

किसी प्रक्रिया के अंतर्गत गतिविधियाँ संपन्न करने के लिए कार्यों का विश्लेषण पाँच प्राथमिक प्रश्नों का उत्तर खोजने के माध्यम से किया जा सकता है—

- गतिविधि के लिए किस सूचना की आवश्यकता है?
- सूचना कहाँ से प्राप्त की जानी है?
- इसकी आवश्यकता कब है?
- इसी आवश्यकता किसको है?
- इसका प्रयोग कैसे किया जाता है?

प्रत्येक प्रक्रिया में संभव गतिविधियों को लागू करने के लिए ये पाँच प्रश्न पूछे जाने चाहिए। ये प्रक्रिया मॉडल के द्वारा प्रदान किए गए फ्रेमवर्क की गहराई प्रदान करते है। इस उपागम का एक उदाहरण पाँच संभव गतिविधियों के संदर्भ में अर्जन उपप्रणाली में बुक ऑर्डर प्रक्रिया के रूप में दिया जा रहा है–

तालिका 3.1: प्रसूची स्रोतों के वर्तमान व्यवहार

प्रणाली	**पुस्तकालय प्रणाली**				
उप प्रणाली	**अर्जन उप प्रणाली**				
प्रक्रिया	**आदेश (ऑर्डर)**				
गतिविधियाँ	**प्रारंभ करना**	**प्राधिकृत करना**	**सक्रिय करना**	**रिकार्ड करना**	**निरस्त करना**
क्या सूचना?	लेखक, शीर्षक, उपशीर्षक, संस्करण स्थान, प्रकाशक, तिथि, ISBN आदि	स्वीकृति के हस्ताक्षर	पुस्तकालय/ शाखा पुस्तकालय, आदेश की तिथि, आदेश संख्या, विक्रेता का नाम, प्रसूची संबंधी विवरण, आदि	प्रशासनिक आँकड़े, ग्रंथपरक आँकड़े	आदेश संख्या, तथा तिथि, विक्रेता, पुस्तक विवरण
कहाँ से?	ग्रंथपरक, विषयसूची, माँगपत्र, सुझाव	सक्षम अधिकारी	पुस्तक चयन के उपकरण, MIS	आदेश फॉर्म/ आदेश पत्र	आदेश फाइल/ कम्प्यूटर डाटाबेस
कब?	चयन प्रक्रिया के बाद	एक्टिवेशन से पहले	प्राधिकृत करने के बाद	एक्टिवेशन के बाद	एक्टिवेशन के बाद
कौन?	पुस्तकालय सहायक/ तकनीकी सहायक	पुस्तकाल-याध्यक्ष/ अनुभाग अधिकारी	पुस्तकालय सहायक/ तकनीकी सहायक	पुस्तकालय सहायक/ पुस्तकालय क्लर्क	पुस्तकालय सहायक
कैसे?	ग्रंथपरकों की प्रतिलिपि मिल जाने पर	हस्ताक्षर प्रविष्ट करें	डाटा/ सूचना प्रविष्ट करें/ आदेश फार्म पर/ कम्प्यूटर डाटाबेस तथा ऑर्डर जनरेट करें	ऑर्डर फार्म की कॉपी भरना/ कम्प्यूटर में सेव करना	निरस्तीकरण फॉर्म का डाटाबेस

प्रश्न 7. आई.सी.टी. तथा पुस्तकालय के नित्य प्रति कार्यों के संबंधों पर प्रकाश डालिए।

अथवा

पुस्तकालय नित्य प्रति कार्यों में आई.सी.टी. अनुप्रयोगों की पूर्वापेक्षाओं की चर्चा कीजिए।

उत्तर– आजकल सूचना एवं उसके प्रबंधन के अभूतपूर्व विकास के कारण मानव समाज में एक संपूर्ण रूपांतरण हो रहा है। ऐसा करना कंप्यूटरीकरण और उसके साथ-साथ सूचना के इलेक्ट्रॉनिक संक्रमण हेतु सूचना एवं संप्रेषण तकनीक के अधिकतम प्रयोग हेतु अपरिहार्य हो गया है। कंप्यूटर तथा संप्रेषण प्रौद्योगिकी, जिन्हें संयुक्त रूप से सूचना एवं संप्रेषण तकनीक (आई.सी.टी.) नाम दिया गया है के विकास एवं अभिसरण (कन्वजेन्स) ने मानव जीवन के लगभग सभी पक्षों को प्रभावित किया है। पुस्तकालय भी इसका अपवाद नहीं हैं। आई.सी.टी. का कार्य बेहतर सूचना प्रबंधन तथा संप्रेषण करना है जो कि पुस्तकालय के मुख्य उद्देश्यों में से एक है।

आई.सी.टी.: क्या और क्यों–आई.सी.टी. के अंतर्गत किसी भी प्रकार के हार्डवेयर तथा सॉफ्टवेयर के मेल को शामिल किया जा सकता है जो सूचना के अर्जन, सृजन, संशोधन, पुनःप्राप्ति, स्टोरेज तथा प्रेषण की सुविधा प्रदान करता हो तथा जिसमें इलेक्ट्रॉनिक मीडिया का प्रयोग किया जाता हो। आई.सी.टी. में गणना तथा संप्रेषण तकनीक दोनों शामिल हैं जिसमें हार्डवेयर, सॉफ्टवेयर, कनेक्टिविटी, दूरसंचार तथा मानव कंप्यूटर इंटरफेस का मेल होता है। आई.सी.टी. के घटक पुस्तकालय के स्वचालन हेतु व्यवस्था के लिए सामान्य तौर पर और नित्य प्रति कार्य के लिए विशेष तौर पर अत्यंत सहायक होते हैं। पुस्तकालयों में आई.सी.टी. के अनुप्रयोगों के लाभों को इस प्रकार गिनाया जा सकता है–

- सूचना में अत्यधिक वृद्धि तथा निरंतर बढ़ती प्रयोक्ता माँगों की समस्या को सुलझाने का एक उपकरण।
- त्वरित, सस्ता तथा सही डाटा प्रसंस्करण।
- विभिन्न प्रणालियों तथा मीडिया के बीच डाटा को साझा करना तथा उसका अंतरण करना।

• सूचना वितरण व्यवस्था (इंटरनेट) की उपलब्धता।

• डाटा स्टोर करने तथा डाटा के प्रेषण की बढ़ी हुई क्षमता।

• उपकरणों के आकार और लागत में कमी।

• दोहराए जाने वाले कार्य करने के लिए हार्डवेयर और सॉफ्टवेयर की बढ़ी हुई विश्वसनीयता तथा

• जी.यू.आई. आधारित प्रयोत्मा के अनुकूल सॉफ्टवेयर का प्रारंभ जिसमें ऑनलाइन सहायता की भी व्यवस्था है।

नित्य प्रति कार्य में आई.सी.टी. का अनुप्रयोग–हार्डवेयर, सॉफ्टवेयर तथा कनेक्टिविटी की उपयोगिता के तेज विकास के साथ-साथ कीमतों में हुई कमी ने समन्वित पुस्तकालय सूचना व्यवस्था का मार्ग प्रशस्त कर दिया है। वर्तमान पुस्तकालय स्वचालन सॉफ्टवेयर (जिसे प्रायः पुस्तकालय प्रबंधन सॉफ्टवेयर, एल.एम.एस. के नाम से भी जाना जाता है) उचित मॉड्यूलों के सेट की ऐसी समन्वित प्रणालियाँ है जो विभिन्न परिचालनात्मक उप प्रणालियों के प्रबंधन के लिए जिम्मेदार है। ये एल.एम.एस. संबंधित डेटाबेस आर्चीटेक्चर पर आधारित हैं। ऐसी प्रणालियों में फाइलें एक दूसरे से जुड़ी होती हैं ताकि एक फाइल में डिलीशन, एडीशन तथा अन्य परिवर्तन किए जाने पर सभी संबंधित फाइलों में संबंधित परिवर्तन अपने आप हो जाते हैं। पुस्तकालय प्रबंधन सॉफ्टवेयर पुस्तकालय कार्यों के दो व्यापक समूहों की सहायता करता है – नित्य प्रति कार्य तथा सूचना की पुनःप्राप्ति।

ये सुविधाएँ लोकल एरिया नेटवर्क (एल.ए.एन.) अथवा वाइड एरिया नेटवर्क (डब्ल्यू.ए.एन.) के माध्यम से प्राप्त की जाती हैं। आधुनिक पुस्तकालय स्वचालन व्यवस्था में डब्ल्यू.डब्ल्यू.डब्ल्यू. अनुकूलित हैं तथा इंटरनेट, इन्ट्रानेट तथा एक्स्ट्रानेट के माध्यम से पहुँच वाली सूचना की पुनः प्राप्ति तथा डाटा प्रविष्टि की गतिविधियों की सुविधाएँ उपलब्ध हैं।

वर्तमान में एल.एम.एस. नित्य प्रति कार्य के लिए मॉडयूलर उपागम का अनुपालन करते हैं। प्रायः पूरे पैकेज को प्रत्येक परिचालन उप-प्रणाली के लिए मॉड्यूलों में विभाजित किया जाता है। मॉड्यूलों को फिर उप-मॉड्यूलों में विभाजित किया जाता है तथा प्रत्येक उप-मॉड्यूल

विभिन्न सुविधाओं को सुगम बनाता है ताकि प्रक्रियाओं से संबंधित कार्यों को पूरा किया जा सके।

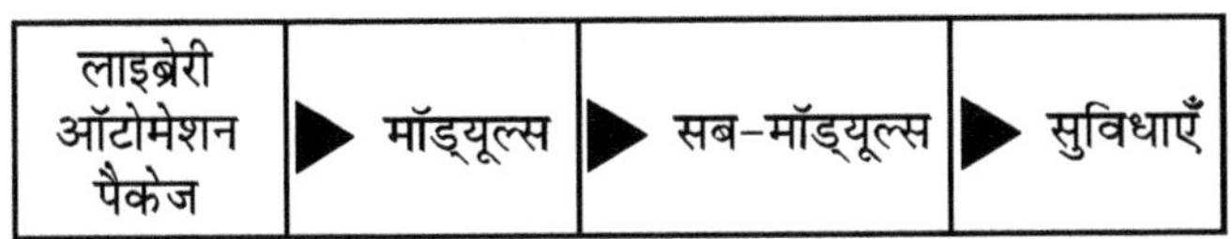

उदाहरण के लिए, SOUL पैकेज (एक पुस्तकालय स्वचालन सॉफ्टवेयर जिसे INFLIBNET, अहमदाबाद द्वारा विकसित किया गया है) में छह मॉड्यूल हैं जिनमें से चार परिचालनात्मक उपप्रणालियों के लिए हैं। बाकी दो जिनके नाम प्रशासन तथा OPAC हैं, ये क्रमशः विभिन्न प्रशासनिक पैरामीटरों को स्थापित करने तथा पुस्तकालय के संसाधनों की खोज तथा पुनःप्राप्ति से संबंधित हैं। दूसरा उदाहरण KOHA; एक मुक्त संसाधन पुस्तकालय प्रबंधन सॉफ्टवेयर; का दिया जा सकता है जिसे होरोहेनुआ पुस्तकालय ट्रस्ट (कैटीपो टीम) न्यूजीलैंड द्वारा विकसित किया गया है और ट्रस्ट की साइटों पर लेविन, फॉक्सटोन तथा शैन्नोन में चलाया जा रहा है। इनमें एक मॉड्यूल सामान्य है जो पुस्तकों के अर्जन तथा प्रसूचीकरण कैटेलागिंग से संबंधित है तथा शेष पाँच मॉड्यूल, परिचालन (सर्कुलेशन), OPAC, प्रशासन आदि से संबंधित हैं। SOUL (सॉफ्टवेयर फॉर यूनिवर्सिटी लाइब्रेरीज) तथा KOHA के मुख्य मेन्यू स्क्रीन स्नैपशॉटस नीचे प्रस्तुत किए जा रहे हैं। भारत और विदेशों में उपलब्ध प्रायः सभी पुस्तकालय प्रबंधन सॉफ्टवेयर मॉड्यूलर उपागम का ही अनुपालन करते हैं। पुस्तकालय स्वचालन पैकेज का यह मॉड्यूलर प्रबंधन प्रयोक्ता मैत्रीपूर्ण है तथा पुस्तकालय प्रबंधन के लिए समेकित समाधान उपकरण का कार्य करता है।

चित्र 3.1: SOUL का मुख्य इंटरफेस

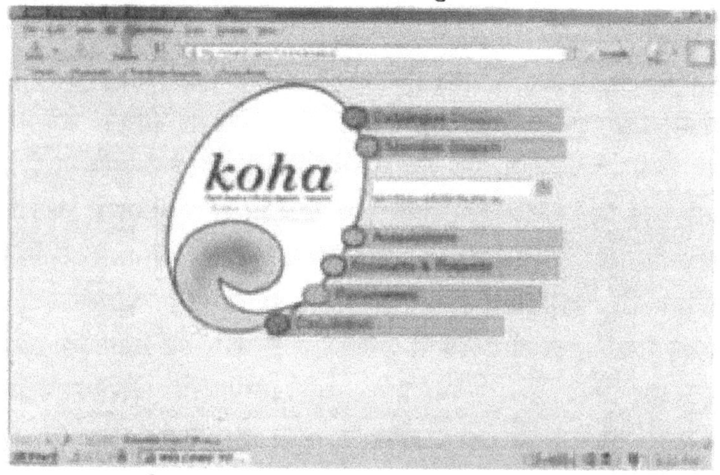

चित्र 3.2: KOHA का मुख्य इंटरफेस

नित्य प्रति कार्य में आई.सी.टी. अनुप्रयोग की शर्तें–पुस्तकालय स्वचालन एक जटिल प्रक्रिया है तथा उसकी आयोजना बुद्धिमत्तापूर्वक की जानी चाहिए। पुस्तकालय स्वचालन की पूरी प्रक्रिया को निम्नलिखित चरणों में विभाजित किया जा सकता है–

- सॉफ्टवेयर का चयन
- हार्डवेयर का चयन
- साइट की तैयारी करना

- सामान्य प्रशिक्षण
- अनुरूपीकरण (कस्टमाइजेशन)
- निम्नलिखित के लिए प्रक्रिया निर्धारित करना–
  – ग्रंथ सूची परक डाटा प्रविष्टि
  – प्रशासनिक डाटा प्रविष्टि
  – वित्तीय डाटा प्रविष्टि
- चालू करना

यह स्पष्ट है कि पुस्तकालय स्वचालन के उपर्युक्त चरणों को लागू करने के लिए पुस्तकालय प्रणाली की पृष्ठभूमि के अध्ययन अथवा विश्लेषण की आवश्यकता होती है। इस संबंध में प्रभावी परिणामों के लिए पुस्तकालय स्वचालन पैकेज का उपयोग करना एक पूर्व शर्त होगी। कोई पुस्तकालय स्वचालन पैकेज का पूरा लाभ नहीं उठा सकता जब तक उसके हाथ से किए जाने वाले कार्य पूरी तरह ठीक और न्यायसंगत न हों। अतः विभिन्न अनुभागों में किए जाने वाले कार्यों और प्रक्रियाओं का निम्नलिखित की दृष्टि से विश्लेषण कर लिया जाना चाहिए–

पुस्तकालय प्रणाली की विशिष्ट विशेषताएँ

- स्थानीय परिवर्तन (वैधता तथा उपयोगिता की दृष्टि से)
- वर्तमान प्रणाली की सीमाएँ
- पुस्तकालय का स्वरूप और उद्देश्य
- संग्रहों की कुल संख्या
- प्रतिवर्ष अर्जन तथा अर्जन के दौरान अपनाई गई प्रक्रिया
- क्रमिकों (सीरियल) का वार्षिक अभिदान (सब्सक्रिपशन)
- प्रयोक्ताओं की संख्या तथा उनके वर्ग
- प्रतिदिन के संव्यवहार (जारी/वापसी/आरक्षण)
- बहुमापी दस्तावेजों की उपलब्धता।
- सूचना सेवाओं की आवश्यकता (सी.ए.एस./एस.डी.आई. आदि)
- भविष्य की योजना (नेटवर्किंग तथा भागीदारी की दृष्टि से)
- उपलब्ध मानवशक्ति (कंप्यूटर में दक्ष स्टाफ)

पुस्तकालय स्वचालन पैकेज (Library Automation Packages)

भूमिका

पुस्तकालयों को पाठ्य सामग्री विभिन्न बाह्य स्वरूपों जैसे मुद्रित एवं गैर-मुद्रित सामग्री, पुस्तकों, अप्रकाशित साहित्य, श्रव्य-दृश्य सामग्री, नक्शे, ग्राफ आदि के रूप में प्राप्त होती है। इस प्रकार विभिन्न प्रकार के प्रलेखों, पाठकों की बदलती हुई प्रवृत्तियों एवं बढ़ती हुई सूचना आवश्यकताओं के कारण आधुनिक काल में पुस्तकालयों का स्वचालीकरण अत्यंत आवश्यक हो गया है।

पुस्तकालयों में स्वचालीकरण अनेक क्षेत्रों में किया जा रहा है। पुस्तकालयों में कंप्यूटर का उपयोग प्रमुख रूप से पुस्तकालय के दैनिक क्रियाकलापों एवं सूचना संग्रहण, पुनर्प्राप्ति, प्रसार एवं स्थानांतरण आदि को विकसित करने के लिए किया जा रहा है। इस प्रकार सूचना सेवाओं एवं प्रलेखन कार्यों में अत्यधिक सुविधा प्राप्त होती है।

प्रश्न 1. पुस्तकालय स्वचालन से आप क्या समझते हैं? इसकी आवश्यकता पर प्रकाश डालिए।

उत्तर– "पुस्तकालय स्वचालन" से तात्पर्य मानव द्वारा निष्पादित नेमी (रूटीन) तथा आवृत्तीय कार्यों के उच्च स्तर का मशीनीकरण है। वर्तमान संदर्भ में "पुस्तकालय स्वचालन" से अभिप्राय सेवाओं समेत पुस्तकालय कार्यों में कम्प्यूटर के उपयोग से है। कम्प्यूटर के उद्‌भव से पुस्तकालय स्वचालन परिदृश्य में व्यापक वृद्धि हुई है। कम्प्यूटर में प्रगति के अलावा दूरसंचार, नेटवर्किंग, श्रव्य-दृश्य तकनीकों, इंटरनेट आदि ने सूचना परिचालन में नई संभावनाओं का मार्ग प्रशस्त किया है। इस प्रकार से जब हम पुस्तकालय स्वचालन की बात करते हैं तो इन दिनों व्यवहार में इसका अर्थ पुस्तकालय कार्य में कम्प्यूटर, संबंधित उपमाध्यम (सी.डी.-रोम, डी.वी.डी., मल्टीमीडिया आदि) कम्प्यूटर आधारित उत्पादों एवं सेवाओं का उपयोग है।

एक पुस्तकालय प्रबंधक हेतु एक स्वचालित पुस्तकालय तंत्र का होना अति आवश्यक है। पुस्तकालय प्रबंधक निम्नलिखित कारणों से पुस्तकालय स्वचालन की आवश्यकता महसूस करता है–

- अनुभव के आधार पर, पुस्तकालय स्वचालन की आवश्यकता का सबसे मुख्य कारण परंपरागत विधियों द्वारा होने वाली कठिनाइयाँ हैं। परंपरागत विधियों द्वारा आज की सूचना आवश्यकता को पूरा करना असंभव-सा होता जा रहा है।
- पुस्तकालय के विभिन्न क्रियाकलापों को एकीकृत करने हेतु।
- सूचना की तीव्र पुनःप्राप्ति एवं इसके तीव्र संप्रेषण को सुनिश्चित करने हेतु।
- पुस्तकालयों के मध्य संसाधनों की भागीदारी एवं सहकारिता हेतु।
- यंत्र-पठनीय प्रारूप में तैयार किए गए ग्रंथात्मक डाटाबेस के विनिमय हेतु (स्थानीय एवं विस्तृत क्षेत्रों में)।
- सूचना की यथार्थता को बरकरार रखने हेतु।
- पुस्तकालय स्वचालन द्वारा विभिन्न डाटाबेसों, प्रलेख प्रसूचियों इत्यादि का ऑनलाइन अभिगम सुनिश्चित किया जा सकता है।
- पुस्तकालयों के नियमित क्रियाकलापों, यथा-प्रसूचीकरण, वर्गीकरण, अधिग्रहण इत्यादि को सरल एवं सुचारू बनाया जा सकता है।

- परंपरागत विधियों द्वारा रिकॉर्डों की अपडेटिंग की अपेक्षा कम्प्यूटर द्वारा यह कार्य अत्यंत ही सरल हो सकता है।
- पुस्तकालय स्वचालन द्वारा पुस्तकालय के स्थान की कमी को काफी हद तक दूर किया जा सकता है क्योंकि प्रसूची कैबिनेट के लाखों रिकॉर्डों को कम्प्यूटर में संग्रहित किया जा सकता है।
- कम्प्यूटर द्वारा प्रतिवेदन रिपोर्ट्स तैयार करने में अत्यधिक सहायता मिलती है। इसके फलस्वरूप आगम-निर्गम, विलम्ब सूचना आदि से संबंधित प्रतिवेदन भी तैयार किए जा सकते हैं।
- पुस्तकालय बजट, कर्मचारी सारणी, प्रलेख संग्रह एवं उनका विश्लेषण आदि के प्रोत्साहन एवं विकास हेतु।
- पुस्तकालय स्वचालन, सूचना के अर्थशास्त्रीय (Economics of Information) दृष्टिकोण के आधार पर भी एक उपयुक्त तंत्र है।
- इसका एक और बड़ा लाभ यह है कि इससे गलतियों एवं कार्यों की द्विरावृत्ति की संख्या में कमी लाई जा सकती है।

प्रश्न 2. पुस्तकालय स्वचालन के इतिहास और विकास पर प्रकाश डालिए।

अथवा

पुस्तकालय स्वचालन के उद्विकास की संक्षिप्त विवेचना करते हुए, इसकी पाँच अवस्थाओं को भी समझाइए।

अथवा

सन् 1970 से अब तक पुस्तकालय स्वचालन के उद्विकास की विवेचना कीजिए।

अथवा

पुस्तकालय स्वचालन के इतिहास और विकास का ब्योरा प्रस्तुत कीजिए। **[दिसम्बर-2017, प्र.सं. 2.2]**

उत्तर– पुस्तकालय स्वचालन को अच्छी तरह प्रलेखित किया गया है। यद्यपि पुस्तकालय स्वचालन लगभग 1930 में शुरू हुआ था, जब

पुस्तकालय में परिसंचरण तथा अधिग्रहण के लिए पंच कार्ड (Punch Card) को लागू किया गया था। किंतु वास्तविक पुस्तकालय स्वचालन की शुरुआत कम लागत वाले कम्प्यूटर तथा पुस्तकालय गृह व्यवस्था संचालन के लिए स्थानीय रूप से विकसित सॉफ्टवेयर के प्रयोग के साथ 1970 के शुरू में हुई। मुखोपाध्याय (2005) ने पुस्तकालय स्वचालन के विकास को दशक अनुसार विश्लेषण किया है, जो निम्न प्रकार है–

- **कम्प्यूटर पूर्व का युग, 1950**–सबसे पहले इकाई अभिलिखित उपकरण का कम्प्यूटर पूर्व का युग था।
- **स्टैंड-अलोन युग, 1960**–तब 1960 में तथा 1970 के शुरू में ऑफलाइन कम्प्यूटरीकरण आया।
- **ऑनलाइन प्रणाली युग, 1970**–1970 से ऑनलाइन प्रणाली की शुरुआत हुई।
- **माइक्रो-कम्प्यूटर युग, 1980**–PCs, CD ROM प्रौद्योगिकी तथा LAN (Local Area Network) के उद्भव के रूप में 1980 में माइक्रोकम्प्यूटर का आगमन हुआ।
- **Web युग, 1990**–1990 की इंटरनेट क्रांति ने कहीं से भी किसी भी स्थान से किसी भी समय वेब तक पहुँच (access) तथा संचालन (operation) को समर्थन देने के लिए वेब-सक्षम एकीकृत पुस्तकालय प्रणाली को बढ़ावा दिया।
- **मुक्त युग, 2000**–मुक्त स्रोत सॉफ्टवेयर, मुक्त मानक तथा मुक्त डाटा तथा मुक्त विषय के साथ ऑन-दी-फ्लाई एकीकरण द्वारा संचालित मुक्त पुस्तकालय-प्रणाली का उद्भव।

पुस्तकालय स्वचालन की विकास की अवस्थाओं अर्थात् 1970 से आज तक को निम्न तरीके से समूहबद्ध किया जा सकता है–

- **प्रथम अवस्था**–इस अवस्था में, व्यावसायिक स्वचालन पैकेज या इन-हाउस विकसित सॉफ्टवेयर के प्रयोग के द्वारा पुस्तकालय संचालन का कम्प्यूटरीकरण हुआ। सहभाजित

प्रतिलिपि-सूचीपत्र-प्रणाली भी इस अवस्था की एक मुख्य उपलब्धि थी, जिसमें पुस्तकालय समुदाय के अंतर्गत सहयोग तथा सहकारिता के लिए कम्प्यूटर तथा संचार-प्रौद्योगिकी का प्रयोग हुआ।

- **द्वितीय अवस्था**–इस अवस्था की मुख्य विशेषता सार्वजनिक प्रवेश थी, जैसे पारंपरिक कार्ड प्रसूची की जगह ओपेक (OPAC) का आना। इस अवस्था में सारकरण, डाटाबेस का अनुक्रमणीकरण, संघ प्रसूची, स्रोत सहभाजिता नेटवर्क तथा पुस्तकालय कंसोर्शिया तक ऑनलाइन पहुँच का विकास भी मुख्य उपलब्धियाँ थीं।
- **तृतीय अवस्था**–तीव्र-गति संचार चैनलों के माध्यम से इलेक्ट्रॉनिक प्रलेखों के पूर्ण टेक्स्ट तक पहुँच, इस अवस्था की मुख्य विशेषता है। इस अवस्था में डिजिटल मीडिया संग्रह पुस्तकालय स्वचालन का एक मुख्य अंग था। वैश्विक प्रकाशन मंच और सूचना वहन वस्तुएँ केंद्र विशाल संग्रह के रूप में इंटरनेट के आगमन ने पुस्तकालय वितरित सेवा के तरीके और माध्यम में क्रांति ला दी।
- **चौथी अवस्था**–यह अवस्था नेटवर्क सूचना क्रांति युग के नाम से भी जानी जाती है। यह अवस्था डिजिटल सामग्री तथा सेवाओं के व्यापक समूह का समर्थन करती है जो कभी भी तथा कहीं से भी सुलभ (उपलब्ध) हो, जिसे उपयोगकर्त्ता के आवश्यकता तथा उद्देश्य के अनुसार उपयोग, पुनःउपयोग, एकीकृत इत्यादि किया जा सके।

  डिजिटल पुस्तकालय, मल्टीमीडिया पुस्तकालय तथा आभासी पुस्तकालय इस अवस्था की मुख्य उपलब्धियाँ हैं।
- **पाँचवीं अवस्था**–वेब 2.0 उपकरण तथा सेवा की सहायता से उपयोगकर्त्ता-उन्मुख पुस्तकालय सेवाओं के विकास के लिए इस युग का पुस्तकालय स्वचालन संवादात्मक, सहयोगपूर्ण तथा सहभागी मंच का प्रयोग करता है। स्थानीय पुस्तकालय स्रोत तथा संचालन के साथ बद्ध मुक्त डाटा (Linked

Open Data) का ऑन-दी-फ्लाई एकीकरण (On-the-fly integration) योग्यता भी इस युग के पुस्तकालय स्वचालन की मुख्य विशेषता है।

पुस्तकालय स्वचालन की अभूतपूर्व घटनाओं के विकास में मुख्य घटनाक्रम निम्न प्रकार हैं–

***1936-1959*–**पुस्तकालय में परिचालन नियंत्रण के लिए पंच कार्ड का विकास, डाटा को नियंत्रित, विश्लेषण, श्रेणीकरण तथा पुनःप्राप्ति के लिए IBM 402, 403 तथा 407 का प्रयोग।

***1960-1969*–**सामान्य उद्देश्य के लिए कम्प्यूटर का प्रयोग जो कि 1960 तक व्यापक रूप से उपलब्ध हो गया, 1961 में एच.पी. लुहन ने 'संदर्भ में संकेत शब्द' (Keywords in Context) या रासायनिक सार में प्रतीत होने वाली KWIC सूची को उत्पन्न करने के लिए प्रयोग किया। 1961 में परियोजना 'MEDLARS' की शुरुआत की गई, जो सूचना पुनप्राप्ति प्रणाली की क्षमता को मापने के लिए कम्प्यूटर में लागू की गई; 1962 में पहली बार कम्प्यूटरीकृत परिसंचरण तंत्र आया; परियोजना 'Intrex' 1965 में प्रारंभ की गई; यंत्र पठनीय सूचीबद्ध डाटा को एक प्रारूप उपलब्ध कराने के लिए कांग्रेस पुस्तकालय द्वारा पहल की गई 'MARC' परियोजना 1965 में प्रारंभ की गई, इत्यादि।

***1970-1979*–**परिसंचरण को स्वचालित करने के लिए माइक्रोकम्प्यूटर का इस्तेमाल प्रारंभ हुआ तथा पुस्तकों को बारकोड उपलब्ध कराए गए; पुस्तकों तथा श्रेणियों को प्राप्त करने के लिए कम्प्यूटर आधारित अधिग्रहण प्रणाली की शुरुआत की गई; 1971 से ISBDs प्रारंभ कर दिया गया, 1971 में पुस्तकालय सहकारिता को सुविधा प्रदान करने तथा प्रक्रियात्मक कार्य का लागत कम करने के लिए OCLC की स्थापना की गई; डाटा विनिमय प्रारूप के लिए एक मानक की तरह सन् 1973 में ISO-2709 का विकास

हुआ; 1975 में OCLC द्वारा Worldcat के विकास की शुरुआत की गई; पूरे विश्व में पुस्तकालय संजाल नजर आने लगे।

1980-1989–1980 में कम्प्यूटर तथा संचार प्रौद्योगिकी के प्रयोग द्वारा एक प्रतिमान की तरह साझा प्रतिलिपि-सूचीबद्ध प्रणाली की स्थापना की गई; ऑनलाइन डाटाबेस तक दूरस्थ पहुँच एक वास्तविकता बन गई; 1980 में पत्रिकाओं के अनुक्रमणीकरण तथा सारांशीकरण में CDROM डाटाबेस की उपस्थिति की शुरुआत की गई; मध्य-1980 में एकीकृत स्वचालन पैकेज की शुरुआत हुई।

1990-1999–पुस्तकालय स्वचालन पैकेज का क्लाइंट सर्वर आर्किटेक्चर से वेब आर्किटेक्चर में उन्नयन (upgrading) किया जाने लगा; स्रोत साझा, संघ प्रसूची तथा अंत:पुस्तकालय ऋण के क्षेत्र में बड़े पैमाने पर विकास देखा गया; 1995 में ग्रंथसूची सूचना को साझा करने, अनेक खोज भाषा के साथ डाटाबेस खोज की समस्याओं से निपटने के लिए Z 39.50 प्रोटोकॉल का विमोचन किया गया; सामूहिक क्रय कंसोर्शिया की शुरुआत की गई जो कंसोर्शियम के सभी सदस्यों के मूल्य तय कर सकती है।

2000-2016–परिपक्व तथा वैश्विक स्तर पर प्रतिस्पर्धी मुक्त स्रोत LMSs का विकास; SRW, SRU, MARC-XML जैसे मुक्त मानक की स्थापना तथा विभिन्न पुस्तकालय स्वचालन जैसे NCIP (NISO Circulation Interchange Protocol) के विभिन्न उप-अधिकार क्षेत्रों के लिए मानकों का विकास, स्वचालित पुस्तकालय प्रणाली में वेब 2.0 के उपकरण तथा तकनीक का अनुप्रयोग; प्रयोगकर्त्ता टैगिंग, रेटिंग तथा टिप्पणी के समर्थन के लिए संवादात्मक OPAC का विकास।

प्रश्न 3. पुस्तकालय प्रबंधन प्रणाली के विकास की संक्षेप में विवेचना कीजिए।

उत्तर– सॉफ्टवेयर अपग्रेड एक निरंतर प्रक्रिया है। एल.एम.एस. कोई अपवाद नहीं है। वर्षों से एल.एम.एस. के विकास का एक महत्त्वपूर्ण अध्ययन बताता है कि एल.एम.एस. को एकीकरण और परस्परता के लिए उनकी सुविधाओं के आधार पर चार पीढ़ियों में विभाजित किया जा सकता है। 1970 के मध्य से आज तक दुनिया के सभी हिस्सों में विकसित एल.एम.एस. को नीचे वर्णित चार भागों में से एक में रखा जा सकता है–

(i) पहली पीढ़ी के एल.एम.एस. मॉड्यूल आधारित सिस्टम इस प्रकार थे जिसमें मॉड्यूल के बीच कोई बहुत कम एकीकरण नहीं था। परिसंचरण एवं सूचीबद्ध मॉड्यूल इन प्रणालियों के लिए प्राथमिकता का मुद्दा थे और इन्हें विशिष्ट हार्डवेयर प्लेटफॉर्म और मालिकाना ऑपरेटिंग सिस्टम पर चलाने के लिए विकसित किया गया था;

(ii) दूसरी पीढ़ी के एल.एम.एस. यूनिक्स और डी.ओ.एस. आधारित प्रणालियों की शुरुआत के साथ विभिन्न प्लेटफार्मों के बीच पोर्टेबल हो गए। इस पीढ़ी के एल.एम.एस. ने विशिष्ट फंक्शन के लिए सिस्टम के बीच लिंक की पेशकश की जो कि कमांड संचालित या मेन्यू संचालित सिस्टम थे;

(iii) तीसरी पीढ़ी के एल.एम.एस. पूरी तरह से रिलेशनल डेटाबेस संरचनाओं और क्लाइंट-सर्वर आर्किटेक्चर पर आधारित सिस्टम थे। उन्होंने कई मानकों को अपनाया, जो ओपन सिस्टम इंटरकनेक्शन की दिशा में एक महत्त्वपूर्ण कदम था। रंग और GUI सुविधाएँ, जैसे कि विंडोज, आइकॉन, मेन्यू और प्रत्यक्ष हेरफेर इस पीढ़ी में मानक और मानदंड बन गए; तथा

(iv) चौथी पीढ़ी के एल.एम.एस. वेब-केंद्रित वास्तुकला पर आधारित थे और इंटरनेट पर अन्य सर्वरों तक पहुँच की सुविधा प्रदान करते थे। ये सिस्टम UNICODE शिकायत है और एक मल्टीमीडिया ग्राफिकल यूजर इंटरफेस से कई स्रोतों तक पहुँचने की अनुमति देते हैं।

पीढ़ियों के माध्यम से एल.एम.एस. की प्रगति एक प्रभावी और सरल उपयोगकर्त्ता इंटरफेस की ओर थी, जो एक मल्टीमीडिया इंटरफेस

से कई स्रोतों और सेवाओं तक पहुँच का समर्थन करती है। चार अलग-अलग पीढ़ियों में एल.एम.एस. की सुविधाओं और कार्यात्मकताओं की एक तुलनात्मक तालिका उपरोक्त चर्चा के आधार पर तैयार की जा सकती है–

तालिका 4.1: एल.एम.एस. की पीढ़ियाँ

क्र.सं.	विशेषताएँ	प्रथम पीढ़ी	द्वितीय पीढ़ी	तृतीय पीढ़ी	चतुर्थ पीढ़ी
1	प्रोग्रामिंग भाषा	निम्न-स्तरीय भाषा	COBOL, PASCAL, C	4 GL	OOPS
2	ऑपरेटिंग सिस्टम	घर में	विक्रेता विशिष्ट	UNIX, MSDOS	UNIXविंडोज
3	DBMS	नॉन-स्टैण्डर्ड	सूचीबद्ध और नेटवर्क मॉडल	इकाई संबंध मॉडल	वस्तु के उन्मुख मॉडल
4	आयात/ निर्यात	कुछ नहीं	सीमित	स्टैन्डर्ड	पूर्ण एकीकृत एवं निर्बाध
5	संचार	सीमित	कुछ इन्टरफेस	स्टैन्डर्ड	पूरे इंटरनेट पर कनेक्टिविटि
6	प्रायिकता	मशीन डिपेंडेंट और हार्डवेयर विशिष्ट	मशीन इनडिपेंडेंट और प्लेटफार्म डिपेंडेंट	बहुविक्रेता	मल्टी-वेंडर एवं प्लेटफॉर्म इनडिपेंडेंट
7	रिर्पोट्स	निश्चित प्रारूप एवं सीमित क्षेत्र	निश्चित प्रारूप एवं असीमित क्षेत्र	अनुकूलित रिपोर्ट जेनेरेशन	ई-मेल इंटरफेस के साथ अनुकूलित रिर्पोट जेनेरेशन
8	रंग	कुछ नहीं	कुछ नहीं	उपलब्ध	मल्टीमीडिया के साथ पूर्णतया उपलब्ध
9	रिकार्ड होल्डिंग्स की क्षमता	सीमित	उन्नत	असीमित	असीमित
10	मॉड्यूल एकीकरण	कुछ नहीं	ब्रिजिज़	निर्बाध	निर्बाध
11	वास्तुकला	स्टैण्ड अलोन	साझा	वितरित	क्लाइंट-सर्वर

12	इन्टरफेस	कमांड संचालित (CUI)	मेन्यू चालित (CUI)	आयकन चालित (GUI)	वेब एवं मल्टीमीडिया के साथ आयकन चालित
13	यूजर सपोर्ट	सिंगल यूजर	उपयोगकर्त्ताओं की सीमित संख्या	उपयोगकर्त्ताओं की सीमित संख्या	उपयोगकर्त्ताओं की असीमित संख्या
14	मल्टी-लिंग्वल सपोर्ट/ UNI -CODE	कुछ नहीं	सीमित (हार्डवेयर सपोर्ट के द्वारा)	स्टैन्डर्ड	UNICODE आधार

प्रश्न 4. पुस्तकालय प्रबंधन प्रणाली (एल.एम.एस.) के कार्य बताइए।

अथवा

लाइब्रेरी मैनेजमेंट सिस्टम्स के कार्यों पर संक्षिप्त टिप्पणी कीजिए।

उत्तर– पुस्तकालय प्रबंधन प्रणाली (लाइब्रेरी मैनेजमेंट सिस्टम) के मुख्य कार्य इस प्रकार हैं–

(1) क्रयादेश एवं अधिग्रहण प्रणाली–क्रयादेश या अधिग्रहण प्रणाली के निम्नलिखित महत्त्वपूर्ण कार्य हैं–

(क) अधिग्रहण की जाने वाली सामग्री के अभिलेख को प्राप्त करना।

(ख) यह स्थापित करना कि वांछित सामग्री संग्रह में उपलब्ध है या आदेशित है।

(ग) क्रयादेश को मुद्रित करना, इलेक्ट्रॉनिक क्रयादेश को आपूर्तिकर्त्ता के यहाँ भेजना अथवा वांछित सामग्री के लिए क्रयादेश जारी करना।

(घ) यह जाँच करना कि क्रयादेश कब अधिदेय है एवं उचित अनुवर्ती कार्यवाही करना।

(ङ) क्रयादेश की अभिलेख-फाइल का रख-रखाव।

(च) विक्रेता/आपूर्तिकर्त्ता की फाइल का रख-रखाव।

(छ) क्रयादेशित सामग्री के आगमन (अवाप्ति) समय को अंकित करना एवं बिल भुगतान के लिए आवश्यक कार्यवाही करना।

(ज) बजट सांख्यिकी एवं संबंधित खातों का रख-रखाव करना।

(2) प्रसूचीकरण प्रणाली–किसी कंप्यूटरीकृत प्रसूचीकरण प्रणाली का मुख्य उद्देश्य विभिन्न श्रेणी के पुस्तकालयों के लिए उपयुक्त प्रसूची का उत्सर्जन करना है।

किसी भी प्रसूचीकरण मॉड्यूल के मुख्य कार्य हैं–

(क) डेटा प्रविष्टि,

(ख) डाउन लोडिंग,

(ग) अथॉरिटी फाइल का रख-रखाव एवं नियंत्रण।

(3) परिसंचरण नियंत्रण प्रणाली–परिसंचरण नियंत्रण प्रणाली के बिना कोई भी पुस्तकालय प्रणाली अधूरी होती है। किसी भी परिसंचरण नियंत्रण प्रणाली का प्राथमिक कार्य सभी उपयोक्ताओं को, माँगे जाने पर, बिना समय ह्रास के पुस्तकालय सामग्री को उपलब्ध कराना है। सभी उपयोक्ताओं को सामग्री उपलब्ध कराने हेतु, पुस्तकालयों द्वारा परिसंचरण का प्रभावकारी नियंत्रण आवश्यक है। यह नियंत्रण सुदृढ़ सिद्धांतों पर आधारित होना चाहिए।

परिसंचरण नियंत्रण प्रणाली की मूल आवश्यकताओं के अंतर्गत उधार दी गई सामग्री को अभिलेखित करना, यह बताना कि सामग्री किसे दी गई है, किसी अन्य उपयोक्ता द्वारा अनुरोध की गई सामग्री का पता लगाना एवं ढूँढ़ना तथा अधिदेय सामग्री को इंगित करना इत्यादि आते हैं। इस कार्य हेतु पुस्तकालयों द्वारा अभिलेख बनाना एवं उसका रख-रखाव आवश्यक है। इन अभिलेखों से यह पता चलता है कि–

(क) पुस्तकालय संग्रह में कौन सी सामग्री उपलब्ध है या आसानी से अन्य माध्यमों से प्राप्त हो सकती है।

(ख) कौन-सी सामग्री उधार पर दी गई है और कहाँ से तथा किससे वह पुनः प्राप्त की जा सकती है।

(ग) उधार दी गई सामग्री कब तक पुस्तकालय में अन्य उपयोक्ताओं के लिए उपलब्ध होगी।

(घ) कौन-कौन से उपयोक्ता हैं और उनको प्रलेख-प्राप्ति करने की क्या सुविधा है।

(4) पत्र-पत्रिका नियंत्रण प्रणाली–किसी शैक्षणिक एवं विशिष्ट पुस्तकालय में पत्र-पत्रिकाएँ संग्रह के बड़े हिस्से का प्रतिनिधित्व करती हैं। कई वैज्ञानिक, तकनीकी एवं शोध पत्रिकाओं का अधिग्रहण-शुल्क काफी अधिक होता है। शैक्षणिक एवं शोध पुस्तकालयों में पुस्तकालय बजट का काफी भाग पत्र-पत्रिकाओं के अधिग्रहण एवं प्रबंधन पर खर्च होता है। अतः ऐसे पुस्तकालयों में पत्र-पत्रिकाओं के प्रबंधन एवं नियंत्रण हेतु प्रभावशाली एवं कार्यक्षम प्रणाली को डिजाइन करने की अत्यधिक आवश्यकता होती है।

(5) प्रबंधन सूचना–किसी पुस्तकालय एवं सूचना सेवा के कार्यक्षम एवं प्रभावकारी संचालन के लिए उपयोगी प्रबंधन सूचना की उपलब्धता की महत्त्वपूर्ण आवश्यकता होती है। आज के परिप्रेक्ष्य में ज्यादा जोर क्रियाशील सेवाओं की तरफ है अर्थात् ऐसी सेवा प्रदान करना जो सूचना आवश्यकताओं एवं माँगों का परिकलन कर उनको पूरा करने का प्रयास करती है। क्रियाशीलता का उपयोग केवल समस्या समाधान के लिए ही नहीं बल्कि समस्या खोजने के लिए भी किया जाता है। आज ऐसी प्रणालियाँ अस्तित्व में आ रही हैं जो प्रबंधन कार्यों को समर्थित करने हेतु सूचना प्रदान करने का भी प्रयास करेंगी।

प्रश्न 5. पुस्तकालय प्रबंधन प्रणाली की मूलभूत आवश्यकताओं को विस्तृत रूप में समझाइए।

उत्तर– एक पुस्तकालय स्वचालन पैकेज अर्थात् एल.एम.एस. को डिलीवरी, इंस्टालेशन, लागू करना, अनुरक्षण (मेनटेनैन्स), डाटा कन्वर्शन, सेवाएँ, उपयोगिताएँ, प्रशिक्षण तथा अन्य अनिवार्य आवश्यकताओं की दृष्टि से ऐसा होना चाहिए जो समन्वित पुस्तकालय प्रबंधन प्रणाली के लिए प्रयोक्ताओं, स्टाफ तथा प्राधिकारियों की अपेक्षाओं को पूरा करता हो। पुस्तकालय ऐसे एल.एम.एस. को विकसित करना चाहेंगे अथवा उन्हें खरीदना चाहेंगे जो सर्वाधिक लचीला, विस्तारणीय तथा लागत की दृष्टि से कुशल समाधान हो। किसी भी आधुनिक पुस्तकालय स्वचालन पैकेज के लिए अपेक्षाओं को पूरा करने की दृष्टि से विभिन्न मूलभूत आवश्यकताओं का अध्ययन मुख्य रूप से दो आधारों पर किया जा

सकता है– सामान्य प्रणाली आवश्यकताएँ तथा कार्यशील (functional) आवश्यकताएँ।

(1) सामान्य प्रणाली आवश्यकताएँ–ये किसी भी आधुनिक एल.एम.एस. पर लागू होने वाली आवश्यकताएँ हैं तथा इनमें कम से कम निम्नलिखित विशिष्टताओं को अवश्य शामिल किया जाना चाहिए–

• एल.एम.एस. हर हालत में पूरी तरह से एकीकृत होना चाहिए जिसमें सभी परिचालनों के लिए एक समान प्रसूचीकरण का प्रयोग किया जाना चाहिए तथा सभी मॉड्यूलों के लिए एक समान ऑपरेटर इंटरफेस का प्रयोग किया जाना चाहिए।

• एल.एम.एस. में विभिन्न शाखाओं अथवा स्वतंत्र पुस्तकालयों का समर्थन करने की क्षमता होनी चाहिए जिसमें एक ही केंद्रीय कंप्यूटर कॉनफिगरेशन का उपयोग एक सामान्य डाटाबेस को साझा करते हुए किया गया हो।

• एल.एम.एस. में असीमित संख्या में रिकॉर्ड, प्रयोक्ताओं तथा संस्था सापेक्षा पैरामीटरों (यथा–ऋण की अवधि के नियम, दंड की गणना करने के मापदंड, होल्ड पैरामीटर आदि) को स्वीकार करने की सामर्थ्य होनी चाहिए।

• पैकेज में विभिन्न ग्राहक स्थानों पर पूरी तरह से विकसित तथा परिचालन संबंधी सुविधाओं को शामिल किया गया हो–

- ग्रंथ सूची संबंधी तथा वस्तुसूची (इनवेन्ट्री) नियंत्रण
- आरक्षण तथा सामग्री की बुकिंग
- प्राधिकार नियंत्रण
- परिचालन पर नियंत्रण
- सार्वजनिक पहुँच की प्रसूची
- रिपोर्टों तथा प्रयोग में आने वाली सांख्यिकी के उत्पादन का अनुकूलन
- वेब प्रसूची इंटरफेस
- एक कदम–प्रशासनिक पैरामीटर सेटिंग
- सूचना गेटवे (टेलनेट, डब्ल्यू.डब्ल्यू.डब्ल्यू., z39.50 परोक्षी सर्वर,
- Z39.50 सर्वर (कम से कम संस्करण 3 तथा पाथ प्रोफाइल स्तरीय अनुपालन)

बाहर से पहुँच, अनुकूलित वेब पोर्टल)

- अर्जन का प्रबंधन
- सीरियलों का नियंत्रण
- इलेक्ट्रॉनिक डाटा इंटरचेंज (ई.डी.आई.)
- मार्क 21 की ग्रंथसूचीपरक तथा प्राधिकार रिकॉर्ड की आयात/निर्यात उपयोगिता
- आउटरीच सेवाएँ
- डिजिटल मीडिया संग्रह व्यवस्था
- निधियों का लेखा जोखा
- Z39.50 OPAC तथा स्टाफ ग्राहक
- Z39.50 प्रतिलिपि प्रसूचीकरण ग्राहक
- आंतरिक पुस्तकालय ऋण
- बिल तथा जुर्माना
- मल्टीमीडिया फाइलें
- अंतर-परिचालनीयता (इंटर ओपरेबिलिटी) तथा क्रॉस वाक

• एल.एम.एस. द्वारा उपयुक्त मीडिया में निरंतर बैकअप प्रदान किया जाना चाहिए (पुस्तकालय की इच्छा के अनुरूप) ताकि फेल हो जाने की स्थिति में सभी संव्यवहारों को वापिस प्राप्त किया जा सके।

• एल.एम.एस. में निम्नलिखित मानकों का अनुपालन करने की व्यवस्था होनी चाहिए–

- Z39.50 सूचना इंटरचेंज फार्मेट
- MARC 21, UNICODE (यूटीएफ-8 अथवा यूटीएफ-16)
- Z39.71 होल्डिंग्स की विवरणियाँ
- Z39.50 सूचना की पुनःप्राप्ति की सेवा (ग्राहक तथा सर्वर संस्करण 3)
- EDIFACT (EDI मानक)
- IEEE 802.2 तथा 802.3 ईथरनेट
- HTTP, TCP/IP, टेलनेट, FTP, SMTP

• एल.एम.एस. को वेब-सेन्ट्रिक आर्चीटेक्चर पर आधारित होना चाहिए तथा एक मल्टी यूजर की रेंज के लिए तथा मल्टी टॉस्किंग परिचालन प्रणाली के लिए तथा RDBMS के लिए समर्थन प्रदान करने योग्य होना चाहिए।

• एल.एम.एस. को बहुभाषी समर्थन के लिए यूनीकोड मानक युक्त होना चाहिए तथा सूचीपत्र (इन्वेन्ट्री) प्रबंधन एवं स्वयं जारी करना/वापिस लौटाना सुविधा के लिए RFID युक्त होना चाहिए।

• विक्रेता/विकसित करने वाले ग्रुप द्वारा पुस्तकालय स्टाफ को समुचित प्रशिक्षण प्रदान किया जाना चाहिए ताकि उन्हें प्रणाली के कार्यों तथा परिचालन से परिचित कराया जा सके। उनके द्वारा वर्तमान प्रणाली के दस्तावेजों की पूर्ण हार्डकापी तथा मशीन से पठनीय ऑनलाइन वितरण योग्य प्रति भी प्रदान की जानी चाहिए। इसके साथ ही एल.एम. एस. द्वारा प्रयोक्ताओं तथा स्टाफ के लिए व्यापक ऑनलाइन सहायता की सुविधा को शामिल किया जाना चाहिए।

• एल.एम.एस. द्वारा सर्वर, नेटवर्क इन्फ्रास्ट्रक्चर, पीसी वर्क-स्टेशनों तथा परिधीय सेवाओं की दृष्टि से एकाधिक हार्डवेयर आर्चीटेक्चर की व्यवस्था की जानी चाहिए।

• एल.एम.एस. को नियमित अनुरक्षण तथा ऑन-कॉल सेवा, पत्रिका सॉफ्टवेयर अपग्रेड, नियंत्रित शोध एवं विकास, तीसरे पक्ष के सॉफ्टवेयर यथा–डाटाबेस पैकेज की भी व्यवस्था करनी चाहिए। उसके साथ ही उसे पुस्तकालय स्वचालन पैकेज, समस्या फिक्सिस पेचों का वितरण तथा प्रणाली में खराबी से जुड़ी आपातकालीन सेवाएँ एवं आपदा रिकवरी से जुड़ी सेवाएँ भी प्रदान करनी चाहिए।

• पैकेज में दुर्घटनाओं अथवा अनधिकृत व्यक्तियों द्वारा पहुँच स्थापित कर रिकॉर्ड में अनधिकृत परिवर्तन करने के मामलों पर प्रतिबंध लगाने की भी व्यवस्था होनी चाहिए।

• एल.एम.एस. को ग्राफिकल प्रयोक्ता इंटरफेस प्रदान करने चाहिए जिसमें कम से कम व्यापक ऑनलाइन सहायता, प्रयोक्ता स्वयं सेवा तथा फीचरों के वैयक्तिकरण की व्यवस्था हो। प्रणाली में पीसी आधारित विकल्प की भी व्यवस्था होनी चाहिए ताकि प्रणाली में खराबी की

स्थिति में, संप्रेषण की खराबी की स्थिति में तथा अनुरक्षण के लिए डाउन टाइम की आवश्यकता होने पर सर्कुलेशन जारी रह सके।

(2) कार्यात्मक (Functional) आवश्यकताएँ–ये न्यूनतम अनिवार्य लक्षण (फीचर) हैं जिनको किसी भी आधुनिक एल.एम.एस. की प्रत्येक कार्यात्मक इकाई अथवा मॉड्यूल द्वारा समर्थन दिया जाना है–

प्राधिकार नियंत्रण–एल.एम.एस. को निम्नलिखित लक्षणों को सम्मिलित करने में अवश्य ही सक्षम होना चाहिए–

- एक प्राधिकार फाइल में निजी, निगमित तथा विषयपरक नाम शीर्षक टाइटल यूनीफोम टाइटल तथा क्रमिक प्रविष्टियाँ, एक शीर्षक प्राधिकार फाइल में तथा विषय प्राधिकार फाइल में विषय शीर्षक के लिए एफ.ए.आर.सी. प्राधिकार का समर्थन होना चाहिए।
- प्राधिकार रिकॉर्ड से SEE, SEE ALSO संदर्भों तथा नेरो टर्म–ब्रोड टर्म–रिलेटिड टर्म संबंधित नेटवर्क तथा OPAC में इन संदर्भों को मेचिंग एक्सेस प्वाइंट्स के साथ लिंक करने का प्रावधान होना चाहिए।
- किसी भी ग्रंथपरक क्षेत्र को प्राधिकार नियंत्रित किए जाने की व्यवस्था होनी चाहिए जिसमें सर्च, पुनःप्राप्ति तथा डिस्प्ले प्रिंट तथा प्राधिकृत ऑपरेटरों द्वारा प्राधिकार रिकॉर्डों की ग्लोबल एडिटिंग करने का भी प्रावधान हो।
- बहुविध समांतर कोश के लिए अनिवार्य प्रावधान को शामिल किया गया हो जिसमें सभी उद्धरणों की सूची अतिक्रमणों की प्राधिकार फाइल सहित हो।

ग्रंथ सूचीपरक नियंत्रण–एल.एम.एस. के मास्टर ग्रंथपरक रिकॉर्ड में निम्नलिखित का समर्थन करने की व्यवस्था होनी चाहिए–

- एम.ए.आर.सी. 21 ग्रंथपरक तथा प्राधिकार रिकॉर्ड प्रपत्र
- एम.ए.आर.सी. रिकॉर्ड लोडर जो विभिन्न स्रोतों से तथा विभिन्न मीडिया यथा–टेप, डिस्क अथवा नेटवर्क से रिकॉर्डस का इनपुट स्वीकार कर सके।
- ग्लोबल एडिटिंग की सुविधा जो निर्धारित क्षेत्रों में डाटा को ढूँढ़ सके तथा उसे बदल सके।

• ग्रंथपरक सूचना के इनपुट के दौरान डाटा प्रपत्र का वैधीकरण।

• एम.ए.आर.सी. या प्रपत्र जो ANSIZ 39.44 क्रमिक होल्डिंग्स डिस्प्ले प्रपत्र के आधार पर होल्डिंग और डिस्प्ले कर सके।

• Z39.50 अनुकूलित सूची के माध्यम से ग्रंथपरक डाटा का आयात-निर्यात

• XML, RDF तथा मेटाडाटा स्कीमस (यथा–डबलिन कोर में मेटा डाटा) को सम्मिलित करके उनके माध्यम से अंतर-परिचालनीयता तथा क्रासवाक।

ऑनलाइन पब्लिक एक्सेस प्रसूची (OPAC)

• OPAC को अन्य मॉड्यूलों के साथ पूर्णतः एकीकृत होना चाहिए तथा वेब आधरित ग्राहकों के माध्यम से पहुँच (Access) के योग्य होना चाहिए।

• OPAC द्वारा लेखक, शीर्षक तथा सिरीज व ब्राउज की व्यवस्था होनी चाहिए तथा सभी चारों इन्डेक्सों को मिलाकर ब्राउज इन्डेक्स की व्यवस्था होनी चाहिए।

• इसके द्वारा फ्रेज सर्च सहित सभी प्रपत्रों की सर्च, नेस्टिड सर्च तथा ट्रन्केटिड सर्च की व्यवस्था संयुक्त, विशिष्ट तथा क्षेत्र स्तरीय सर्च की व्यवस्था की जानी चाहिए।

• इसमें बुलीन (Boolean) ऑपरेटरों (यथा–OR, XOR, NOT, 9 AND), पोजीशनल ऑपरेटरों (SAME WITH, NEAR, ADJ) तथा संबंधित ऑपरेटरों ('greater than', less than', 'equal to' आदि) का प्रयोग करते हुए क्षेत्रों के भीतर तथा उनके बाहर सर्च करने की व्यवस्था की जानी चाहिए।

• OPAC द्वारा रिकॉर्ड के पूर्ण, संक्षिप्त, मानक तथा कस्टमाइज्ड डिस्प्ले जिसमें सर्च परिणामों की तर्कसंगतता रेंकिंग भी शामिल हो, की भी व्यवस्था की जानी चाहिए।

• OPAC द्वारा बुलेटिन बोर्ड, सूचना डेस्क तथा गेटवे सेवाओं (बाहरी डाटाबेस तक पहुँच बनाने के लिए) का भी प्रावधान किया जाना चाहिए जिसमें संरक्षक (पेट्रन) स्वयं सेवा सेवाओं (यथा–होल्ड, नवीकरण आदि) के विकल्प को भी शामिल किया गया हो।

• OPAC द्वारा प्रयोक्ताओं की वरीयताओं तथा रुचियों को भी ट्रेक किया जाना चाहिए तथा उनकी 'पसंद सूची' के रूप में विकसित किया जाना चाहिए। उस पसंद सूची को प्रयोक्ताओं के निजी ऑनलाइन खाते में शामिल किया जाना चाहिए।

परिचालन (सर्कुलेशन) नियंत्रण–किसी भी आधुनिक एल.एम. एस. की परिचालन नियंत्रण गतिविधियों में निम्नलिखित का समावेश अवश्य होना चाहिए–

• स्कैनर द्वारा आदाता (borrower) तथा आइटम पहचान की प्रविष्टि

• प्रयोक्ता के पंजीकरण की टेम्प्लेट तथा संरक्षक डाटा का स्वचालित डिस्प्ले।

• किसी भी ऋण अवधि की घंटों, दिनों, सप्ताहों तथा महीनों में स्वचालित गणना।

• आइटम से संबंधित समय पूरा हो जाने पर प्रयोक्ताओं को नोटिस/अनुस्मारक तैयार करना तथा जारी किए गए आइटमों के संबंध में 'गेट पास' मुद्रित करना। जुर्माने तथा अन्य प्रभारों की स्वचालित गणना, प्राप्तियों की रसीद बनाना तथा भुगतानों का रिकॉर्ड करना।

• विभिन्न पूर्व परिभाषित रिपोर्टों को तथा प्रयोक्ता परिभाषित रिपोर्टों को तैयार करना तथा प्रयोग संबंधी आँकड़ों को तैयार करना, तथा

• पूर्णतः परिचालनीय अंतर-पुस्तकालय ऋण मॉड्यूल, संरक्षक द्वारा शुरू किए गए संव्यवहार तथा मशीनीकृत इन्वेन्ट्री नियंत्रण (बारकोड, आर.एफ.आई.डी., स्मार्ट कार्ड आदि)

अर्जन नियंत्रण

किसी भी आधुनिक एल.एम.एस. के पूर्णतः एकीकृत अर्जन मॉडयूल में निम्नलिखित का होना अपेक्षित है–

• सभी पारंपरिक अर्जन गतिविधियाँ यथा–ऑर्डर पूर्व सर्च, ऑर्डर करना, क्लेम करना, ऑर्डर को निरस्त करना, प्राप्ति का प्रसंस्करण, भुगतान, रूट करना, धनराशि का लेखा-जोखा, विक्रेता का लेखा-जेखा, मुद्रा का लेखा-जोखा, सांख्यिकी तथा रिपोर्टों का समेकन आदि। अर्जन, प्रसूचीकरण तथा परिचालन मॉडयूल के बीच का जोड़ निर्बाध होना चाहिए।

• विविध प्रकार की सामग्रियों को शामिल करना जिसके अंतर्गत कम से कम निम्नलिखित सामग्रियाँ अवश्य समाविष्ट हों–मोनोग्राफ, सीरीज, सीरियल्स, समाचार पत्र, संचयी क्रमसूचियाँ, खुली लीफ सामग्रियाँ, सहायक सामग्रियाँ, रिपोर्टें तथा संविधियाँ, संगीमय स्कोर, इलेक्ट्रॉनिक स्रोत इत्यादि।

• विविध सामग्रियों का प्रसंस्करण जिसमें कम से कम निम्नलिखित का समावेश अवश्य होना चाहिए–प्रिंट, माइक्रोफिल्म, माइक्रोफिश, फिल्में, वीडियो टेप, ऑडियो कैसेट, मैग्नेटिक टेप, सीडी रोम, डीवीडी रोम आदि।

• ग्रंथ परक सूचना को रिकॉर्ड करना, स्टोर करना तथा डिस्प्ले करना और अर्जन के प्रकार (ऑर्डर, गिफ्ट, स्वीकृति आदि), स्टेटस (ऑर्डर दिया, प्राप्त किया आदि) इन्वाइस तथा लेखांकन संबंधी सूचना, विक्रेता संबंधी सूचना, अनुरोध करने वाले की सूचना, विषय कोड आदि का रिकॉर्ड, स्टोर एवं डिस्प्ले करना।

• बजट आधारित फंड का लेखा-जोखा जिसमें श्रेणीकार फंड आंबटन किया गया हो।

• विक्रेता कार्यनिष्पादन सांख्यिकी तथा अन्य रिपोर्टों को तैयार करना।

• विभिन्न पूर्व परिभाषित रिपोर्टों (यथा–एम.आई.एस. गतिविधियाँ) विभिन्न अनुकूलित रिपोर्टों को तैयार करना।

सीरियलों का नियंत्रण

• मॉड्यूल में सभी प्रकार की बेसिक क्षमताएँ होनी चाहिए यथा–ऑर्डर करना, चेक इन, क्लेम करना, रूट करना, वाउचर करना, धन राशि का लेखांकन, यूनियन लिस्टिंग, बाउंड्री तैयारी तथा रिपोर्ट बनाना।

• इसमें सिरियल के रिकॉर्ड को शीर्षक, ISSN, प्रकाशक, विक्रेता, क्रय ऑर्डर, यूनीफॉर्म शीर्षक, एडीटर, कांफ्रेंस टाइटल, कीवर्ड आदि की दृष्टि से खोजने की क्षमता का प्रावधान होना चाहिए।

• सीरियल नियंत्रण मॉड्यूल में लेख को सूचीबद्ध करना, ऑनलाइन अर्जन, ई-जर्नल निर्देशिका सेवा तथा होल्डिंग सूचना को रिकॉर्ड करने का प्रावधान होना चाहिए।

• इसमें चेक-इन के दोनों प्रकारों – भविष्यसूचक (प्रेडिक्टिव) तथा गैर प्रेडिक्टिव को शामिल करने की तथा प्राप्त न होने वाले अंकों के स्वचालित क्लेम बनाने का प्रावधान होना चाहिए।

• मॉड्यूल में पत्रिकाओं के अंकों को रूट करने तथा विभिन्न सूचियों और रिपोर्टों को तैयार करने का प्रावधान होना चाहिए।

आउटरीच सेवाएँ

निम्नलिखित के स्वचालन की प्रक्रिया को पूरा करने के लिए एक आउटरीच सेवा मॉड्यूल का उपलब्ध होना आवश्यक है–

• ऐसे संरक्षकों को सामग्री को सुपुर्द करने की व्यवस्था करना जो भौतिक रूप से पुस्तकालय में नहीं आ सकते।

• संरक्षकों की रुचि के तथा उनके अध्ययन इतिहास के प्रोफाइल तैयार करना।

• आइटमों के सरल चयन, डिलीवरी तथा वापसी की शुरुआत करना।

• स्थानीय इतिहास का संग्रह करना और सामुदायिक सूचना सेवाओं का प्रदान करना।

डिजिटल मीडिया अभिलेख व्यवस्था (DMA)

DMA उप-प्रणाली का उद्देश्य है वेब ब्राउजर का प्रयोग करके ग्राहक की मशीनों से मल्टी मीडिया प्रपत्रों को सर्च करने, पुनः प्राप्त करने तथा देखने (व्यू करने) की सुविधा प्रदान करना। इसे निम्नलिखित कार्य करने में भी समर्थ होना चाहिए–

• पाठ (टेक्स्ट) की सामग्री को तथा आकृतियों को (पूरा पाठ तथा मेट डाटा आधारित) ASCII, HTML, SGML, PDF, TIFF, JPEG, GIF, BMP, PCX, DCX आदि प्रपत्रों, ऑडियो तथा वीडियो क्लिपों तथा स्ट्रीमिंग ऑडियो तथा वीडियो को ब्राउज तथा सर्च करना।

• इलेक्ट्रॉनिक एक्सेस क्षेत्रों (MARC/UNIMARC 856 फील्ड) के माध्यम से स्वयं को पुस्तकालय OPAC के साथ जोड़ना।

• किसी इलेक्ट्रॉनिक दस्तावेज प्रबंधन व्यवस्था से प्रकाशित दस्तावेजों को प्राप्त करना तथा उनको रजिस्टर करना।

• प्रयोक्ता के सिस्टम से एक अथवा अधिक फाइलें आयात करने में तथा उनको अभिलेखागार के अंदर मल्टी डाटा स्कीमा के साथ जोड़ने में प्रयोक्ता की सहायता करना।

• दस्तावेज जमा करने की दूरस्थ (रिमोट) प्रणाली की व्यवस्था करना।

प्रणाली प्रबंधन

प्रशासक अथवा सुपर यूजर द्वारा एल.एम.एस. के समग्र प्रबंधन का नियंत्रण किया जाना चाहिए। इसके लिए उन निम्नलिखित गतिविधियों के लिए एक अत्यंत सुरक्षित मॉड्यूल का प्रयोग करना चाहिए–

• वैकल्पिक यूजर के लिए एक्सेस कंट्रोल (प्रत्येक मॉड्यूल तथा प्रत्येक कार्य के लिए)

• डाटाबेस में अवधिकृत एक्सेस को रोकने के लिए सुरक्षा प्रणाली

• मॉड्यूल द्वारा एक मानक क्रियान्वयन योजना की सुविधा प्रदान की जानी चाहिए।

• मॉड्यूल द्वारा उस प्रत्येक संव्यवहार का लॉग (Log) रखा जाना चाहिए जो डाटाबेस में परिवर्तन लाता हो।

प्रश्न 6. भारत में पुस्तकालय प्रबंधन प्रणाली की पहलों पर चर्चा कीजिए।

अथवा

'ओपन सोर्स सॉफ्टवेयर' पर संक्षिप्त टिप्पणी लिखिए।
[दिसम्बर-2018, प्र.सं. 5.0 (a)]

अथवा

भारत की पुस्तकालय प्रबंधन प्रणालियों के लिए की गई पहलों की चर्चा कीजिए। [दिसम्बर-2017, प्र.सं. 3.1]

उत्तर– 19वीं शताब्दी के प्रारंभ होने तक पुस्तकालय शिक्षा प्रदान की कोई आवश्यकता नहीं समझी जाती थी क्योंकि तब यह माना जाता था कि पुस्तकालय की व्यवस्था एवं संचालन के लिए किसी विशेष रूप से शिक्षित अथवा प्रशिक्षित व्यक्ति की आवश्यकता नहीं है।

थॉमस जेफरसन, के संग्रह मोंतिसल्लों में हजारों पुस्तकें थी। उसने विषय पर आधारित वर्गीकरण प्रणाली का प्रयोग किया। जेफरसन संग्रह संयुक्त राज्य अमेरिका का पहला राष्ट्रीय संग्रह था जो अब कांग्रेस के पुस्तकालय के रूप में विश्व विख्यात है। पुस्तकालय विज्ञान पर मॉटिन

स्चेत्तिन्गोर की पहली पाठ्यपुस्तक 1880 में प्रकाशित हुई थी। इसके बाद जोहान्न जेआर्ग सेइजिन्गोर की दूसरी पुस्तक प्रकाशित हुई।

डॉ. मेलविल ड्यूई के प्रयासों से कोलंबिया कॉलेज में पुस्तकालय विज्ञान का पहला अमेरिकन स्कूल 1 जनवरी 1887 को आरंभ किया गया तथा इसे लाइब्रेरी इकोनोमी का नाम दिया गया जो कि 1942 तक अमेरिका में इसी नाम से प्रचलित रहा। इसके पाठ्यक्रमों में पुस्तकालय तकनीकों तथा पुस्तकालय सेवा के व्यावहारिक पक्षों पर अधिक जोर दिया गया था। इस प्रकार 19वीं शताब्दी के अंत तक अमेरिका में अनेक स्थानों पर पुस्तकालय विज्ञान की शिक्षा का कार्य प्रारंभ हो गया था। अमेरिका ही पहला देश है जहाँ पुस्तकालय विज्ञान की स्नातक तथा डॉक्टर की उपाधियों से संबंधित पाठ्यक्रम सर्वप्रथम प्रारंभ किए गए। अमेरिका के बाद इंग्लैंड दूसरा देश है जहाँ पुस्तकालय विज्ञान का पहला विद्यालय लंदन में 1929 में लंदन स्कूल ऑफ लैब्रेरिंशिप प्रारंभ किया गया।

अंग्रेजी में पुस्तकालय विज्ञान शब्द का प्रयोग 1916 में पंजाब विश्वविद्यालय लाहौर द्वारा प्रकाशित पुस्तक पंजाब लाइब्रेरी में किया गया। पंजाब विश्वविद्यालय लाहौर एशिया में पहला विश्वविद्यालय था जो कि पुस्तकालय विज्ञान की शिक्षा प्रदान कर रहा था। यह अंग्रेजी में प्रकाशित पहली पाठ्य पुस्तक थी। इसी प्रकार अमेरिका में 1929 में पहली पाठ्य पुस्तक Manual of Library Economy। इसके बाद शियाली रामामृत रंगनाथन की "The Five Laws of Library Science (1931)" प्रकाशित हुई जिससे पुस्तकालय विज्ञान का प्रचलन आरंभ हुआ।

रंगनाथन ने पुस्तकालय के कार्य एवं उद्देश्य भी स्पष्ट किए। रंगनाथन द्वारा 1939 में पुस्तकालय विज्ञान हेतु पाँच सूत्र प्रतिपादित किए। इसके अनुसार–

(1) पुस्तक उपयोग के लिए हैं।

(2) प्रत्येक पाठक को उसकी पुस्तक मिले।

(3) प्रत्येक पुस्तक को उसका पाठक मिले।

(4) पाठक का समय बचाएँ।

(5) पुस्तकालय वर्धनशील संस्था है।

वस्तुतः भारत में पुस्तकालय विज्ञान की शिक्षा को स्थापित करने का महत्त्वपूर्ण कार्य डॉक्टर रंगनाथन द्वारा ही किया गया। उन्हें भारतीय पुस्तकालय विज्ञान का जनक भी कहा जाता है।

विस्तृत तथा विशेष ज्ञान प्रदान करने में पुस्तकालयों की भूमिका को व्यापक रूप में स्वीकारा जाता है। आज के संदर्भ में पुस्तकालयों को दो विशिष्ट भूमिकाओं का निर्वहन करना है। पहली सूचना तथा ज्ञान के स्थानीय केंद्र के रूप में कार्य करने की और दूसरी राष्ट्रीय एवं विश्व ज्ञान के स्थानीय स्रोत के रूप में। इस संदर्भ में भारतीय संस्कृति विभाग ने एक केंद्रीय क्षेत्र योजना के रूप में एक राष्ट्रीय पुस्तकालय मिशन स्थापित करने का प्रस्ताव किया है। इसके अंतर्गत इंटरनेट की सुविधा युक्त कंप्यूटर वाले 7000 पुस्तकालय भारत में स्थापित करने का प्रस्ताव है।

पुस्तकालय विज्ञान शिक्षा के द्वारा पुस्तकालय से संबंधित तकनीकियों एवं सेवाओं के बारे में प्रशिक्षण दिया जाता है। जिससे पुस्तकालय का संगठन और संचालन कुशलतापूर्वक किया जा सके। पुस्तकालय एवं सूचना विज्ञान में स्नातक, परास्नातक तथा पी.एच.डी. पाठ्यक्रम भारत के लगभग 80 विश्वविद्यालयों में संचालित है। सुदूर अध्ययन पद्धति द्वारा भी यह सभी पाठ्यक्रम उपलब्ध है।

पुस्तकालय विज्ञान के स्नातक डिग्री पाठ्यक्रम के अंतर्गत पुस्तकालय एवं समाज, पुस्तकालय प्रबंध, पुस्तकालय वर्गीकरण सैद्धांतिक तथा प्रायोगिक, पुस्तकालय सूचीकरण सैद्धांतिक तथा प्रायोगिक, संदर्भ तथा सूचना सेवाएँ, सूचना प्रौद्योगिकी के मूलाधार विषय सम्मिलित हैं। पुस्तकालय विज्ञान के स्नातकोत्तर डिग्री पाठ्यक्रम में सूचना, संचार तथा समाज, सूचना स्रोत प्रणालियाँ तथा सेवाएँ, पुस्तकालय तथा सूचना केंद्रों का प्रबंधन, सूचना संचार प्रौद्योगिकी के मूल आधार, सूचना संचार प्रौद्योगिकी के अनुप्रयोग, पुस्तकालय सामग्री का अनुरक्षण, अनुसंधान प्रणाली, शैक्षिक पुस्तकालय प्रणाली, तकनीकी लेखन, सार्वजनिक पुस्तकालय प्रणाली तथा सेवाएँ मुख्य रूप से पढ़ाए जाते हैं।

(1) पुस्तकालय प्रबंधन प्रणाली (Library Management System) – ओपन सोर्स सॉफ्टवेयर KOHA

कोहा (KOHA) एक ओपन सोर्स इंटीग्रेटेड लाइब्रेरी सिस्टम (Open Source Integrated Library System) है जिसका इस्तेमाल विश्व के अधिकतर पब्लिक, स्कूल और स्पेशल लाइब्रेरी द्वारा किया जाता है। कोहा (KOHA) को वर्ष 1999 में न्यूजीलैंड के होरोवेंहुआ लाइब्रेरी ट्रस्ट (Horowhenua Library Trust) के लिए काटिपो कम्युनिकेशंस (Katipo Communications) द्वारा बनाया गया था और इसका पहला प्रयोग 03 जनवरी 2000 में हुआ। वर्ष 2001 में, पॉल पौलेन (Paul Poulain) ने कोहा में कई नई विशेषताओं को जोड़ना शुरू किया, जो कई भाषाओं के लिए सबसे महत्त्वपूर्ण समर्थन है। 2010 तक, कोहा का मूल अंग्रेजी से फ्रेंच, चीनी, अरबी और कई अन्य भाषाओं में अनुवाद किया गया है। 2002 में कोहा को MARC और Z39.50 के साथ जोड़ा गया। 2005 में एक ओहियो आधारित कंपनी, मेटावोर, इंक (Metavore, Inc) ने कोहा का समर्थन करने के लिए लिब्लाइम (LibLime) स्थापित किया गया था जिसमें कई नई सुविधाओं को जोड़ा गया, जिसमें क्रॉफोर्ड काउंटी फेडेरेटेड लाइब्रेरी सिस्टम (Crawford County Federated Library System) द्वारा प्रायोजित जेबरा (Zebra) के लिए समर्थन भी शामिल है। जेबरा समर्थन ने खोजों की गति में वृद्धि के साथ-साथ स्केलेबिलिटी (scalability) में सुधार करते हुए लाखों ग्रंथसूची (bibliographic) को जोड़ा।

कोहा (KOHA) की प्रमुख विशेषताएँ हैं–

(i) सामान्यः मुफ्त डाउनलोड करने के लिए, कोई लाइसेंस शुल्क, तेज, वेब केंद्रित, पूरी तरह से अनुकूलन, पर्यावरण के अनुकूल (कोई भी उन पुराने पीसी को रीसायकल कर सकता है), उपयोगकर्त्ताओं और डेवलपर्स को अंतर्राष्ट्रीय समुदाय की स्थापना करके पुस्तकालयों को इसे स्वयं करने की स्वतंत्रता देता है। सिस्टम बिल्डरों, सहकारिता और सहयोग की एक अंतर्राष्ट्रीय भावना पैदा करना, आसान कर्मचारी प्रशिक्षण, विंडोज और लिनक्स दोनों प्लेटफॉर्मों का समर्थन करता है, अपाचे जैसे वेब सर्वर के रूप में फ्रीवेयर साथियों का उपयोग करता है, MySQL बैकग्राउंड RDBMS और PERL स्क्रिप्टिंग भाषा के रूप में, WebAC और वेब इंटरफेस का समर्थन करता है कर्मचारियों के लिए,

शाखाएँ साधारण फोन लाइनों और मोडेम के माध्यम से मुख्य सर्वर तक पहुँच बनाती हैं, पीसी ग्रेड या सर्वर ग्रेड हार्डवेयर पर चल सकती हैं।

(ii) सर्कुलेशनः मुद्दे (किराए सहित), नवीकरण, रिटर्न और जुर्माना। कोहा (KOHA) बारकोड स्कैनर या कीबोर्ड का उपयोग करता है; एक फोन अनुस्मारक प्रणाली के लिए बकाया राशि की एक सूची उत्पन्न कर सकता है।

(iii) अधिग्रहणः कई पुस्तक बजट और आपूर्तिकर्त्ता, वास्तविक समय बजट की जानकारी

(iv) कैटलॉग तेजी से और धीमा अपडेट करता है, MARC 21 और UNIMARC के लिए समर्थन करता है।

(v) कीवर्ड, लेखक, शीर्षक, विषय, वर्ग संख्या या संयोजनों द्वारा खोज करना, व्यक्तिगत लाइब्रेरी की आवश्यकता के अनुरूप होना चाहिए।

(vi) सदस्यता – एक पृष्ठ पर सभी सदस्य जानाकरी के साथ एक स्टॉप-शॉप।

(vii) OPAC इंटरफेस से उपयोगकर्त्ता संचालित आरक्षण सुविधा (लाइब्रेरी में या इंटरनेट के माध्यम से)

(viii) पुस्तकालय में इंटरनेट और स्टॉक लाइब्रेरी के माध्यम से रोटेशन के माध्यम से OPAC।

(ix) ज्यादातर मामलों में, कोहा उपयोगकर्त्ता या तो स्वयं विकास का काम करते हैं या परियोजना में बदलावों में योगदान देते हैं या वे एक डेवलपर को बेहतर वृद्धि करने के लिए कमीशन देते हैं।

E-ग्रंथालय

इस LMS को राष्ट्रीय सूचना केंद्र (NIC), बैंगलोर केंद्र द्वारा छोटे और मध्यम आकार के पुस्तकालयों की आवश्यकताओं के अनुरूप विकसित किया गया है। यह एक आसानी से उपयोग किया जाने वाला सॉफ्टवेयर पैकेज है और सभी नियमित लाइब्रेरी संचालन का समर्थन करता है। LMS की सामान्य और विशेष लक्षण इस प्रकार हैं–

(i) पैकेज में प्रशासन, धारावाहिक नियंत्रण, अधिग्रहण, संचलन, ओ. पी.ए.सी., रिपोर्ट और सूचकांक के लिए कार्यात्मक मॉड्यूल शामिल हैं;

(ii) E-ग्रंथालय लाइब्रेरी उपयोग की अनुकूलित रिपोर्ट और आँकड़े तैयार करता है;

(iii) OPAC सरल और अग्रिम खोज विकल्पों की अनुमति देता है, वेब-सक्षम खोज का समर्थन करता है;

(iv) पैकेज में द्विभाषी क्षमताएँ हैं और इसे सी-डैक द्वारा विकसित आई.एस.एम. 2000 द्वारा समर्थित सभी भारतीय भाषाओं के अनुरूप होने के लिए अनुकूलित किया जा सकता है तथा लॉगिन आईडी और पासवर्ड के माध्यम से इसको नियंत्रित करने के विकल्प प्रदान करता है और उपयोगकर्त्ताओं और कर्मचारियों के लिए विशेषाधिकारियों का समर्थन करता है;

(v) यह दोनों स्टैंडअलोन और नेटवर्क ऑपरेशन मोड का समर्थन करता है। अनुशंसित सर्वर कॉन्फिगरेशन पेंटियम III प्रोसेसर, 128 एमबी रैम और 4.3 जीबी हार्ड डिस्क है;

NEWGENLIB

NewGenLib एक धर्मार्थ ट्रस्ट के बीच सहयोग का परिणाम है जिसे केसवन इंस्टीट्यूट ऑफ इंफॉर्मेशन एंड नॉलेज मैनेजमेंट (KIIKM), हैदराबाद और Verus Solutions Pvt लिमिटेड ने शुरू किया था। NEWGENLIB की विशेषताएँ निम्नलिखित हैं–

(i) यह पूरी तरह से वेब आधारित है और अंतर्राष्ट्रीय मानकों का पालन करता है तथा वेब सेवाओं का समर्थन करता है और असीमित संख्या में पुस्तकालयों, डेटाबेस और ऑपरेटिंग सिस्टम को स्वतंत्र करने की अनुमति देता है। यह स्केलेबिलिटी, विश्वसनीयता और दक्षता के लिए ओपन-सोर्स, एन-टियर और जावा आधारित तकनीकों का उपयोग करता है।

(ii) इसमें सात मॉड्यूल शामिल हैं–कैटलॉगिंग, सर्कुलेशन, एक्विजिशन, सीरियल्स मैनेजमेंट, ओपीसी, नेटवर्क कॉन्फिगरेशन, एडमिनिस्ट्रेशन एंड सेटअप और सिंगल यूजर (स्मॉल लाइब्रेरी वर्जन), मल्टी-यूजर, सिंगल लाइब्रेरी लैन/इंट्रानेट वर्जन, मल्टीएयर सिंगल लाइब्रेरी वेब वर्जन के रूप में उपलब्ध बहुउपयोगकर्त्ता, बहु-पुस्तकालय संघ संस्करण।

(iii) यह कार्यात्मकताओं का समर्थन करता है जैसे–OCLC और स्वतंत्र रूप से उपलब्ध वेब-आधारित संसाधनों से स्रोतों से MARC

डेटा का आयात, विशिष्ट आवश्यकताओं के अनुरूप सॉफ्टवेयर को कॉन्फिगर करने में सेटअप मापदंडों का व्यापक उपयोग। जुर्माना, बहु-उपयोगकर्त्ता और कई सुरक्षा स्तरों के प्रबंधन में, स्वचालित ईमेल सुविधा सभी मॉड्यूल में पुस्तकालय और उपयोगकर्त्ताओं, विक्रेताओं, मॉड्यूल-विशिष्ट क्वेरी के बीच कुशल संचार सुनिश्चित करना सॉफ्टवेयर के विभिन्न कार्यों में एकीकृत होती है।

(iv) यह नेटवर्क फंक्शंस, होस्ट और एक या अधिक सहयोगी पुस्तकालयों के बीच हार्डवेयर, सर्वर और एप्लिकेशन सॉफ्टवेयर साझा करने का समर्थन करता है। यह शाखाओं के पुस्तकालयों के उपयोगकर्त्ताओं को मदद करता है–(a) मेटाडेटा या रिकॉर्ड्स का पूरा पाठ डाउनलोड करने के लिए, जहाँ रिकॉर्ड उपलब्ध हैं, उनके डेस्कटॉप में, (b) होस्ट लाइब्रेरी से नए प्रकाशनों के अधिग्रहण में, (c) अपने परिसंचरण रिकॉर्ड तक पहुँचने के लिए, (d) नेटवर्क में सभी पुस्तकालयों में इलेक्ट्रॉनिक पत्रिकाओं तक पहुँच, (e) अंतिम उपयोगकर्त्ता और लाइब्रेरी स्टाफ दोनों के लिए सेवाओं में सुधार करने के लिए।

(2) पुस्तकालय प्रबंधन प्रणाली – मालिकाना सॉफ्टवेयर LIBSYS

LIBSYS एक पूरी तरह से एकीकृत बहु-उपयोगकर्त्ता पुस्तकालय प्रबंधन प्रणाली है जो ग्राहकों के मॉडल पर आधारित है और ओपन सिस्टम आर्किटेक्चर, वेब-आधारित एक्सेस और जी.यू.आई.का समर्थन करता है। इस स्वदेशी LMS को LibSys Corporation, नई दिल्ली द्वारा डिजाइन और विकसित किया गया है। LIBSYS के सात बुनियादी मॉड्यूल हैं–अधिग्रहण; सूचीबद्ध; सर्कुलेशन; धारावाहिकों; ओपेक; वेब-ओपीएसी और अनुच्छेद अनुक्रमण। LIBSYS 4.0, LS Premia, LS-Digital, LSmart और LSEase जैसे विभिन्न LIBSYS उत्पादों की प्रमुख विशेषताएँ इस प्रकार हैं–

(i) संचार और नेटवर्किंग के लिए क्लाइंट-सर्वर मॉडल और टीसीपी/आईपी पर आधारित;

(ii) इंटरनेट/इंट्रानेट के माध्यम से सर्वर को सुलभ बनाने के लिए ANSI Z 39.50 शिकायत वेब एक्सेस प्रदान करता है;

(iii) इंटरनेट/इंट्रानेट के माध्यम से ग्रंथ सूची डेटाबेस तक पहुँचने के लिए वेब ओपेक का समर्थन करता है;

(iv) मानक ग्रंथ सूची प्रारूप जैसे कि MARC 21, UNIMARC, CCF, आदि का समर्थन करता है।

(v) LIBSYS खोज इंजन के साथ छवियाँ और मल्टीमीडिया इंटरफेस शामिल हैं;

(vi) सदस्यता कार्ड उत्पादन और संचलन के लिए बारकोड प्रौद्योगिकी का समर्थन करता है;

(vii) एसडीआई, कैस, ठीक गणना, ई-मेल रिमाइंडर इत्यादि;

(viii) ऑपरेटिंग प्लेटफॉर्म (UNIX, Windows, NT, Novell NetWare) और बैकेंड RDBMS (SQL गंभीर, Oracle) चुनने में लचीलापन प्रदान करता है;

(ix) PerL/CGI पहुँच तंत्र के माध्यम से वेब-ओपीएसी का समर्थन करता है;

(x) विभिन्न प्रकार के संगठन के लिए उपयुक्त उत्पादों की एक श्रृंखला प्रदान करता है। LSEase छोटे और मध्यम आकार के संगठन के लिए एक किफायती समाधान है।

SLIM 21

SLIM (सिस्टम फॉर लाइब्रेरी इंफॉर्मेशन मैनेजमेंट) एक सॉफ्टवेयर सूट होता है जो अल्गोरथिम्स कंसल्टेंट्स प्राइवेट लिमिटेड से है। SLIM 21 एक मॉड्यूल-आधारित LMS है जो लाइब्रेरी प्रबंधन के लिए व्यापक कार्यक्षमता प्रदान करता है। SLIM 21 श्रृंखला का नवीनतम उत्पाद है जो SLIM, SLIM ++, SLIMEX और SLIMEX. सफल रहा। SLIM 21 कई ऑपरेटिंग सिस्टम और बैकएंड डेटाबेस का समर्थन करता है।

SLIM 21 की प्रासंगिक विशेषताएँ हैं–

(i) SLIM 21 एक मॉड्यूल-आधारित प्रणाली है। इसके बुनियादी मॉड्यूल अधिग्रहण, कैटलॉगिंग, परिसंचरण, धारावाहिक नियंत्रण, ओपीएसी और लेख अनुक्रमण हैं।

(ii) SLIM 21 का एंटरप्राइज मॉड्यूल उपयोग के आँकड़े, वर्तमान

जागरूकता सेवा (CAS पब्लिश), वेब अवगत OPAC (WAOPAC), नई पुस्तकों के लिए वेब प्रस्ताव, इंटरलाउंस लोन (ILL) और सूचना के चयनात्मक प्रसार का समर्थन करता है।

(iii) यह स्क्रीन/प्रिंटर/RTF पर या ऑटो ई-मेलिंग सुविधा के साथ पाठ/पीडीएफ/HTML फाइलों के रूप में अनुकूलित रिपोर्ट तैयार करता है।

(iv) यह यूनिकोड आधारित LMS जो भारतीय लिपियों के लिए मल्टी-स्क्रिप्ट अनुक्रमण का समर्थन करता है।

(v) यह औपनिवेशिक वर्गीकरण के अनुसार दस्तावेजों के लिए ठंडे बस्ते में डालने के आदेश, उपयोगकर्त्ता की प्रामाणिकता के लिए स्मार्ट कार्ड/आर.एफ.आई.डी. आधारित परिसंचरण और टच चिप (बायोमेट्रिक) इंटरफेस का समर्थन करता है।

(vi) यह वस्तुओं के आसामन स्थान के लिए पुस्तकालय का नक्शा बनाता है।

(vii) यह उपयोगकर्त्ता के अनुकूल ऑनलाइन सहायता और संदर्भ मैनुअल प्रदान करता है।

SOUL

SOUL की कहानी (यूनिवर्सिटी लाइब्रेरी के लिए सॉफ्टवेयर) DESIDOC के सहयोग से INFLIBNET द्वारा ILMS (इंटीग्रेटेड लाइब्रेरी मैनेजमेंट सॉफ्टवेयर) के विकास के साथ शुरू हुई। SOUL की विशेषताएँ हैं–

(i) सस्ती कीमत पर व्यापक मदद संदेशों के साथ विंडो आधारित उपयोगकर्त्ता के अनुकूल प्रणाली;

(ii) यह क्लाइंड-सर्वर आर्किटेक्चर आधारित प्रणाली उपयोगकर्त्ताओं को स्केलेबिलिटी की अनुमति देती है;

(iii) यह डेटा को व्यवस्थित करने के लिए RDBMS का उपयोग करता है;

(iv) एक साथ उपयोग के लिए कोई सीमा के साथ बहु-उपयोगकर्त्ता सॉफ्टवेयर;

(v) वेब एक्सेस सुविधा के साथ उपयोगकर्त्ता के अनुकूल OPAC;

(vi) यह निर्यात आयात सुविधा के लिए CCF और AACR II और ISO-2709 जैसे ग्रंथ सूची मानकों का समर्थन करता है;

(vii) यह क्षेत्रीय भाषाओं में रिकॉर्ड बनाने, देखने, प्रिंट करने की सुविधा प्रदान करता है;

(viii) यह LAN और WAN वातावरण का समर्थन करता है;

(ix) यह दो संस्करणों में उपलब्ध है–विश्वविद्यालय पुस्तकालय संस्करण और कॉलेज पुस्तकालय संस्करण।

जी.पी.एच. की पुस्तकों का मुख्य उद्देश्य ज्ञान के साथ-साथ अच्छे नम्बर दिलाना है।

प्रश्न 7. भारत में पुस्तकालय प्रबंधन की प्रमुख प्रणालियों पर चर्चा कीजिए।

उत्तर– पुस्तकालय प्रबंधन प्रणालियाँ दोनों ही रूप में उपलब्ध हैं–स्वामित्व वाले सॉफ्टवेयर तथा खुला स्रोत सॉफ्टवेयर। स्वामित्व वाले सॉफ्टवेयर एक लाइसेंस अनुबंध के अंतर्गत प्राधिकृत प्रयोक्ताओं को निजी संशोधन, कॉपी करने तथा पुनः प्रकाशित करने के प्रतिबंधों सहित वितरित किए जाते हैं। खुला स्रोत सॉफ्टवेयर स्वामित्व वाले सॉफ्टवेयर से कई महत्त्वपूर्ण तरीकों से भिन्न होता है। सबसे पहले तो यह सॉफ्टवेयर निःशुल्क प्राप्त होता है। दूसरे खुले स्रोत सॉफ्टवेयर प्रोजेक्ट्स में सुविधाओं के भिन्न विकल्प होते हैं। तीसरे स्रोत कोड उपलब्ध रहता है अतः इसे संशोधित किया जा सकता है तथा यह गहन छानबीन के अधीन होता है। चौथी बात यह कि खुले स्रोत प्रोजेक्ट्स विभिन्न बिजनेस मॉडलों पर निर्भर होते है।

भारतीय तथा विदेशी मूल के पुस्तकालय प्रबंधन पैकेजों की एक विस्तृत सूची तालिका 4.2 में दी जा रही है। इसके अंतर्गत प्रमुख खुले स्रोतों के अंतर्गत KOHA, NEWGENLIB तथा E-Granthalalya तथा स्वामित्व वाले पुस्तकालय प्रबंधन स्रोतों के अंतर्गत LIBSYS, SOUL तथा SLIM21 पर विचार किया गया है–

तालिका 4.2: स्वामित्व वाली तथा खुले स्रोत वाली पुस्तकालय प्रबंधन प्रणालियाँ

LMS के प्रकार	बड़ी प्रणाली	मध्यम प्रणाली	छोटी प्रणाली
स्वामित्व वाली	Alice for Windows BASIS plus & TECHLIBplus LIBSUITE **LIBSYS** MECSYS NEWGENLIB NEXSLIB **SLIM 21** **SOUL** SUCHIKA TULIPS ULISYS VIRTUA WILISYS	AUTOLIB DLMS Krveger Library LIBRA LIBRARIAN LISTPLUS Manager NETLIB NIRMALS SLIM++	ARCHIVES CATMAN GOLDEN LIBRA LIBMAN LIBRARY- LIBRIS LIBSOFT LOAN SOFT MANAGER SALIM
खुले स्रोत वाली	**KOHA** **NEWGENLIB** PMB	E- **GRANTHALYA** EVERGREEEN OPALS OPENBIBLIO PHPMYBIBLI PHPMYLIBRARY	Not Available

प्रश्न 8. पुस्तकालय स्वचालित सॉफ्टवेयर के विषय में आप क्या जानते हैं? व्याख्या कीजिए।

उत्तर– सॉफ्टवेयर को मानव–ज्ञान के डिजिटल वर्जन के रूप में देखा जा सकता है। वर्तमान पुस्तकालय स्वचालित सॉफ्टवेयर को "पुस्तकालय प्रबंधन सॉफ्टवेयर (एल.एम.एस.)" के नाम से भी जाना जाता है। ये संबंधित मॉड्यूल के सेट की एकीकृत प्रणालियाँ हैं जो विभिन्न परिचालनात्मक उप–प्रणालियों के प्रबंधन के लिए उत्तरदायी हैं। एल.एम.एस. पुस्तकालय पेशेवरों द्वारा अर्जित ज्ञान एवं अनुभवों पर आधारित है। इसका नित्य–प्रति संक्रियाएँ, सूचना की पुनःप्राप्ति और एम.आई.एस. (प्रबंधन सूचना प्रणाली) के कार्यों को करने के लिए एक उपकरण के रूप में प्रयोग किया जाता है।

अधिकांश एल.एम.एस., पुस्तकालय स्वचालन के प्रक्रियात्मक प्रतिरूप पर आधारित हैं और नित्य–प्रति संक्रियाओं से संबंधित कार्य करने के

लिए मॉड्यूलर उपागम को अपनाते हैं। आमतौर पर, प्रत्येक परिचालनात्मक उप-प्रणाली हेतु संपूर्ण पैकेज को मॉड्यूल में बाँटा गया है। उदाहरण के लिए, सोल (SOUL) पैकेज पुस्तकालय स्वचालन सॉफ्टवेयर (INFLIBNET, अहमदाबाद द्वारा विकसित) में छह मॉड्यूलों को शामिल किया गया है जिनमें से चार परिचालनात्मक उप-प्रणाली से संबंधित हैं। अन्य दो मॉड्यूल–administration एवं OPAC क्रमशः विभिन्न प्रशासनिक मापदंडों, खोज करने और पुस्तकालय संसाधनों की पुनःप्राप्ति के कार्यों के लिए हैं। दूसरा उदाहरण, कोहा (KOHA) से दिया जा सकता है जो मुक्त स्रोत पुस्तकालय प्रबंधन सॉफ्टवेयर है और जिसे Horowhenua Library Trust (Katipo team), न्यूजीलैंड द्वारा विकसित किया गया है और विश्व के सभी पुस्तकालयों में यह कार्यरत है। इसमें अधिग्रहण एवं प्रसूचीकरण के लिए एक सामान्य मॉड्यूल शामिल है और अन्य पाँच मॉड्यूल Circulation, OPAC, administration, आदि से संबंधित हैं।

प्रत्येक मुख्य कार्यात्मक उप-प्रणाली के अंतर्गत आई.एल.एस. द्वारा किए गए वैयक्तिक कार्यों को निम्नलिखित रूप से निर्दिष्ट किया जा सकता है–

- **आदेशन और अर्जन–**इसमें आदेशन, दावा करना, विक्रेता डाटाबेस प्रबंधन, बजट एवं कोष संबंधी लेखा-जोखा, मुद्रा-परिवर्तन, सुझाव (उपयोगकर्त्ताओं से प्राप्त) प्रबंधन, पूछताछ (आदेश स्थिति, प्राप्ति स्थिति), बिल तैयार करना, भुगतान, प्रतिवेदन और सांख्यिकी आदि शामिल हैं।
- **प्रसूचीकरण–**इसमें मानक प्रारूप, प्राधिकरण नियंत्रण (मार्क 21 प्राधिकरण प्रारूप), लिंक्ड ओपन डाटा (LOD) के साथ एकीकरण, यूनीकोड-अनुकूल बहुभाषी डाटा प्रक्रिया, सर्च ऑपरेटर के साथ पुनःप्राप्ति, बहुभाषी खोज के लिए आभासी की-बोर्ड, साझा प्रसूचीकरण, Z 39.50 आधारित प्रतिलिपि प्रसूचीकरण और उपयोगकर्त्ता सेवाएँ (अंतःक्रियात्मक और सहभागी) आदि शामिल हैं।
- **एक्सेस सेवाएँ**-इसमें ऑनलाइन एक्सेस, OPAC, वेब एक्सेस और दूरस्थ एक्सेस और प्रवेश सेवाएँ शामिल हैं।

- **परिचालन नियंत्रण**–इसमें उपयोगकर्त्ता के विशेषाधिकार का निर्धारण, परिचालन नियम, विवरणी और नवीनीकरण, आरक्षण (उपयोगकर्त्ता प्रेरित), उपयोगकर्त्ता प्रबंधन, अनुस्मरण एवं स्मरण करवाना, पूछताछ (मद के संबंध में, उधारकर्त्ता आरक्षण के संबंध में), अनुस्मरण और नोटिस तथा प्रतिवेदन और सांख्यिकीय एवं स्वयं सेवा पद्धति आदि शामिल हैं।
- **क्रमिक प्रकाशन**–इसमें आदेशन और सदस्यता का नवीनीकरण, कार्डेक्स प्रबंधन, प्राप्ति और दावा करना, जिल्दसाजी नियंत्रण, धन-संबंधी लेखा, क्रमिक प्रकाशनों का प्रसूचीकरण, पूछताछ, प्रतिवेदन और सांख्यिकीय आदि शामिल हैं।
- **एम.आई.एस.**–इसमें प्रतिवेदन और सांख्यिकीय, सांख्यिकीय का विश्लेषण एवं सांख्यिकीय का इस्तेमाल (काउंटर सहित अनुरूप) आदि शामिल हैं।
- **अंतःपुस्तकालय ऋण (आई.एल.एल.)**–इसमें आई.एल.एल. प्रोटोकॉल और आई.एल.एल. प्रबंधन शामिल हैं।
- **सीमा से बाहर सेवाएँ (आउट-रीच सर्विसिज)**–इसमें समुदाय सूचना सेवाएँ, सोशल नेटवर्किंग सपोर्ट, पुस्तकालय ब्लॉग और उपयोगकर्त्ताओं की ऑनलाइन मदद करना आदि शामिल हैं।
- **डिजिटल मीडिया अभिलेख**–इसमें पूर्ण विषय खोज और मीडिया प्रारूप के लिए समर्थन शामिल है।
- **प्रणाली प्रबंधन**–इसमें विशेषाधिकार नियंत्रण, शाखा प्रबंधन, बैकअप, सिस्टम कॉन्फिगरेशन करना शामिल है।

Feedback is the breakfast of Champions.

Ken Blanchard

Be the first one to report any mistake in Gullybaba Books.

You can Help other students.
"Inform any error or mistake in this book."

We and Universe
will reward you for Your Kind act.

Email at : feedback@gullybaba.com
or
WhatsApp on 9350849407

इंटरनेट के मूलतत्त्व (Internet Basics)

भूमिका

इंटरनेट नेटवर्कों का नेटवर्क है जिसके अंतर्गत हजारों कंप्यूटर व्यापक रूप से विश्व के प्रत्येक क्षेत्र में स्थित कंप्यूटरों से जुड़े हुए हैं। ये एक सामान्य संप्रेषण प्रोटोकॉल का प्रयोग करते हैं जो कि निश्चित मानक पर आधारित होते हैं। इंटरनेट के माध्यम से सभी प्रकार की सूचनाओं का आदान-प्रदान किया जाता है। यह सूचनाएँ किसी वेब पेज के रूप में इंटरनेट से जुड़े किसी भी कंप्यूटर से संग्रहित हो सकती हैं तथा इनका अवलोकन किसी भी कंप्यूटर पर किया जा सकता है। इसलिए इसे इनफोरमेशन सुपर हाइवे भी कहा जाता है। इंटरनेट की सीमाएँ नहीं हैं तथा इसका कोई नियंत्रक भी नहीं है। आवश्यक हार्डवेयर, सॉफ्टवेयर तथा उपयुक्त संयोजन के द्वारा इंटरनेट से कभी भी कहीं से जोड़ा जा सकता है। इंटरनेट का प्रयोग प्राथमिक विद्यालय का छात्र, अशिक्षित कृषक तथा साधारण व्यक्ति भी कुछ आवश्यक आधारभूत तकनीकों को जानकर भली-भाँति कर सकता है।

प्रश्न 1. नेटवर्क क्या है? इसके विभिन्न लाभ व प्रकारों का वर्णन कीजिए।

अथवा

नेटवर्क से आप क्या समझते हैं? इसके विभिन्न प्रकारों पर प्रकाश डालिए।

उत्तर– नेटवर्क कम्प्यूटर और उपकरणों का ऐसा समूह है जो एक संचार माध्यम से जुड़े रहते हैं। इसके जरिए यूजर डाटा, जानकारी, हार्डवेयर और सॉफ्टवेयर को दूसरे यूजर्स के साथ शेयर कर सकता है। निजी व संस्थानिक कम्प्यूटरों को कई वजहों से एक नेटवर्क में जोड़ा जाता है। इसमें डाटा, जानकारी, हार्डवेयर और सॉफ्टवेयर को शेयर करने की और कम्युनिकेशन स्थापित करने की क्षमता होती है।

नेटवर्क के लाभ निम्नलिखित हैं–

- **हार्डवेयर शेयर करने के लिए–**एक नेटवर्क में शामिल प्रत्येक कम्प्यूटर हार्डवेयर को एक्सेस करके उसका इस्तेमाल कर सकते हैं। उदाहरण के लिए मान लीजिए कि एक नेटवर्क में कई सारे कम्प्यूटर शामिल हैं और हर कम्प्यूटर को लेजर प्रिंटर की जरूरत होती है। ऐसे में नेटवर्क से जुड़े एक ही लेजर प्रिंटर का हर कम्प्यूटर इस्तेमाल कर सकता है।
- **डाटा और जानकारी को शेयर करने के लिए–**एक नेटवर्क में शामिल किसी भी कम्प्यूटर पर कार्य करते समय कोई भी वैध यूजर किसी भी दूसरे कम्प्यूटर में संग्रहित डाटा और सूचनाओं तक पहुँचकर उनका इस्तेमाल कर सकता है। उदाहरण के लिए कम्प्यूटर इंफॉर्मेशन का डाटाबेस सर्वर की हार्ड डिस्क में सेव हो सकता है। नेटवर्क में शामिल कोई भी वैध यूजर यहाँ तक कि हैंडहेल्ड कम्प्यूटर का इस्तेमाल करने वाला मोबाइल यूजर भी इस डाटाबेस तक पहुँच सकता है और उसका इस्तेमाल कर सकता है। स्टोरेज डाटा और इंफॉर्मेशन तक पहुँचकर उनका इस्तेमाल करने की सुविधा कई नेटवर्कों का बहुत ही महत्त्वपूर्ण फीचर होता है।

- **सॉफ्टवेयर शेयर करने के लिए**–सॉफ्टवेयर शेयरिंग में बहुत ज्यादा इस्तेमाल होने वाले सॉफ्टवेयर सर्वर की हार्ड डिस्क में स्टोर रहते हैं ताकि नेटवर्क में शामिल एक साथ कई यूजर इन तक पहुँचकर इनका इस्तेमाल कर सकें। जब आप किसी सॉफ्टवेयर पैकेज का नेटवर्क वर्जन खरीदते हैं, सॉफ्टवेयर वेंडर आपको एक लीगल एग्रीमेंट इश्यू करता है जिसे साइट लाइसेंस कहते हैं। यह कई यूजरों को एक साथ सॉफ्टवेयर पेकैज का इस्तेमाल करने की इजाजत देता है। साइट लाइसेंस की फीस आमतौर पर नेटवर्क में शामिल कम्प्यूटरों या यूजरों की संख्या के आधार पर तय होती है। प्रत्येक कम्प्यूटर के लिए अलग से सॉफ्टवेयर खरीदने की तुलना में नेटवर्क के जरिए शेयरिंग का खर्च लगभग न के बराबर आता है।
- **फैसिलिटेटेड कम्युनिकेशन**–नेटवर्क का इस्तेमाल कर लोग प्रभावशाली और आसान ढंग से ई-मेल, इंस्टेंट मैसेज, चैट रूम्स, टेलीफोनी और वीडियोकॉन्फ्रेंसिंग के जरिए कम्युनिकेट कर सकते हैं। ई-मेल मैसेज आमतौर पर तुरंत डिलीवर होते हैं। कभी-कभी यह कम्युनिकेशन एक बिजनेस नेटवर्क में भी काम आता है।

नेटवर्क के साइज की एक पूरी रेंज होती हैं। एक छोटा नेटवर्क दो कम्प्यूटरों को आपस में जोड़ता है तो ग्लोबल नेटवर्क जैसे इंटरनेट में दुनिया के लाखों कम्प्यूटर आपस में जुड़े होते हैं। नेटवर्क सभी तरह के कम्प्यूटरों को आपस में जोड़ता है चाहे वो हैंडहेल्ड कम्प्यूटर हों या सुपर कंप्यूटर।

नेटवर्क के प्रकार निम्नलिखित हैं–

मुख्य रूप से नेटवर्क तीन प्रकार के होते हैं। LAN, MAN, WAN। ये निजी, बिजनेस हाउस और संस्थाओं द्वारा इस्तेमाल होते हैं। चूँकि हर बिजनेस और संस्था की अपनी जरूरत होती है इसलिए हर नेटवर्क अपने आप में यूनीक होता है।

नेटवर्क का साइज इस बात पर निर्भर करता है कि बिजनेस हाउस अथवा संस्था किस तरह के नेटवर्क इस्तेमाल करना चाहती है। अलग-अलग साइज के नेटवर्क डाटा को अलग-अलग तरह से ट्रांसमिट करते हैं।

उदाहरण के लिए एक हजार यूजरों वाली संस्था का नेटवर्क अलग तरह से व्यवस्थित रहता है और उसे घटकों की विविधता की जरूरत होती है जो कि उस नेटवर्क में नहीं होती जिसमें कि केवल पाँच यूजर हों।

- **लोकल एरिया नेटवर्क (LAN)**—एक इमारत अथवा इमारतों के समूह में ऐसा कम्प्यूटर नेटवर्क जिसमें दो या अधिक कम्प्यूटर भौतिक रूप से एक दूसरे से जुड़े रहते हैं, लोकल एरिया नेटवर्क कहलाता है। जुड़े हुए कम्प्यूटर वर्कस्टेशन कहलाते हैं। इसमें कम्प्यूटर एक दूसरे से इसलिए जुड़े रहते हैं ताकि महँगे उपकरणों जैसे लेजर प्रिंटर का संयुक्त रूप से इस्तेमाल कर सकें, सर्वर में मौजूद डाटाबेस और एप्लीकेशन सभी वर्कस्टेशनों के लिए उपलब्ध हो सकें।

  लोकल एरिया नेटवर्कों के पास अपनी कैरेक्टरिस्टिक टोपोलॉजी जैसे बस, रिंग या स्टार होती है और वे एक साथ अधिक नेटवर्किंग प्रोटोकॉल जैसे एप्पल, टॉक, इथरनेट अथवा TCP/IP लागू करते हैं।

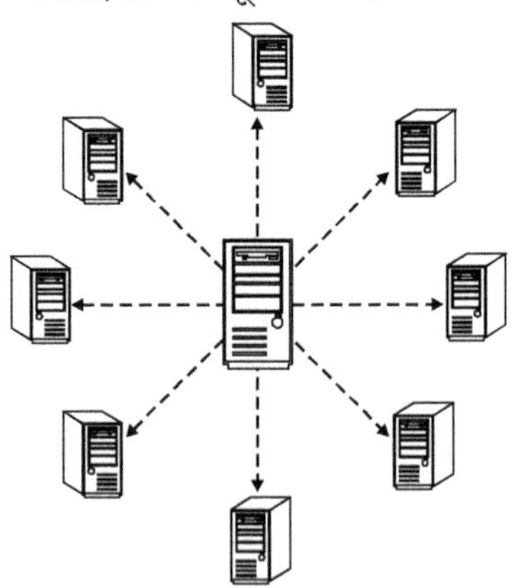

चित्र 5.1: लोकल एरिया नेटवर्क

- **मेट्रोपॉलिटन एरिया नेटवर्क (MAN)**—यह एक हाईस्पीड नेटवर्क है जो 200 Mbps (मेगाबिट प्रति सेकेंड) तक में आवाज, डाटा और इमेज को तेजी से 75 कि.मी. की दूरी

तक इमारतों के कुछ ब्लॉकों अथवा पूरे शहर में ले जा सकता है। ट्रांसमिशन की स्पीड नेटवर्क के आर्किटेक्चर पर आधारित होती है और यह कम दूरी के लिए ज्यादा हो सकती है। मैन जिसमें एक या अधिक लैन यहाँ तक कि टेलीकम्युनिकेशन उपकरण जैसे माइक्रोवेव और सेटेलाइट रिले स्टेशन शामिल रहते हैं, वाइड एरिया नेटवर्क की तुलना में छोटा होता है लेकिन इसकी स्पीड आमतौर पर अधिक होती है।

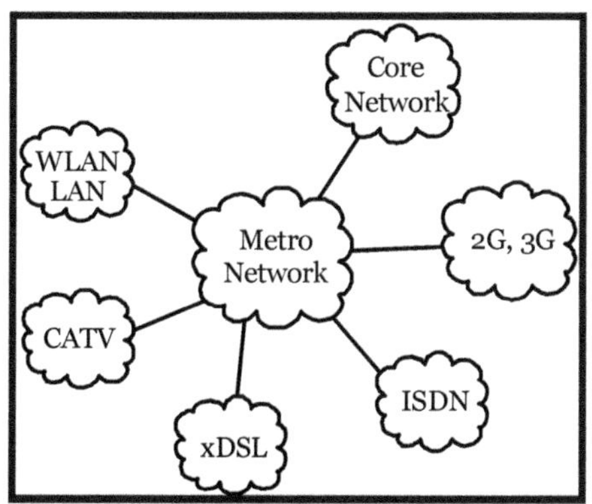

चित्र 5.2: मेट्रोपॉलिटन एरिया नेटवर्क

- **वाइड एरिया नेटवर्क (WAN)**–वैन एक कम्प्यूटर नेटवर्क है जो अपनी लंबी दूरी तक कम्युनिकेशन करने की क्षमता के कारण लोकल एरिया नेटवर्क से काफी अलग होता है। इस नेटवर्क में पूरा देश और बड़ी बहुराष्ट्रीय कंपनी की सभी साइटें कवर हो सकती हैं। वैन का इस्तेमाल लोकल एरिया नेटवर्क और अन्य नेटवर्कों को एक दूसरे से जोड़ने के लिए होता है ताकि एक जगह पर बैठा कोई यूजर अपने कम्प्यूटर के जरिए दूर कहीं बैठे किसी दूसरे यूजर से कम्युनिकेट कर सके। ज्यादातर वैन किसी संस्था विशेष द्वारा बनाए जाते हैं और निजी होते हैं। अन्य इंटरनेट सर्विस प्रोवाइडर द्वारा बनाए जाते हैं और किसी संस्था के लैन को कनेक्शन देकर उसे इंटरनेट से जोड़ते हैं। कम्युनिकेशन आमतौर पर एक या अधिक राष्ट्रीय अथवा अंतर्राष्ट्रीय सरकारी इकाइयों द्वारा उपलब्ध कराए जाते हैं।

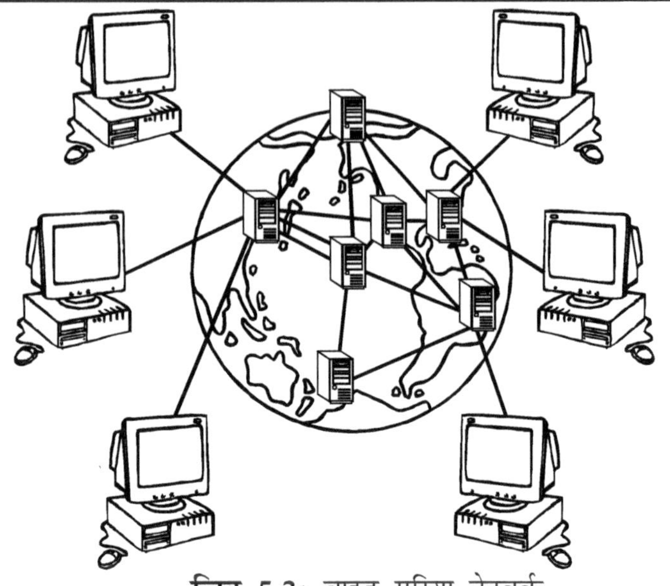

चित्र 5.3: वाइड एरिया नेटवर्क

प्रश्न 2. इंटरनेट क्या है? इसके ऐतिहासिक परिदृश्य पर प्रकाश डालिए।

उत्तर– सामान्य शब्दों में इंटरनेट बहुत सारे नेटवर्कों का एक विश्वव्यापी नेटवर्क है। यह सूचना संप्रेषण का एक सुपर हाइवे है जिसमें सूचना को एक स्थान से दूसरे स्थान तक शीघ्रातिशीघ्र भेजा तथा प्राप्त किया जाता है। यह नेटवर्कों का एक ऐसा जाल/प्रणाली है जिसमें भौगोलिक रूप से दूर-दूर स्थित असंख्य कंप्यूटरों को आपस में जोड़कर उनके संसाधनों की सहभागिता की जाती है। ये जुड़े हुए कंप्यूटर में सूचना को पैकेटों के रूप में इंटरनेट के माध्यम से भेजा तथा प्राप्त किया जाता है। आवश्यक हार्डवेयर, सॉफ्टवेयर तथा उपयुक्त संयोजन के द्वारा इंटरनेट से कभी भी कहीं से जुड़ा जा सकता है।

इंटरनेट के द्वारा सूचनाओं के साथ-साथ अनेक प्रकार के कंप्यूटर सॉफ्टवेयर निःशुल्क प्राप्त किए जा सकते हैं। इंटरनेट पर उपलब्ध पत्र-पत्रिकाओं तथा पुस्तकों को पढ़ा जा सकता है। विचार-गोष्ठियों, कार्यशालाओं आदि अन्य व्यक्तियों द्वारा दिए गए संदेशों या पत्रों को पढ़ा जा सकता है। पुस्तकालय प्रसूचियों, वाङ्मय सूचियों तथा निर्देशिकाओं

में संग्रहित विवरण पढ़ जा सकते हैं। डिजिटल पुस्तकालय तथा इलेक्ट्रॉनिक पत्र-पत्रिकाएँ व पुस्तकें इंटरनेट के अंतर्गत सरलता से उपयोग में लाई जा सकती हैं। इंटरनेट पर उपलब्ध सूचनाओं के बारे में अपने विचार संप्रेषित किए जा सकते हैं।

सूचना पुनर्प्राप्ति के लिए प्रयुक्त अनेक प्रकार की उपकरणों की सहायता से इंटरनेट पर उपलब्ध संपूर्ण संसाधनों का प्रभावशाली ढंग से प्रत्येक क्षेत्र की आवश्यकतानुसार उपयोग किया जा सकता है। जैसे जनसाधारण के उपयोग के लिए अनेक प्रकार की सरकारी सूचनाएँ, विद्यार्थियों के परीक्षा परिणाम एवं प्रवेश संबंधित सूचनाएँ, अनुसंधान, उच्च शिक्षा तथा रोजगार से जुड़े हुए विषय, गीत, संगीत, सिनेमा, पर्यटन, खेलकूद, आर्थिक जगत कंपनी, कारोबार, ज्योतिष-धर्म विवाह कला, वास्तुशास्त्र, संग्रहालय, पुस्तकालय आदि से संबंधित सूचनाएँ। इंटरनेट का प्रयोग प्राथमिक विद्यालय का छात्र, अशिक्षित कृषक तथा साधारण व्यक्ति भी कुछ आवश्यक आधारभूत तकनीकों को जानकार भली-भाँति कर सकता है। स्मार्ट फोन ने तो इंटरनेट उपयोग को अत्यधिक आसान बना दिया है एवं उपयोक्ताओं की संख्या में व्यापक विस्तार कर दिया है। यह कहा जा सकता है कि वर्तमान में इंटरनेट की दुनिया एक चमत्कारी दुनिया है, जिसने समस्त भौगोलिक सीमाएँ लाँघ दी हैं, किंतु यह अपने आप में संपूर्ण नहीं है क्योंकि भविष्य में अनेक प्रकार की सूचनाएँ इसमें संग्रहित होती रहेंगी तथा यह जानना अत्यंत आवश्यक है कि उपलब्ध सूचनाएँ किस स्तर की हैं तथा उनमें कितनी सत्यता है।

ऐतिहासिक परिदृश्य—सन् 1960 के दशक में अमेरिका तथा सोवियत संघ के बीच शीत युद्ध के कारण अमेरिकी प्रशासन ने सोवियत संघ द्वारा किसी भी नाभिकीय हथियार के आक्रमण की परिस्थिति में अपने संसाधनों को बचाने के लिए सोचा कि क्यों न इन संसाधनों को विकेंद्रीकृत कर दिया जाए जिससे कि किसी भी अप्रत्याशित घटना के घटित होने पर उन्हें समग्र रूप से नष्ट होने से बचाया जा सके। इस प्रकार अमेरिका ने विकेंद्रीकृत रूप से नेटवर्क बनाने की दिशा में प्रयास प्रारंभ किए जिसमें कि संपूर्ण नेटवर्क पर किसी का संप्रभुत्व न हो सके। इस प्रकार के नेटवर्क का सिद्धांत था—

- नेटवर्क से संबद्ध सभी कंप्यूटरों का स्तर एक समान हो।
- सभी कंप्यूटरों संदेशों को पैकेटों के रूप में प्राप्त कर सकें तथा उन्हें प्रसारित कर सकें।

इस प्रकार अमेरिकी प्रशासन के अंतर्गत विभिन्न रक्षा प्रतिष्ठानों ने अपने-अपने कंप्यूटर नेटवर्कों की स्थापना की जो देश भर में विस्तृत रूप से फैले हुए थे। किसी एक या अधिक नेटवर्कों के नष्ट होने की दिशा में भी यह कंप्यूटर नेटवर्क सुचारू रूप से कार्य कर सकता है। सन् 1969 में अमेरिका में प्रथम "पैकेट-स्विच्ड नेटवर्क" (Packet Switched Network) का उखव प्रायोगिक स्तर पर किया गया। आरंभ में एडवांस रिसर्च प्रोजेक्ट एजेंसी नेटवर्क (Advanced Research Project Agency Network) अर्पानेट (ARPANET) के अंतर्गत अमेरिका में दूरस्थ कंप्यूटरों को अनुसंधान कार्यों में उपयोग करने के लिए आपस में जोड़ा गया। मूलतः इसके द्वारा संबद्ध कंप्यूटरों के हार्डवेयर, सॉफ्टवेयर, डिस्क स्पेस तथा डेटाबेस की सहभागिता के लिए बनाए गए अर्पानेट को "डिपार्टमेंट ऑफ डिफेंस एडवांस्ड रिसर्च प्रोजेक्ट एजेंसी" (Department of Defence Advanced Research Project Agency) डार्पा (DARPA) के सौजन्य से कार्यान्वित किया गया। डार्पानेट का अभिगम केवल अमेरिकी रक्षा प्रतिष्ठानों तथा अनुसंधान से संबंधित विश्वविद्यालयों तक ही सीमित था। सन् 1988 में नेशनल साइंस फाउंडेशन नेटवर्क (National Science Foundation Network) (NSFN) की स्थापना की गई जिसमें अमेरिका स्थित 12 सुपर कंप्यूटर केंद्रों को आपस में संबद्ध किया गया।

अस्सी के दशक के अंत तक कई शैक्षणिक संस्थाओं, वाणिज्यिक तथा अनुसंधान करने वाली संस्थाओं के नेटवर्कों को परस्पर जोड़कर इंटरनेट की स्थापना की गई। विभिन्न प्रकार के कंप्यूटरों के बीच परस्पर संचार का आदान-प्रदान करना इस प्रक्रिया में मुख्य समस्या थी। इसके लिए आवश्यकता थी, प्रोटोकोल (Protocol) की। प्रारंभिक तौर पर ट्रांसमिशन कंट्रोल प्रोटोकोल (Transmission Control Protocol) तथा इंटरनेट प्रोटोकाल (Internet Protocol) का विकास किया गया। टी.सी.पी./आई.पी. (TCP/IP) के व्यवस्थापन से लोकल एरिया नेटवर्क

(Local Area Network) को इंटरनेट से जोड़ा जा सकता है। इस प्रकार लैन से जुड़े विभिन्न प्रकार के डॉस (DOS), विंडोज (Windows), मैकिन्टोश (Macintosh) तथा यूनिक्स (UNIX) वर्कस्टेशनों से जुड़े कंप्यूटरों से इंटरनेट का अभिगम किया जा सकता है।

प्रश्न 3. क्लाइंट-सर्वर नेटवर्क पर संक्षिप्त टिप्पणी लिखिए।

उत्तर– एक नेटवर्क जिसमें एक या अधिक कम्प्यूटर सर्वर के रूप में डिजाइन किए गए हों और नेटवर्क के बाकी कम्प्यूटर क्लाइंट कहलाते हैं जो सर्वर से सेवाओं का निवेदन कर सकते हैं।

सर्वर–एक कम्प्यूटर जो खुद से जुड़े हुए कम्प्यूटरों को सूचना उपलब्ध कराता है जैसे वेब सर्वर, मेल सर्वर और लैन सर्वर। जब कोई यूजर सर्वर से कनेक्ट होता है तो एप्लीकेशन्स, फाइल, प्रिंटर और अन्य सूचनाएँ उसे उपलब्ध हो जाती हैं।

क्लाइंट–क्लाइंट एक कम्प्यूटर सिस्टम है जो किसी तरह के नेटवर्क के जरिए अन्य कम्प्यूटरों पर सर्विस एक्सेज करता है।

साइज–क्लाइंट-सर्वर नेटवर्क आमतौर पर बड़े नेटवर्क के लिए ठीक रहते हैं और किसी भी साइज के नेटवर्क के साथ इस्तेमाल किए जा सकते हैं। क्लाइंट-सर्वर नेटवर्क को सेट करना आसान होता है और बड़ी कंपनियों की अधिकांश जरूरतों को ये पूरा कर देते हैं।

क्षमता–सर्वर के पास क्लाइंट अथवा डेस्कटॉप कम्प्यूटरों की तुलना में ज्यादा मेमोरी होती है और ये ज्यादा तेज होते हैं। ये जटिल टास्क को पूरा करने के लिए बेहतर होते हैं। सर्वर में क्लाइंट कम्प्यूटरों की तुलना में स्टोर करने के लिए ज्यादा जगह होती है। ताकि सर्वर प्रभावी ढंग से नेटवर्क की सभी फाइलों को स्टोर और मैनेज कर सकें।

सर्विसेज–सर्वर का आमतौर पर इस्तेमाल नेटवर्क में शामिल क्लाइंट कम्प्यूटरों को कोई खास सर्विस उपलब्ध कराने के लिए किया जाता है। जैसे प्रिंट सर्वर नेटवर्क के सभी क्लाइंट कम्प्यूटरों की प्रिंटिंग को नियंत्रित करता है। डाटाबेस सर्वर बड़ी मात्रा में इंफॉर्मेशन को स्टोर और व्यवस्थित करता है। ज्यादातर क्लाइंट-सर्वर नेटवर्क में नेटवर्क एडमिनिस्ट्रेटर होता है। यह एडमिनिस्ट्रेटर का कार्य होता है कि वह

नेटवर्क को मैनेज करे, जैसे डाटा बेकअप और सिक्योरिटी मॉनीटरिंग नियमित रूप से होती रहे। क्लाइंट-सर्वर नेटवर्क में सर्वर आमतौर पर एक केंद्रीय एरिया में स्थापित होता है ताकि अच्छी तरह एडमिनिस्ट्रेशन कर सके।

सुरक्षा–ज्यादातर कंपनियाँ नेटवर्क सर्वर को बंद कमरे में रखती हैं। केवल नेटवर्क एडमिनिस्ट्रेटर ही इस कमरे में पहुँच सकता है। इससे अनधिकृत व्यक्ति सर्वर में दखलंदाजी नहीं कर पाते। यदि एक नेटवर्क सर्वर ठीक से काम नहीं कर रहा तो इससे पूरा नेटवर्क प्रभावित हो जाता है।

लागत–क्लाइंट/सर्वर नेटवर्क को कुछ खास और समर्पित सर्वरों की जरूरत होती है जो कि काफी महँगे हो सकते हैं। चूँकि अधिकांश कार्य सर्वर ही करता है इसलिए क्लाइंट-सर्वर नेटवर्क में क्लाइंट कम्प्यूटर कम शक्तिशाली और सस्ते हो सकते हैं।

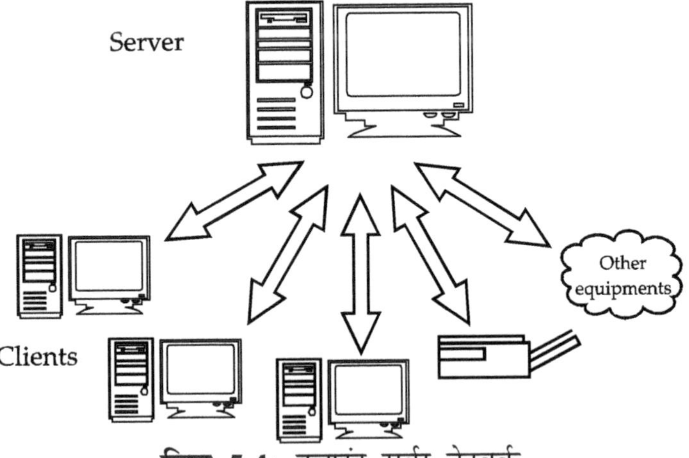

चित्र 5.4: क्लाइंट-सर्वर नेटवर्क

प्रश्न 4. इंटरनेट कैसे कार्य करता है? समझाइए।

अथवा

इंटरनेट किस प्रकार कार्य करता है? व्याख्या कीजिए।

[दिसम्बर-2017, प्र.सं. 4.2]

उत्तर– इंटरनेट की कार्य प्रणाली का तरीका एक नए प्रकार की स्विचिंग कार्यविधि, जिसे "पैकेट स्विचिंग" कहते हैं, से संबंधित है।

पैकेट स्विचलिंग तकनीक में व्यक्तिगत संदेशों या सूचनाओं को अलग पैकेजों में विभक्त करने के लिए संरचनात्मक उपागम की तकनीक अपनाते हैं। इनमें से प्रत्येक पैकेज को नेटवर्क के माध्यम से स्वतंत्र रूप से संप्रेषित किया जाता है। दूसरे शब्दों में, इंटरनेट पैकेटों में संप्रेषित समस्त सूचनाओं का विभाजन कर कार्य करता है। इन पैकेटों में केवल संप्रेषणीय डेटा ही नहीं, अपितु यह सूचना भी सम्मिलित रहती है जो यह संकेत देती है कि इसे कहाँ भेजा जाना है, यह कहाँ से आया है तथा अन्य पैकेटों के डेटा से यह किस प्रकार संबंधित है, क्योंकि ये पैकेट मानक प्रारूप में होते हैं तथा इनके संबोधन के लिए मानक तरीके प्रयुक्त किए जाते हैं। इन्हें नेटवर्क के ऊपर किसी भी इंटरनेट ज्ञात पते से अलग ज्ञात पते तक तब तक आगे बढ़ाया जा सकता है जब तक ये अपने वांछित स्थान तक नहीं पहुँच जाते। चूँकि इंटरनेट को पूर्व निश्चित तरीकों से छोटे मानक आकार के पैकेटों के साथ कार्य करना पड़ता है, इसलिए उपर्युक्त प्रकार की तकनीक तीव्रतम संप्रेषण दर को प्राप्त करने में लाभदायक सिद्ध होती है। साथ ही नेटवर्क किसी को दिशा निर्देश देने के लिए स्वयं अपना निर्णय लेने के योग्य हो जाता है तथा यातायात की दशा में परिवर्तन होने पर इन्हें गतिशीलता के साथ परिवर्तित कर सकता है। साथ ही लक्षित उपयोक्ता पर प्रत्यक्ष रूप से कोई हानिकारक प्रभाव नहीं पड़ता है। संप्रेषण को मानक डेटा पैकेटों में विभक्त कर प्रसारण को इंटरनेट के ऊपर दक्ष एवं सुदृढ़ बनाया जाता है।

क्लाएन्ट–सर्वर अवधारणा–यहाँ यह कहा जा सकता है कि इंटरनेट सूचना प्रावधान में प्रमुख अवधारणा क्लाएन्ट/सर्वर संरचना की है। नेट पर आधारित अधिकांश उपकरण प्रायः आधारभूत उद्‌गम पर निर्भर करते हैं जिससे वे दक्षता के साथ कार्य कर सकें। हमें यह समझना बहुत आवश्यक है कि यह कैसे कार्य करता है, क्योंकि हम किस प्रकार खोज करते हैं तथा किस प्रकार परिणाम प्राप्त करते हैं, इन पर इसका सीधा कैसा प्रभाव पड़ता है। क्लाइन्ट/सर्वर मॉडल (Client-Server Model) एक साधारण उपकरण है। जैसा कि इसके नाम में अंतर्निहित है, प्रत्येक अनुप्रयोग के लिए इसकी संरचना दो भागों, दो कार्यक्रमों, एक क्लाएन्ट तथा एक सर्वर में की गई है। क्लाएन्ट

सॉफ्टवेयर का स्थानिक यंत्र, पी सी (कंप्यूटर) पर उपयोग किया जाता है। सर्वर सॉफ्टवेयर को दूसरे यंत्र पर चलाया जाता है, संभवतः एक मैनफ्रेम, मूल कंप्यूटर या सर्वर जहाँ से हम सूचनाएँ पुनर्प्राप्त करना चाहते हैं। सहकारिता के रूप में कार्यरत सॉफ्टवेयर के दोनों ही भाग सम्मिलित होकर अनुप्रयोग करते हैं। एक सर्वर की अनुपस्थिति में क्लाएन्ट या एक क्लाएन्ट के बिना सर्वर, कुछ भी उपयोगी कार्य करने में सक्षम नहीं हो पाते। क्लाएन्ट/सर्वर प्रणाली के लिए सॉफ्टवेयर उपकरण सदैव एक युगल के रूप में कार्य करते हैं तथा कंप्यूटर संबंधी कार्यों के कार्यभार में साझेदारी करते हैं।

सर्वर प्रोग्राम, उपलब्ध हो सकने वाले डेटा को धारण करने के लिए एवं क्लाएन्ट द्वारा अनुरोध किए जाने पर डेटा को प्राप्त करने तथा उसे वापस करने के लिए उत्तरदायी होता है। दूसरे शब्दों में, यह अनुक्रमणिकाओं के निर्माण, खोजों तथा कभी-कभी डेटा संग्रहण एवं व्यवस्थापन के लिए उत्तरदायी होता है। सबसे महत्त्वपूर्ण बात यह है कि सर्वर अपने पास रखे डेटा के सर्व-सामान्य अभिगम की अनुमति के लिए साधन उपलब्ध कराता है। यह कुछ कार्य करने के लिए क्लाएन्ट सॉफ्टवेयर द्वारा अनुरोध भेजे जाने की प्रतीक्षा करता है तथा उन अनुरोधों के प्रत्युत्तर में अपने प्रयासों द्वारा प्राप्त उत्तरों को उस तक प्रेषित करता है। इस प्रकार, क्लाएन्ट प्रोग्राम उपयोक्ताओं के साथ व्यवहार करने के लिए उत्तरदायी होता है। इसका स्थानिक रूप से उपयोग किया जाता है तथा यह उपयोक्ता एवं प्रणाली के मध्य इंटरफेस की तरह कार्य करता है, उपयोक्ता की आवश्यकतानुसार सूचनाओं का संग्रहण करता है तथा क्लाएन्ट एवं सर्वर के मध्य संचार के लिए सहमत भाषा में निरूपित कर उन्हें एक पैकेट में एकत्र कर प्रासंगिक कंप्यूटर सर्वर पर प्रेषित करता है। जब सर्वर, कुछ डेटा के साथ प्रत्युत्तर देता है, तब क्लाएन्ट कोड युक्त सामग्री को खोलता है तथा उपयोक्ता के कंप्यूटर पर इसे उपयुक्त प्रदर्शन के लिए फाइल के रूप में भंडारित करने के लिए रूपांतरित करता है।

क्लाएन्ट/सर्वर संरचना की सबसे महत्त्वपूर्ण उपयोगिता यह है कि क्लाएन्ट तथा सर्वर के मध्य निरंतर संप्रेषण की आवश्यकता नहीं रहती

है। वे एक-एक कर संप्रेषण कर सकते है। क्लाएन्ट तथा सर्वर के मध्य संपर्क स्थापित करने की आवश्यकता नहीं होती है। क्लाएन्ट सर्वर संरचना का उपयोग कर विभिन्न प्रणालियों द्वारा संप्रेषण करना सरल होता है। अन्य शब्दों में, प्रत्येक कार्य के लिए क्लाएन्ट/सर्वर एक दूसरे के साथ जो कार्य करना चाहते हैं उनके संप्रेषण के लिए एक समान भाषा का उपयोग करते हैं, साथ ही साथ अनुरोधों को संप्रेषित करने के लिए तथा प्रत्युत्तर को इधर से उधर भेजने के लिए इंटरनेट प्रोटोकॉल्स का उपयोग करते हैं।

प्रश्न 5. 'इंटरनेट संयोजन' (Internet Connection) क्या है? चर्चा कीजिए।

अथवा

इंटरनेट कनेक्शन स्थापित करने की प्रक्रिया की व्याख्या कीजिए। [जून-2018, प्र.सं. 4.2]

उत्तर– इंटरनेट से विभिन्न रीतियों से संयोजित हुआ जा सकता है। ये रीतियाँ यह निश्चित करती हैं कि हम किस प्रकार इस पर कार्य करने योग्य हो सकेंगे। दूसरे शब्दों में, इंटरनेट से उपयोक्ता के संयोजित होने की रीति इसकी उपयोगिता को बहुत प्रभावित करती है।

किसी लैन (LAN) सर्वर पर टी.सी.पी./आई.पी. नेटवर्किंग सॉफ्टवेयर को स्थापित कर लोकल एरिया नेटवर्क का इंटरनेट से संयोजन प्राप्त किया जा सकता है। लैन से संयोजित विभिन्न प्रकार के कंप्यूटरों द्वारा इंटरनेट का अभिगम कर सकते हैं। इसमें डॉस तथा विंडोस पर आधारित पर्सनल कंप्यूटर तथा यूनिक्स वर्कस्टेशन इत्यादि सम्मिलित हैं।

मूल रूप से संयोजन के दो तरीके हैं–पूर्ण संयोजन या टर्मिनल संयोजन। पूर्ण संयोजन की दशा में स्थायी दूरसंचार संपर्क होता है तथा संबंधित कंप्यूटर को पंजीकृत इंटरनेट नाम तथा पता दिया जाता है। दूसरे प्रकार के संयोजन को डायल-अप संयोजन के नाम से जाना जाता है। इसमें इंटरनेट के पूर्ण अभिगम वाले मूल कंप्यूटर के साथ संबंधित कंप्यूटर को अस्थायी दूर संचार संपर्क माध्यम से जोड़ा जाता है। तीसरे प्रकार के संयोजन को गेटवे (Gateway) संयोजन कहते हैं जिसमें

संयोजन दूसरे नेटवर्क या सेवा प्रदायक, जैसे कंपू सर्व (Compu Serve), द्वारा उपलब्ध कराया जाता है।

संयोजन को सीधा भी स्थापित किया जा सकता है, जैसा कि विश्वविद्यालय या समष्टि निकायों द्वारा किया जाता है जहाँ पर कंप्यूटर या कंप्यूटरों का नेटवर्क स्थायी रूप से इंटरनेट से समर्पित लाइनों द्वारा जुड़ा रहता है तथा इसका अपना पता होता है अथवा सीरियल लाइन इंटरनेट प्रोटोकॉल (SLIP: Serial Line Internet Protocol) या प्वाइंट-टू-प्वाइंट प्रोटोकॉल (PPP: Point to Point Protocol) द्वारा किसी दूरस्थ कंप्यूटर से सीधे जुड़ा होता है। पूर्ण संयोजन की उपयोगिता यह है कि आप अपने कंप्यूटर पर कोई भी क्लाएन्ट सॉफ्टवेयर, अपनी आवश्यकतानुसार, स्थापित कर सकते हैं तथा इंटरनेट की समस्त सुविधाओं का उपयोग कर सकते हैं।

दूसरी ओर, यदि आपका स्थानीय कंप्यूटर पूर्ण संयोजन वाले मूल कंप्यूटर से जुड़ा है तो उस अवस्था में आपका कंप्यूटर मूल कंप्यूटर के लिए मात्र एक टर्मिनल के रूप में कार्य करता है। आपको केवल मूल कंप्यूटर पर लॉग ऑन (Log on) करना है, तत्पश्चात् आप मूल कंप्यूटर द्वारा इंटरनेट का अभिगम कर सकते हैं। इस स्थिति में आप अपने कंप्यूटर तथा मूल कंप्यूटर के मध्य संप्रेषण के प्रकार पर निर्भर रह कर सीमित मात्रा में इंटरनेट की सुविधाओं का लाभ उठा सकते हैं। वाणिज्यिक मूल कंप्यूटर के लिए सीरियल लाइन इंटरनेट प्रोटोकॉल/प्वाइंट टू प्वाइंट प्रोटोकॉल (SLIP/PPP) उपलब्ध कराने के लिए आज यह एक मानक है। किंतु उन क्षेत्रों में जहाँ दूरसंचार सुविधाएँ पर्याप्त रूप से उपलब्ध नहीं हैं तथा इंटरनेट का विकास अभी हो रहा है, वहाँ पर स्थिति ऐसी नहीं है। जी.पी.एच. की पुस्तकों का मुख्य उद्देश्य ज्ञान के साथ-साथ अच्छे नम्बर दिलाना है।

प्रश्न 6. विभिन्न प्रकार के ई-मेल अकाउंट का वर्णन कीजिए।

अथवा

'पी.ओ.पी./आई.एम.ए.पी. अकाउंट' पर संक्षिप्त टिप्पणी लिखिए।

उत्तर– विभिन्न प्रकार के ई-मेल अकाउंट इस प्रकार हैं–

- **POP/IMAP अकाउंट**–POP का पूरा नाम पोस्ट ऑफिस प्रोटोकॉल है जो ऑफलाइन ई–मेल व्यवस्था पर आधारित है। POP ई–मेल मैसेजिस को प्राप्त करने के लिए प्रयोग में लाया जाने वाला एक लोकल प्रोटोकॉल है। इसका अधिकतम प्रयोग इंटरनेट सेवा प्रदाताओं (ISPs) द्वारा किया जाता है। यह सर्वर पर एक ही Inbox को एक्सेस करने की अनुमति प्रदान करता है POP अकाउंट में जब उपयोक्ता मेल–क्लाइंट की सहायता से मेल को सर्वर से कनेक्ट करता है तब वह क्लाइंट सर्वर में सभी मैसेजिस को पुनःप्राप्त कर लेता है और उन्हें सामान्य रूप से स्टोर करते हुए New/unread मैसेज के रूप में चिह्नित करता है। अंततः डाउनलोडिड मैसेजिस सर्वर से डिलीट हो जाते हैं तथा कनेक्शन समाप्त हो जाता है। IMAP, इंटरनेट मैसेज एक्सेस प्रोटोकॉल पर आधारित है। यह अपने उपयोक्ता को ऑनलाइन एवं ऑफलाइन दोनों ही तरह से अपने मैसेज पर कार्य करने की अनुमति देता है। IMAP सर्वर, ई–मेल को एक्सेस करने के लिए सर्वर के एक से अधिक फोल्डर को एक्सेस करनी की अनुमति देता है।
- **ई-मेल फॉरवर्डर**–इस प्रकार का ई–मेल अकाउंट दूसरे ई–मेल एड्रेस पर इन्कमिंग मेल करता है। सामान्य रूप से, सभी सेवा प्रदाता यह सुविधा प्रदान करते हैं।
- **मेलिंग लिस्ट**–मेलिंग लिस्ट में सभी सब्स्क्राइबर्स के ई–मेल एड्रेस होते हैं। मेलिंग लिस्ट में कोई भी ई–मेल भेजने पर वह ई–मेल सभी सब्स्क्राइबर्स को प्राप्त हो जाती है।
- **ऑटो-रिस्पॉन्डर**–ई–मेल अकाउंट के अंतर्गत किसी भी ई–मेल के लिए ऑटो–रिस्पॉन्डर द्वारा तैयार जवाब को भेजा जा सकता है, जैसे–मेल की सफल प्राप्ति का मैसेज, इत्यादि।
- **ई-मेल ब्लैकहोल**–कुछ एड्रेसों में स्पैम मेल से बचने के लिए, ब्लैकहोल बनाए जाते हैं ताकि उन एड्रेसों से आने वाले मैसेजिस से बचा जा सके।

प्रश्न 7. 'वॉयस ओवर इंटरनेट प्रोटोकॉल' पर संक्षिप्त टिप्पणी लिखिए।

उत्तर– वॉयस ओवर इंटरनेट प्रोटोकॉल जिसे VoIP, IP टेलीफोनी, इंटरनेट टेलीफोनी, ब्रॉडबैंड टेलीफोनी, ब्रॉडबैंड फोन और वॉयस ओवर ब्रॉडबैंड भी कहा जाता है इंटरनेट पर अथवा किसी अन्य IP आधारित नेटवर्क के जरिए होने वाले वॉयस कनवरसेशन की रूटिंग अथवा रास्ता है। IP नेटवर्क में वॉयस सिग्नल को ले जाने वाले प्रोटोकॉल आमतौर पर वॉयस ओवर IP अथवा VoIP कहलाते हैं। यह ज्यादा नई तकनीक है।

टेलीफोन सिस्टम–एक VoIP सिस्टम नेटवर्क के लोगों को यह सुविधा देता है कि वे परंपरागत टेलीफोन सिस्टम के स्थान पर नेटवर्क का इस्तेमाल फोन कॉल के लिए करें। एक कंपनी अपने पूरे टेलीफोन सिस्टम को बदलकर VoIP सिस्टम अथवा इंटीग्रेट VoIP को उसके साथ जोड़ सकती है। इससे नेटवर्क के लोग दूसरे नेटवर्क के लोगों से VoIP सिस्टम की मदद से बात कर सकते हैं जबकि नेटवर्क से बाहरी व्यक्तियों से बात करने के लिए परंपरागत टेलीफोन लाइनों का प्रयोग कर सकते हैं। VoIP सिस्टम को इस्तेमाल करने के लिए समर्पित हार्डवेयर और विशेष सॉफ्टवेयर की जरूरत होती है। VoIP सिस्टम हब जैसा ही एक उपकरण इस्तेमाल करता है ताकि नेटवर्क के जरिए होने वाली फोन कॉल्स को मैनेज कर सके। VoIP सॉफ्टवेयर इसलिए जरूरी है ताकि नेटवर्क में होने वाले वॉयस कम्युनिकेशन की गुणवत्ता और क्षमता को मॉनीटर और मेंटेन किया जा सके। जी.पी.एच. की पुस्तकों का मुख्य उद्देश्य ज्ञान के साथ-साथ अच्छे नम्बर दिलाना है।

प्रश्न 8. सुरक्षा विकल्पों (Security Options) के बारे में विस्तार से समझाइए।

अथवा

इंटरनेट के विभिन्न सुरक्षा विकल्पों की परिगणना कीजिए और संक्षेप में चर्चा कीजिए। [दिसम्बर-2017, प्र.सं. 3.2]

उत्तर– पूरे विश्व में इंटरनेट की बढ़ती लोकप्रियता तथा नाजुक परिचालनों सहित इसके निरंतर बढ़ते उपयोग को देखते हुए इस बात

की आवश्यकता है कि आँकड़ों की चोरी तथा धोखाधड़ी के मामलों से बचने के लिए मजबूत सुरक्षा की व्यवस्था की जाए। ऐसी घटनाएँ निरंतर बढ़ती जा रही हैं जब आपकी सूचना के बिना ही इंटरनेट पर आपकी निजी सूचनाओं को चुरा लिया गया हो। ऐसी स्थिति की कल्पना करें जब आपकी कोई निजी सूचना किसी गलत हाथों में पड़ जाए और वह उसे पैसे के लालच में अथवा किसी अन्य निजी लाभ के लिए उसका दुरुपयोग कर ले। फिशिंग (Phishing) एक ऐसा ही कार्य है जब कोई प्रयोक्ताओं को कोई लुभावनी ई-मेल भेजकर उसकी निजी जानकारी यथा–यूजरनेम, पासवर्ड, क्रेडिट कार्ड का विवरण आदि प्राप्त कर धोखाधड़ी करने का प्रयास करे।

कंप्यूटर सुरक्षा को लागू करने का यह कोई एक मात्र कारण नहीं है और न ही इसका लागू कोई सरल समाधान ही उपलब्ध है। हम यही प्रयास कर सकते हैं कि अनधिकृत व्यक्तियों तक उसकी पहुँच को प्रतिबंधित कर अथवा उसे ब्लॉक कर उसको और अधिक सुरक्षित बनाया जाए। नीचे हम कुछ ऐसे समाधान प्रस्तुत कर रहे हैं जिनको लागू कर हम अनधिकृत पहुँच को प्रतिबंधित कर सकते हैं अथवा ब्लॉक कर सकते हैं–

(1) सुरक्षित पहुँच (एक्सेस)–प्राय: पहुँच को प्राधिकृत करने/प्रभावित करने के नियंत्रण की प्रणाली का प्रयोग कंप्यूटर प्रणाली में अनधिकृत पहुँच को प्रतिबंधित करने के लिए किया जाता है। पहुँच को नियंत्रित करने के लिए जिन जाँच बिंदुओं का सुझाव दिया जा सकता है वे हैं–यूजर पासवर्ड, पहचान कार्ड, स्मार्ट कार्ड अथवा बायोमेट्रिक समाधान। इन समाधानों में से पहुँच नियंत्रण तंत्र के अंतर्गत सर्वाधिक प्रयोग पासवर्ड का किया जाता है। इसको सुरक्षित बनाने की दृष्टि से पासवर्ड ऐसा सुदृढ़ होना चाहिए कि कोई आसानी से उसका अनुमान आसानी से न लगा सके। दूसरी बात यह कि कुछ-कुछ दिनों के बाद उसको बदल दिया जाना चाहिए। आप अपना यह नियमित अभ्यास बनाएँ कि जब आप सीट पर न हों तब आप डेस्कटॉप को ब्लॉक कर दें।

(2) वायरस स्कैनर को इन्स्टॉल करना–एन्टीवायरस सॉफ्टवेयर कंप्यूटर वायरस प्रोग्राम जो कंप्यूटरों और नेटवर्क ऑपरेशनों को नुकसान

पहुँचाते हैं तथा अन्य दुर्भावनापूर्ण (मेलीशियस) सॉफ्टवेयर (मालवेयर, स्पाईवेयर) को पहचानने, उन्हें विफल करने तथा समाप्त करने में सहायता करते हैं। ये प्रयोक्ता को वायरस रिपोर्टों के बारे में सूचनाएँ देते हैं और वायरस चेतावनियाँ भी भेजते हैं।

(3) मालवेयर के विरुद्ध सुरक्षा—एक मालवेयर का पता लगाने वाला कार्यक्रम अवश्य इंस्टॉल करना चाहिए। मालवेयर एक ऐसा दुर्भावनापूर्ण (मैलीशियस) प्रतिकूल (होस्टाइल) तथा बिना अधिकार प्रवेश करने वाला (इंट्रासिव) सॉफ्टवेयर है जो कंप्यूटर परिचालकों को बाधित करने के लिए संवेदनशील सूचनाओं को एकत्रित करने अथवा निजी कंप्यूटर प्रणाली में पहुँच प्राप्त करने के लिए आक्रमण करता है। मालवेयर अपने आप कार्य करना शुरू कर देता है तथा आपके कंप्यूटर तथा नेटवर्क को भ्रष्ट (करप्ट) कर देता है। मालवेयर कंप्यूटर के कुँजीपटल को मॉनीटर कर सकता है, संवेदनशील सूचना यथा–पासवर्ड तथा क्रेडिट कार्ड संख्या को रिकॉर्ड कर सकता है तथा ऐसे पहचान डाटा को गलत लोगों के पास भेज सकता है। मालवेयर में विभिन्न प्रकार के सॉफ्टवेयर शामिल हैं यथा–एडवेयर, स्पाइवेयर, वायरस, ट्रोजन्स तथा अन्य। ऐसे मालवेयर तथा दुर्भावनापूर्ण हमलों से बचने का सर्वश्रेष्ठ तरीका यही है कि ऐसी साइटों पर जाने से बचना चाहिए।

(4) बैक-अप मेनटेन रखना—समय समय पर महत्त्वपूर्ण फाइलों की बैक-अप प्रतिलिपियों को भिन्न लोकेशंस पर भिन्न स्टोरेज मीडिया में मेनटेन किया जाना चाहिए।

(5) एनक्रिपशन का प्रयोग—एनक्रिपशन तकनीके डाटा को पठनीय अवस्था में रखने में सहायक होती हैं और यह सुविधा उनके लिए ही होती है जो उसको देखने के लिए प्राधिकृत होते हैं।

(6) फायरवाल को एम्प्लोय करना—कम्प्यूटर सिस्टम या नेटवर्कों पर इंस्टॉल की गई फायरवाल नेटवर्क ट्रैफिक को प्रणाली प्रशासक द्वारा परिभाषित कन्फिगुरेशन के अनुसार प्रतिबंधित करती है।

(7) कुकीज से दूर रहना—इंटरनेट पर संदिग्ध तथा अविश्वसनीय साइटों पर जाते समय कुकीज को अक्षम (डिसेबल) कर दें।

(8) एक कुकी किसी बेवसाइट द्वारा भेजा गया डाटा का वह छोटा सा टुकड़ा होता है जो प्रयोक्ता द्वारा वेबसाइट को ब्राउज करते

समय अपने आप प्रयोक्ता के वेबसाइट में स्टोर हो जाता है। इसे HTTP कुकी, वेब कुकी अथवा ब्राउजर कुकी के नाम से भी जाना जाता है। जब प्रयोक्ता भविष्य में उसी वेबसाइट को ब्राउज करता है तो कुकी में स्टोर किए गए डाटा को प्रयोक्ता की पिछली गतिविधि नोटीफाइ करने के उद्देश्य से, वेबसाइट द्वारा पुनः प्राप्त किया जा सकता है। हालाँकि ये कुकीज न तो वायरस ला सकती है और न ही मेजबान (होस्ट) के कंप्यूटर में मालवेयर इन्स्टॉल कर सकती है।

(9) फिशिंग (Phishing) को रोकना–अज्ञात कंपनियों से आने वाले कुछ ई-मेल, जो विश्वसनीय इकाइयाँ होने का ढोंग करती हैं, वस्तुतः फिशिंग ई-मेल होती है। ये जान बूझकर भेजी जाती हैं ताकि आप लालच में आकर अपना बैंक खाता संख्या, क्रेडिट कार्ड संख्या आदि उनको बता दें और वे आपके उस निजी डाटा का प्रयोग कर आपके साथ धोखाधड़ी कर सकें। फिशिंग ई-मेलों का लिंक ऐसी वेबसाइटों में हो सकता है जो मालवेयर से संक्रमित हो सकती है। ऐसी फिशिंग मेलों को उत्तर देने से बचना चाहिए। इलेक्ट्रॉनिक संचार के अन्य माध्यम यथा–इन्स्टेंट मैसेजिंग, सोशल मीडिया की साइटें भी फिशिंग धमकियाँ (थ्रैट्स) उपस्थित कर सकती हैं।

(10) प्रॉक्सी सर्वर को कॉनफिगर करना–एक प्रॉक्सी सर्वर इंटरनेट कनेक्शनों के बीच एक बिचौलिए का कार्य करता है। यह अधिकांश कंप्यूटर सिस्टमों को अधिक सुरक्षित बनाता है। प्रॉक्सी सर्वर अतिरिक्त सुविधाएँ प्रदान करता है यथा–सामग्री को फिल्टर करना तथा कार्य निस्तारण में वृद्धि करना जैसे नेटवर्क लोड को घटाकर तथा शीघ्र पहुँच को सक्षम बनाते हुए कैशिंग (Caching) उसी स्थान पर बार-बार पहुँचने में सहायता करता है।

(11) स्पैम मेलों को अनदेखा करें–ऐसी मेलों को रिस्पॉन्ड करके स्पैमों को प्रोत्साहित न करें। इसका सबसे अच्छा तरीका मेल प्रोग्राम में स्पैम फिल्टर लगवाना होता है। अगर यह सफल हो तो ऐसी मेलों को डिलीट कर देना दूसरा विकल्प है। अनजान लोगों के मेलों तथा उनके अटैचमेन्ट्स को न खोलें। स्पैम मेल से तात्पर्य है बिना आमंत्रण के प्राप्त हुए थोक (बल्क) मेल, कचरा (जंक) मेल या फिर वाणिज्य के मेल।

(12) डाउनलोड्स पर नजर रखें–इंटरनेट उसी विश्व का प्रतिबिंब है जिसमें हम रहते हैं। इसके माध्यम से हमें अच्छी तथा बुरी दोनों प्रकार की सामग्रियाँ बराबर मात्रा में प्राप्त होती हैं। इस संबंध में संगीत, वीडियो तथा सॉफ्टवेयर कार्यक्रमों आदि के निःशुल्क डाउनलोडों पर नजर रखें। यह इसलिए महत्त्वपूर्ण है कि इनमें से कुछ में छुपा हुआ मालवेयर हो सकता है जिसकी नियत आपके सिस्टम को भ्रष्ट करने अथवा आपकी निजी सूचना को गलत इरादे से चुराने की हो सकती है।

(13) कंप्यूटर स्टाफ/इंटरनेट सेवा प्रदाता द्वारा वायरस वॉल के उपाय–कुछ प्रयोक्ता ऐसे किसी वायरस के संक्रमण से अनजान होते हैं जो उनके अपने पी.सी. में सुराख बनाता है। किंतु ऐसे वायरसों को वायरस वाल एंटी वायरस सर्वर के प्रयोग तथा गेटवे पर बैंडविड्थ की नियमित मॉनीटरिंग के द्वारा खोजा जा सकता है। इसे सर्वरों पर समस्याप्रद ग्राहक की आईपी प्रविष्टियों को पहचाना जा सकता है। इस प्रकार आईसीटी स्टाफ काउंटर उपायों का प्रयोग करते हुए आईसीटी सुविधाओं को किसी भी प्रकार की आशंका से मुक्त कर सकता है। वायरस वाल एक प्रोग्राम होता है जिसका प्रयोग किसी वायरस द्वारा संक्रमित फाइलों के अंतरण को रोकने के लिए किया जाता है।

(14) नियमित रूप से (साप्ताहिक) विंडो को अपडेट करने के कार्य को संपन्न करें तथा समय-समय पर अपनी फाइलों को स्कैन करें।

प्रश्न 9. वेब सर्च क्या है? चर्चा कीजिए।

उत्तर– वर्ल्ड वाइड वेब (अका वेब) (aka web) सूचना स्रोतों का एक बहुत बड़ा पूल (pool) है जो लाखों करोड़ों दस्तावेजों से मिलकर बना है। इंटरनेट वह माध्यम है जिसके द्वारा इन आपस में जुड़े स्रोतों के सेट तक पहुँचा जा सकता है। वेब पर सूचना सिर्फ एक क्लिक की दूरी पर उपलब्ध है।

Google, Excite, Lycos, Alta Vista, Infoseek तथा याहू सभी सर्च इंजन हैं। ये सर्च इंजन लगभग सभी विषयों से संबंधित सूचना को सैकंडों में खोज लेते हैं। किसी वेब सर्च को शुरू करने के लिए अपने

इंटरनेट ब्राउजर की सर्च बार में वेब सर्च इंजन के यूआरएल (URL) को टाइप करें। इससे सर्ज इंजन का होम पेज खुल जाएगा। इसमें एक सर्च बॉक्स होता है। सर्च इंजन पर अपनी सूचना को सर्च करने के लिए आपको अपने प्रश्न वाले शब्दों को सर्च बॉक्स में एंटर करना होगा।

उदाहरण के लिए एक फ्रेज से युक्त किसी दस्तावेज को ढूँढ़ने के लिए आपको वह फ्रेज डबल कोट्स (Double Quotes) के साथ सर्च विंडो में टाइप करना होगा। उदाहरण के लिए "पुस्तकालय वर्गीकरण" टाइप करने पर फ्रेज "पुस्तकालय वर्गीकरण" से जुड़े दस्तावेजों को ही दर्शाएगा किंतु केवल "पुस्तकालय" अथवा "वर्गीकरण" से जुड़े वेब पृष्ठ उसमें नहीं होंगे।

बिना डबल कोट्स के टाइप किए गए शब्द पुस्तकालय वर्गीकरण से हमें वे दस्तावेज प्राप्त होंगे जो "पुस्तकालय", "वर्गीकरण" अथवा "पुस्तकालय वर्गीकरण" से जुड़े होंगे।

सर्च को बेहतर तरीके से करने के कुछ टिप्स इस प्रकार हैं–

• सर्च सरल होनी चाहिए। जो भी मन में आ रहा हो उसे सर्च बॉक्स में टाइप करें। अधिकतर प्रश्नों के लिए किसी उन्नत ऑपरेटर अथवा जटिल वाक्यविन्यास की आवश्यकता नहीं होती। सरल ही ठीक रहता है। अधिकांश मामलों में आपको वही सूचना मिल जाएगी जिसकी आपको तलाश थी (वह शब्द अथवा फ्रेज जिसको आप खोज रहे हैं)।

• सर्च के प्रत्येक शब्द का महत्त्व होता है। प्रायः सर्च सॉफ्टवेयर द्वारा उन सभी शब्दों का प्रयोग किया जाएगा जो हमने प्रश्न में टाइप किए हैं।

• सर्च हमेशा केस की संवेदना से शून्य (Insensitive) होती है। अगर हम IGNOU टाइप करें तो भी उसका वही परिणाम आएगा जो IGNOU टाइप करने पर आएगा।

• प्रायः विराम चिह्नों तथा अन्य विशेष अक्षरों को अनदेखा किया जाता है।

• यह सोचें कि जिस पृष्ठ को हम खोज रहे हैं उसे कैसे लिखा जाएगा क्योंकि सर्च इंजन एक ऐसा प्रोग्राम है जो उन शब्दों के अनुरूप होता है जो हम वेब को प्रदान करते हैं और जिनके पृष्ठ पर होने की संभावना है।

• संक्षिप्तता का पुरस्कार मिलता है। हम जो भी चाहते हैं उसे संक्षेप में वर्णित करें। प्रश्न में प्रत्येक शब्द का उद्देश्य उस पर आगे फोकस करना है।

प्रश्न में प्रयुक्त किया गया प्रत्येक अतिरिक्त शब्द परिणामों को सीमित करता है जिससे महत्त्वपूर्ण सूचना के खो जाने की स्थिति बन सकती है। हम अतिरिक्त शब्दों को जोड़कर अपनी सर्च को और अधिक रिफाइन कर सकते है (यहाँ तक कि परिणामों में से भी) अगर हमें वह सूचना नहीं मिलती जो हमें चाहिए थी।

• सामान्य शब्दों के प्रयोग से बचें तथा अस्पष्ट फ्रेजों को भी छोड़ दें। विवरणात्मक शब्दों का चुनाव करें। शब्दों का चुनाव जितना भी अनूठा होगा, संगत परिणामों के प्राप्त होने की संभावनाएँ भी उतनी ही अधिक होगी।

□□

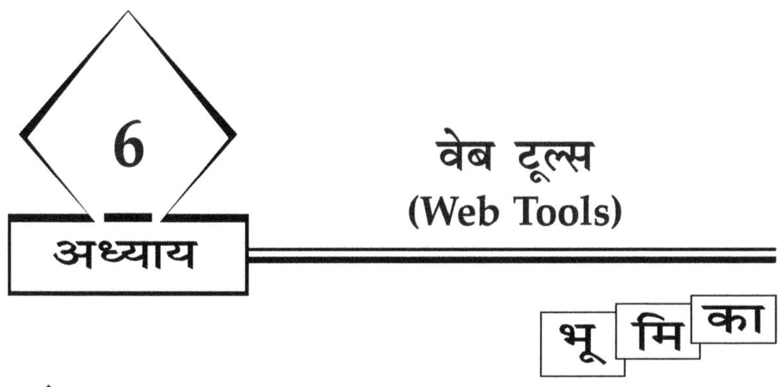

अध्याय 6

वेब टूल्स
(Web Tools)

भूमिका

इंटरनेट को परिभाषित करने में मुख्यत: तीन अवधारणाओं का प्रयोग होता है–(i) कंप्यूटर तथा परस्पर जुड़े नेटवर्क जो कि इंटरनेट की रचना करते हैं, (ii) स्रोत जो कि नेटवर्क से जुड़े कंप्यूटर से उपलब्ध होते हैं तथा (iii) टूल्स या उपकरण जिनका प्रयोग स्रोतों को ढूँढ़ने या इंटरनेट पर लोगों से बात करने के लिए किया जाता है। साधारण वेब उपकरण में HTTP, Telnet, E-mail, FTP, mailing सूची वेब डायरेक्टरी तथा सर्च इंजन आते हैं। इन उपकरणों के विभिन्न प्रयोग हैं–जैसे–वर्ल्ड वाइड, वेब में ऑनलाइन विषय वस्तु बनाने तथा देखने में तथा वेब पर व्यक्तियों द्वारा एक-दूसरे से बात करने में इनका प्रयोग किया जाता है।

प्रश्न 1. एच.टी.टी.पी. क्या है? चर्चा कीजिए।

अथवा

एच.टी.टी.पी. पर संक्षिप्त टिप्पणी लिखिए।

[दिसम्बर-2018, प्र.सं. 5.0 (b)]

उत्तर– एच.टी.टी.पी. (HTTP) यानी Hyper Text Transfer Protocol एक एप्लीकेशन protocol है जिसका इस्तेमाल इंटरनेट के जरिए hyper media या hyper text भेजने के लिए किया जाता है। इसके जरिए client browser एप्लीकेशन के द्वारा server से डाटा को ट्रांसफर कर पाते हैं।

HTTP protocol के कारण ही क्लाइंट और सर्वर के बीच connection बन पाता है। HTTP protocol का इस्तेमाल करके ही हम वर्ल्ड वाइड वेब के जरिए डाटा भेज पाते हैं। हम इंटरनेट के जरिए जितनी websites और डाटा खोलते हैं या download करते हैं वो सभी HTTP की वजह से ही संभव हो पाता है। HTTP वर्ल्ड वाइड web का आधार (base) है। HTTP डाटा ट्रांसफर करने के लिए port 80 का इस्तेमाल करता है।

HTTP अधिकतर इस्तेमाल होने वाले protocols में से एक जिसका इस्तेमाल करके हम आजकल technology की सबसे अनोखी देन इंटरनेट का इस्तेमाल कर पाते हैं। HTTP protocol HTTPS protocol का base है इसलिए HTTPS का इसके बिना कोई अस्तित्व नहीं।

HTTP एक एप्लीकेशन लेयर की protocol है यानी यह अपना सारा काम एप्लीकेशन के जरिए करती है। वह एक request-response protocol है जिसके जरिए client और server आपस में कम्यूनिकेट कर पाते हैं।

प्रश्न 2. ई-मेल से आप क्या समझते हैं? इसकी आवश्यकता को समझाइए।

उत्तर– ई-मेल (E-mail), इंटरनेट की एक सेवा (Service) है, जिसका पूरा नाम इलेक्ट्रॉनिक मेल (Electronic Mail) है। ई-मेल को

कम्पोज (compose) करने, भेजने तथा रिसीव (receive) करने की सुविधा प्रयोगकर्त्ता को ARPANET के प्रारंभिक काल से ही उपलब्ध कराई गई थी और आज यह इंटरनेट की सर्वाधिक लोकप्रिय और प्रयोग की जाने वाली सेवा (service) बन गई है।

इंटरनेट पर सूचनाओं का आदान-प्रदान मुख्य रूप से ई-मेल सेवा ही माना जाता है। अब तो यह किसी भी व्यक्ति के लिए एक स्टेटस का प्रतीक बन गया है। इंटरनेट पर अनेक ऐसी कम्पनीज हैं, जो कि ई-मेल सेवाएँ उपभोक्ता को निःशुल्क उपलब्ध कराती हैं। इनमें कुछ कम्पनीज तो केवल संदेश को आगे भेजने का कार्य करती हैं, तथा कुछ कम्पनीज पोस्ट बॉक्स की भाँति ई-मेल का पता उपलब्ध कराती हैं। ई-मेल ने विश्व के एक कोने से दूसरे कोने में दो व्यक्तियों या दो समूहों के बीच विचारों के अविलम्ब कम्युनिकेशन को साकार किया है। आज आप इंटरनेट की इस सर्विस के माध्यम से विश्व के किसी भी कोने में रह रहे अपने दोस्त, परिजन या किसी संस्था को क्षणभर में इलेक्ट्रॉनिक पत्र अर्थात् ई-मेल भेज सकते हैं एवं किसी मेल (mail) को भेजने के साथ आप यह सुनिश्चित भी कर सकते हैं कि मेल अपने डेस्टिनेशन (destination) अर्थात् गंतव्य पर पहुँचा या नहीं।

आपकी ई-मेल को आगे बढ़ाने की सुविधा एक सामान्य डाकघर के समान ही होती है। इस सेवा के अंतर्गत आपके पुराने पते पर आई हुई डाक को नए पते पर भेज दिया जाता है। वेब पर डाक को आगे बढ़ाने की निःशुल्क सेवाएँ (Free Forwarding Mail Services), उन लोगों के लिए उपयोगी हैं, जो जल्दी-जल्दी अपना ई-मेल पता बदलते रहते हैं। इस सेवा का उपयोग करने के लिए हमें इंटरनेट पर एक Forwarding Mail Service को खोजना होगा। जब भी कभी हमें अपना ई-मेल पता बदलना हो, तो इस विवरण में स्थित ई-मेल के स्थान पर नया ई-मेल पता प्रविष्ट कर दिया जाता है। इस प्रकार ई-मेल प्राप्त करने और देखने के लिए हमें उस मेल सर्वर अथवा वेब साइट पर जाना होता है तथा अपना Log-in Name तथा Pass Word देना होगा। अब हमारे लिए आई हुई ई-मेल की सूची प्रदर्शित होती है। इनका अध्ययन हम इन मेल्स को खोलकर ठीक उसी प्रकार कर सकते

हैं, जिस प्रकार लिफाफे में से पत्र निकालकर पढ़ा जाता है। हम इस ई-मेल का प्रिंट भी निकाल सकते हैं।

ई-मेल का प्रयोग करने के लिए यह आवश्यक नहीं है कि ई-मेल प्रेषक और प्राप्तकर्त्ता के पास समान कम्प्यूटर्स हों। अब तो हम अपने मोबाइल द्वारा भी ई-मेल प्रेषित और प्राप्त कर सकते हैं। ई-मेल के साथ व्यक्तिगत और व्यवसाय से संबंधित संदेश को फोटोज अथवा फॉर्मेटेड डॉक्यूमेंट्स को अटैचमेंट के रूप में प्रेषित अथवा प्राप्त किया जा सकता है। हम म्यूजिक, वीडियो क्लिप्स और सॉफ्टवेयर प्रोग्राम्स भी भेज सकते हैं।

उदाहरण के लिए किसी व्यवसाय में अनेक बिक्री प्रतिनिधि देश में विभिन्न स्थानों पर फैले हुए हैं। कोई एक सूचना, बिना टेलीफोन का खर्चा बढ़ाए ही सभी को संप्रेषित (Communicate) करने के लिए ई-मेल एक उपयोगी सुविधा है।

प्रश्न 3. ई-मेल एड्रेस पर संक्षिप्त टिप्पणी लिखिए।

उत्तर– ई-मेल एड्रेस किसी विशेष मशीन का नहीं, अपितु व्यक्ति विशेष का होता है। ई-मेल एड्रेस प्रत्येक प्रयोगकर्त्ता के लिए पृथक्-पृथक् होता है। इस अवधारणा को इस प्रकार समझा जा सकता है कि मल्टीयूजर वातावरण में प्रत्येक प्रयोगकर्त्ता के पास अपना एक पृथक् नाम (User Name) व पासवर्ड (Password) होता है। इसी प्रकार ई-मेल सेवा प्राप्त करने के लिए उसे प्रयोगकर्त्ता के नाम तथा पासवर्ड की आवश्यकता होती है। यह इंटरनेट कनेक्शन के लिए दिए यूजर नेम तथा पासवर्ड से पृथक् भी हो सकता है।

ई-मेल एड्रेस के दो भाग होते हैं–पहला User Name तथा दूसरा Host Name अर्थात् Servername। ये दोनों भाग एक विशेष चिह्न @ से जुड़े होते हैं। ई-मेल एड्रेस का पहला भाग User Name अर्थात् उस प्रयोगकर्त्ता का नाम जो कि इस सेवा का उपयोग करना चाहता है। यह नाम प्रत्येक प्रयोगकर्त्ता के लिए पृथक् होता है। ई-मेल एड्रेस का दूसरा भाग प्रदाता का डोमेन नाम होता है, जो कि प्रयोगकर्त्ता को ई-मेल प्राप्त करने की सुविधा प्रदान कर रहा है। एक डोमेन पर एक से

अधिक समान नाम के प्रयोगकर्त्ता नहीं हो सकते। इसी प्रकार एक ही नाम के एक से अधिक डोमेन भी नहीं हो सकते हैं। हम एक प्रयोगकर्त्ता के नाम से भिन्न-भिन्न डोमेंस पर (यदि उन पर यह नाम पहले से नहीं है) ई-मेल एड्रेस बना सकते हैं। ई-मेल एड्रेस का प्रारूप निम्नानुसार होता है–

rlallbookdepot@yahoo.co.in

इस ई-मेल एड्रेस को आर लाल बुक डिपो एट याहू डॉट को डॉट इन पढ़ा जाएगा। यहाँ पर rlallbookdepot प्रयोगकर्त्ता का नाम (User Name) और yahoo.co.in होस्ट नाम है।

प्रश्न 4. ई-मेल एकाउंट किस प्रकार बनाया जाता है?

उत्तर– ई-मेल इंटरनेट की एक लोकप्रिय सेवा है; परंतु इस सेवा का लाभ उठाने के लिए इंटरनेट पर आपको एक नया ई-मेल एकाउंट खोलने अर्थात् ई-मेल एड्रेस बनाने की आवश्यकता होती है। इंटरनेट पर अनेक ऐसी संस्थाओं के वेब साइट्स हैं, जो अपने सर्वर्स/कम्प्यूटर्स पर आपको निःशुल्क ई-मेल एकाउंट (E-mail Account) खोलने की सुविधा उपलब्ध कराते हैं, जिसे इंटरनेट से जुड़े किसी भी कम्प्यूटर से एक्सेस (Access) किया जा सकता है। ऐसी कुछ प्रमुख वेब साइट्स निम्नलिखित हैं, जिनमें से किसी भी वेब साइट पर बिना शुल्क अदा किए ही अपना ई-मेल एकाउंट खोल सकते हैं–

http://mail.yahoo.com
http://www.hotmail.com
http://www.mailcity.com
http://mail.sify.com
http://indiatimes.com
http://mail.rediff.com

यहाँ पर हम आपको hotmail मेल सर्वर अर्थात् http://www.hotmail.com वेब साइट पर अपना एक नया ई-मेल एकाउंट खोलना अर्थात् नया ई-मेल एड्रेस बनाना बता रहे हैं। इसके लिए सबसे पहले कम्प्यूटर को इंटरनेट से जोड़कर hotmail की वेब साइट पर जाने के लिए अपने ब्राउजर की एड्रेस बार में www.hotmail.com

टाइप करके Enter 'की' को दबाते हैं अथवा Address bar में hotmail टाइप करके की-बोर्ड पर Ctrl और Enter 'की' दोनों को एक साथ दबाते हैं। अब मॉनिटर स्क्रीन पर hotmail की वेब साइट खुल जाएगी।

एक नया ई-मेल एकाउंट खोलने के लिए, इस प्रदर्शन में Sing Up बटन पर क्लिक करते हैं। परिणामस्वरूप मॉनिटर स्क्रीन पर होने वाले वेब पेज पर Get it free बटन पर क्लिक करना होता है।

अब मॉनिटर स्क्रीन पर एक रजिस्ट्रेशन पेज प्रदर्शित होता है। अपने ई-मेल एकाउंट के लिए E-mail address के सामने वांछित ई-मेल एड्रेस टाइप करके इसके नीचे दिए गए बटन Check Availability पर क्लिक करते हैं। अब Hotmail सर्वर का प्रोग्राम इस बात को सुनिश्चित करने के लिए मेल-सर्वर के डाटाबेस को चेक करता है कि हमारे द्वारा टाइप किया गया ई-मेल एड्रेस किसी अन्य व्यक्ति को तो नहीं दिया जा चुका। यदि यह किसी अन्य व्यक्ति को दिया जा चुका होता है अर्थात् यह ई-मेल एड्रेस इस वेब साइट पर उपलब्ध नहीं है, तो hotmail प्रोग्राम हमको कोई अन्य ई-मेल एड्रेस टाइप करने के लिए कहता है। यदि हमारे द्वारा टाइप किया गया वांछित ई-मेल एड्रेस इस वेब साइट पर उपलब्ध होता है, तो इसकी सूचना कुछ ही क्षणों में प्रदर्शित होती है। इसके बाद इस ई-मेल एकाउंट को एक्सेस करने के लिए वांछित पासवर्ड को पासवर्ड के सामने दिए गए टैक्स्ट बॉक्स में टाइप किया जाता है। इस पासवर्ड को पुन: Retype Password के सामने दिए गए टैक्स्ट बॉक्स में टाइप किया जाता है।

इसके बाद इस रजिस्ट्रेशन फॉर्म में आपको अपनी व्यक्तिगत सूचनाएँ प्रविष्ट करनी होती हैं। रजिस्ट्रेशन फॉर्म में सभी सूचनाओं को भरें। इस फॉर्म में नीचे आने पर एक पिक्चर प्रदर्शित होगी। इस पिक्चर में प्रदर्शित होने वाले कैरेक्टर्स को कैरेक्टर्स (Characters) के सामने स्थित टैक्स्ट बॉक्स में टाइप करते हैं। अब इस फॉर्म में और नीचे आने पर प्रदर्शित होने वाले I Accept बटन पर क्लिक करते हैं।

अब कुछ क्षणों में मॉनिटर स्क्रीन पर यह सूचना प्रदर्शित होती है कि हमारे द्वारा माँगा गया ई-मेल एड्रेस Allot हो गया है।

इस प्रदर्शन में Continue बटन पर क्लिक करने पर Free Newsletter and Offers विंडो प्रदर्शित होती है। इस विंडो में से हम इस वेब साइट पर उपलब्ध जिस सेवा का उपयोग करना चाहते हैं, उसको चुन लेते हैं। इस विंडो में वांछित चुनाव के बाद इस विंडो में नीचे दिए गए बटन पर क्लिक करते हैं। अब प्रदर्शित होने वाली विंडो में हमारे द्वारा टाइप किया गया ई-मेल एड्रेस और इस ई-मेल एकाउंट में स्थित विभिन्न मैसेजेज की जानकारी प्रदर्शित होती है। इस मेल एड्रेस का प्रयोग कर हम अपने hotmail पर तैयार किए गए मेल एकाउंट को एक्सेस (Access) कर सकते हैं। जी.पी.एच. की पुस्तकों का मुख्य उद्देश्य ज्ञान के साथ-साथ अच्छे नम्बर दिलाना है।

प्रश्न 5. 'फाइल ट्रांसफर प्रोटोकॉल' पर संक्षेप में टिप्पणी लिखिए।

अथवा

'फाइल ट्रांसफर प्रोटोकॉल' (एफ.टी.पी.) पर संक्षिप्त टिप्पणी लिखिए। [दिसम्बर-2017, प्र.सं. 5.0 (ग)]

उत्तर– फाइल ट्रांसफर प्रोटोकॉल एक ऐसी संदेशाचार प्रक्रिया है जिसमें फाइल को दूरस्थ कम्प्यूटर से अपने कम्प्यूटर में स्थानांतरित किया जाता है। इंटरनेट पर फाइल को किसी भी दो कम्प्यूटरों के बीच स्थानांतरित किया जा सकता है। एफ.टी.पी. दो प्रकार की अवस्थाओं में कार्य करता है। एक वह जिसमें फाइल ट्रांसफर के लिए आई.डी. (ID) तथा पासवर्ड (Password) की आवश्यकता होती है और दूसरे प्रकार को अज्ञात (Anonymous) एफ.टी.पी. कहते हैं जिसमें फाइल को डाउनलोड (Download) तथा ट्रांसफर करने के लिए आई.डी. तथा पासवर्ड की कोई आवश्यकता नहीं पड़ती, इसे कोई भी इंटरनेट उपयोक्ता प्रयोग में ला सकता है। यह क्लाइंट/सर्वर अनुप्रयोग का एक उदाहरण है। इस प्रक्रिया में स्थानीय कम्प्यूटर में क्लाइंट प्रोग्राम होता है जो अनुरोध करता है तथा दूरस्थ कम्प्यूटर में सर्वर प्रोग्राम होता है जो अनुरोध की गई फाइल को प्रदान करता है। इसमें "एफ.टी.पी. क्लाइंट प्रोग्राम" का प्रयोग करके दूरस्थ कंप्यूटर को "एफ.टी.पी. सर्वर प्रोग्राम"

से संप्रेषण करके कार्य की सहभागिता की जाती है। ये दोनों प्रोग्राम एक ही साथ कार्य करते हैं। इस प्रक्रिया का उपयोग सॉफ्टवेयर प्रोग्राम, ग्राफिक्स, टेस्कट (Text) आदि फाइलों को स्थानांतरित करने के लिए किया जाता है।

प्रश्न 6. रिमोट लॉगिन (टेलनेट) क्या है? व्याख्या कीजिए।

उत्तर– रिमोट लॉगिन एक एक्सेस की विशेषता है। इंटरनेट पर व्यापकता इसे एक शक्तिशाली उपकरण बनाती है। यह प्रोग्राम में स्वयं कोई भी परिवर्तन किए बिना दूरस्थ क्षेत्रों में कम्प्यूटर की पहुँच के प्रोग्रामों को सक्षम बनाता है। टाइम-शेयरिंग सिस्टम पर टेलनेट सर्वर को इंस्टॉलेशन करना कष्टदाय प्रक्रिया है, परंतु फिर भी इसकी आवश्यकता बनी हुई है। टेलनेट क्लाइंट और सर्वर एक साथ उपयोगकर्त्ता के कम्प्यूटर और रिमोट सिस्टम पर एक मानक टर्मिनल के रूप में दिखाई देते हैं। इसलिए, जहाँ तक रिमोट सिस्टम का संबंध है एप्लीकेशन में कोई भी बदलाव आवश्यक नहीं है। इस व्यापकता को देखते हुए, कम्प्यूटर के विभिन्न आरबिटररी (arbitrary) ब्रांड के कम्प्यूटरों को रिमोट सिस्टम से जोड़ा जा सकता है। प्रभाव में, इंटरनेट पर कोई भी कम्प्यूटर इंटरनेट पर किसी भी टेलनेट सर्वर के लिए एक टेलनेट क्लाइंट बन सकता है। FTP या ई-मेल के विपरीत टेलनेट, उपयोगकर्त्ता को रिमोट सिस्टम के साथ गत्यात्मक रूप से अंतर्क्रिया करने की अनुमति देता है। इस कारण, टेलनेट सेवा बहुत ही लोकप्रिय है।

टेलनेट के सत्रों (sessions) को सामयिक समस्याओं में चलाया जा सकता है। रिमोट कम्प्यूटर पर एप्लीकेशन प्रोग्राम ठीक से काम नहीं करता या स्थिर हो सकता है। इसके बाद स्थानीय कम्प्यूटर हैंग हो जाता है। इस स्थिति से बाहर आने के लिए हमें एक मैकेनिज्म की जरूरत होती है। टेलनेट सत्र के दौरान, दो प्रोग्राम सदैव चलते हैं–एक प्रोग्राम रिमोट कम्प्यूटर पर और दूसरा टेलनेट क्लाइंट की स्थानीय मशीन पर। टेलनेट इन दो प्रोग्रामों के बीच स्विच करने का प्रावधान (Provision) बनाता है। एक बार जब एक टेलनेट सत्र स्थापित हो जाता है, उपयोगकर्त्ता द्वारा हर की-स्ट्रोक रिमोट कम्प्यूटर से गुजर (Passed)

जाता है। स्थानीय प्रोग्राम पर वापस लौटने के लिए Ctrl+] जैसा एक विशेष संयोजन (Combination) की-स्ट्रोक आरक्षित किया जाता है। टेलनेट क्लाइंट उपयोगकर्त्ता द्वारा रिमोट मशीन को की-स्ट्रोक भेजने से पहले प्रत्येक की-स्ट्रोक का निरीक्षण करता है। यदि विशेष संयोजन Key को दबाया जाता है, तो यह रिमोट मशीन के साथ संप्रेषण रोक देता है और स्थानीय क्लाइंट प्रोग्राम के साथ संप्रेषण की अनुमति देता है। इसके बाद उपयोगकर्त्ता रिमोट कम्प्यूटर के साथ कनेक्शन समाप्त कर सकता है, टेलनेट क्लाइंट को बंद कर सकता है और स्थानीय संचालन फिर से शुरू किया जा सकता है। जी.पी.एच. की पुस्तकों का मुख्य उद्देश्य ज्ञान के साथ-साथ अच्छे नम्बर दिलाना है।

प्रश्न 7. पुस्तकालय और सूचना विज्ञान में लिस्टसर्वर्स, एल.आई.एस. व्यावसायिकों की किस प्रकार सहायता कर रहे हैं? वर्णन कीजिए। [दिसम्बर-2018, प्र.सं. 3.2]

उत्तर– एक मेलिंग लिस्ट अथवा लिस्टसर्वर (जब सॉफ्टवेयर इलेक्ट्रॉनिक मेलिंग तथा डिस्कशन लिस्टें चलाया करते थे–उनके नाम पर) अथवा इंटरनेट पर लिस्ट फोरम – ये ई-मेल संप्रेषण के सामान्य तरीके हैं और मेल के प्राप्तकर्त्ताओं को सामान्य रुचि के विषयों पर चर्चा करने की सुविधा प्रदान करते हैं। इस प्रकार के सिस्टम के काम करने का तरीका इस प्रकार होता है–एक लिस्ट-सर्वर के पास दो ई-मेल पते होते हैं यथा–एक लिस्ट सर्व पता और दूसरा लिस्ट का पता। पहले वाले का प्रयोग प्रायः उन आदेशों (कमांड्स) को स्वीकार करने के लिए किया जाता है जो लिस्ट में शामिल होने/उसे छोड़ने के लिए, पावती की सूचनाओं (एकनोलेजमेंट्स) को प्राप्त करने आदि के लिए होते हैं जबकि दूसरा वास्तविक चर्चा संदेशों को स्वीकार करता है जिनकी स्केनिंग एक लिस्ट मॉडरेटर के द्वारा की जाएगी (यह ऐच्छिक है) तथा लिस्ट के सभी सदस्यों को वितरित की जाएगी। ई-मेल लिस्ट पते पर भेजा गया कोई भी संदेश लिस्ट के सभी सदस्यों को वितरित किया जाएगा और इसलिए सभी को सावधान रहना चाहिए कि वे सर्वर के लिए बने आदेशों को लिस्ट पते पर न भेजें।

सदस्यगण अपनी रुचि के आकार पर इन संदेशों पर अपने उत्तर अथवा टिप्पणियाँ भेज सकते हैं। इसके लिए हर बार संदेश भेजकर सक्रिय रूप से भाग लेने की भी आवश्यकता नहीं है। या फिर वे चर्चा को सिर्फ ब्राउज करके उसमें एक मूक दर्शक की तरह बने रह सकते हैं। उनके पास यह भी विकल्प होगा कि वे अपनी मर्जी के अनुसार लिस्ट को छोड़ दें। एक फोरम शामिल होने के लिए सॉफ्टवेयर तथा हार्डवेयर की बारीकियों को सीखने की भी आवश्यकता नहीं है। ई–मेल भेजने तथा प्राप्त करने से संबंधित सामान्य जानकारी रखने वाला कोई भी व्यक्ति अपनी पसंद के लिस्ट फोरम शामिल हो सकता है और अंत:क्रिया (इन्टरैक्ट) कर सकता है। जितनी जल्दी से इलेक्ट्रॉनिक मेल डिलीवर होती है उसे देखते हुए इलेक्ट्रॉनिक मेलिंग लिस्टें पारंपरिक कागजी वितरण लिस्टों के अतिरिक्त भी बहुत कुछ कर सकता हैं।

एक नए प्रयोक्ता से एक सामान्य गलती यह हो सकती है कि वह अपने सब्बक्रिप्शन के अनुरोध को नियमित लिस्ट पते पर भेज दे जिससे बाकी के सदस्य नाराज हो जाएँ। अत: लिस्ट सर्वरों से डील करते समय बेसिक शिष्टाचार (एटीकेट्स) का ध्यान रखा जाना चाहिए। आपसे आशा की जाती है कि आप स्पैम न करें, कोई विज्ञापन न भेजें अथवा ऐसी कोई अनचाही सामग्री न भेजें जिसके भेजे जाने का कोई औचित्य न हो। इसके साथ ही आदेश 'लिस्ट सर्व' पर भेजे जाएँ न कि लिस्ट पर, एक मेलिंग लिस्ट पर पहुँच होना एक विशेषाधिकार का मामला है न कि किसी का अधिकार, भाषा का प्रयोग करते समय सावधानी बरती जाए, लिस्टसर्वर्स से संप्रेषण करते समय अथवा नए समूहों से संप्रेषण करते समय सतर्क रहें और जो बोलें तो फिर उसका समर्थन भी करें आदि।

एक इंटरनेट अनेकों मेलिंग लिस्टों की मेजबानी करता है जिसमें नक्षत्र शास्त्र से लेकर प्राणि विज्ञान तक और संगीत से लेकर जीव विज्ञान तक का समावेश होता है। लिस्ट सर्व द्वारा प्रबंधित "CataList" सेवा उन सभी सार्वजनिक लिस्टों को सूचीबद्ध करती (लिस्ट करती) है जो लिस्ट सर्व सर्वर्स वर्ल्डवाइड पर चल रही है (http://www.lsoft.com/lists/listref.html)। ये लिस्टें किसी भी वेब सर्च इंजन (यथा गूगल) पर भी खोजी जा सकती हैं।

प्रसिद्ध वेब पोर्टल Yahoo द्वारा प्रदान किए गए yahoogroups फीचर ने समुदायों के लिए एक ईमेल चलाने की सुविधा बिना लिस्ट सर्व सॉफ्टवेयर को इंस्टाल किए ही प्रदान की है।

पुस्तकालय विज्ञान की रुचि के समुदाय से संबंधित भारतीय लिस्ट सर्व इस प्रकार हैं–

(1) LIS-FORUM

List address: lis-forum@ncsi.iisc.ernet.in

List server address: listserv@ncsi.iisc.ernet.in

Website: http://ncsi.iisc.ernet.in/mailman/listinfo/lis-forum

(2) INDIA-LIS

List address: INDIA-LIS@infoserv.inist.fr

Listserver address: LISTSERV@infoserv.inist.fr

Websites: http://infoserv.inist.fr/wwsympa.fcgi/info/india-lis

(3) Yahoo.Groups

याहू ग्रुप्स में प्रवेश लेने के लिए http में उनके संबंधित लिंकों को फाेलाे करें http://www.yahoo.com or http://www.yahoogroups.com or http://groups.yahoo.com

पुस्तकालय विज्ञान समुदाय की रुचि के कुछ याहू ग्रुप्स इस प्रकार हैं nmils@yahoogroups.com, digilib_india@yahoogroup.com, iatlis@yahoogrups.com,corporatelibrns@yahoogroups.com, etc.

प्रश्न 8. निम्नलिखित पर टिप्पणी लिखिए–

(i) वेब डायरेक्टरी

उत्तर– वेब डायरेक्टरी वेब साइटों की एक सूची होती है, जिसे सामान्यतः क्रमबद्ध रूप से व्यवस्थित रखा जाता है। ऊपरी भाग पर, कुछ मुख्य श्रेणियाँ होती हैं, जैसे गवर्नमेंट, हेल्थ, एंटरटेनमेंट, एजुकेशन, कम्प्यूटर और इंटरनेट, बिजनेस और इकॉनोमी आदि। प्रत्येक मुख्य श्रेणी में उप-श्रेणियाँ होती हैं और एक उप-श्रेणी की भी उप-श्रेणियाँ

हो सकती हैं। वेब डायरेक्टरी स्कीम किसी लाइब्रेरी कैटालॉग सिस्टम के समान कार्य करती है। कुछ वेब डायरेक्टरी वेबसाइट अपनी लिस्ट में किसी वेब साइट को शामिल करने के लिए शुल्क लगाती हैं, वहीं अन्य वेबसाइट में यह सुविधा निःशुल्क हो सकती हैं। ओपेन डायरेक्टरी प्रोजेक्ट (http://www.dmoz.org/) अपनी सूची में किसी वेब साइट को निःशुल्क शामिल करती है। याहू! डायरेक्टरी, (http://dir.yahoo.com/) वेब डायरेक्टरी के लिए अन्य लोकप्रिय संसाधन है।

तालिका 6.1: प्रचलित वेब डायरेक्टरीज

Name	Directory URL	Remarks
BUBL Information Service	http://bubl.ac.uk/	From Librarians
Google Web Directory	http://www.google.com /dirhp	
Yahoo Directory	http://dir.yahoo.com/	World's first web directory
DMOS Open Directory Project	http://www.dmos.org/	Public involvement

(ii) सर्च इंजन

उत्तर– यद्यपि वेब (Web) पर सूचनाओं का विशाल भंडार उपलब्ध है, परंतु वांछित सूचनाओं को खोजना सरल नहीं है। वेब पर सूचनाओं (पेजों) को सरलतापूर्वक खोजने के लिए अनेक शोधकर्त्ताओं ने वेब को विभिन्न विधियों से इंडेक्स (Index) करने के लिए अनेक प्रोग्राम्स लिखे हैं।

वे प्रोग्राम्स, जो वांछित सूचनाओं के लिए वेब पर सर्च (Search) करते हैं; सर्च इंजन (Search Engine) कहलाते हैं। इन्हें स्पाइडर (Spider), क्राउलर (Crawler), वॉर्म (Worm) अथवा नोबोट (Knowbot) भी कहा जाता है।

भिन्न सर्च इंजन भिन्न विधि से कार्य करते हैं; परंतु सर्च के परिणाम के रूप में सभी सर्च इंजन इंटरनेट की वेब साइट्स (Web Sites) की एक सूची, वेब साइट्स के लिंक्स के साथ प्रस्तुत करते हैं। मुख्य रूप से सर्च इंजन दो प्रकार के होते हैं–

(क) कुछ सर्च इंजन कैटालॉग सर्च (Catalog Search) करते हैं, जो हमें किसी सार्वलौकिक विषय (Common Topic) पर वेब साइट्स को सर्च करने की अनुमति देते हैं। ये सर्च इंजन इंटरनेट की वेब साइट्स और उनके पेजेज का कैटालॉग (Catalog) के रूप में एक डाटाबेस व्यवस्थित करते हैं और हमको सूचनाओं को ठीक उसी प्रकार खोजने की अनुमति प्रदान करते हैं, जैसे कि हम किसी एन्साइक्लोपीडिया (Encyclopedia) में इन्फॉर्मेशन को खोजते हैं। उदाहरण के लिए, याहू (yahoo)–सर्च इंजन हमको कैटालॉग सर्च उपलब्ध कराता है। यह इन्फॉर्मेशन का एक कैटालॉग प्रदर्शित करता है। इस प्रदर्शन में से हम वांछित विषय को चुनकर, किसी उप-विषय को चुनकर उससे संबंधित सूचनाओं का अध्ययन सर्च इंजन की सहायता से कर सकते हैं।

(ख) कुछ सर्च इंजन इंटरनेट के वेब साइट्स और उनके पेजेज का इंडेक्स के रूप में एक डाटाबेस व्यवस्थित करते हैं। ये सर्च इंजन प्रयोगकर्त्ता द्वारा निर्दिष्ट किए गए की-वर्ड्स (Keywords) के आधार पर, सूचना के लिए वेब साइट्स को सर्च करते हैं तथा परिणाम के रूप में उन वेब साइट्स की सूची प्रदर्शित करते हैं, जिनमें वे की-वर्ड्स स्थित होते हैं। इस प्रकार के वेब साइट आपको सर्च की जाने वाली सूचना को वर्णित करने वाले की-बोर्ड को टाइप करने की सुविधा देते हैं, न कि सूचनाओं से संबंधित टॉपिक और सबटॉपिक को सलेक्ट करने की। गूगल (Google) इसी प्रकार का सर्च इंजन है।

(iii) वेब पोर्टल

उत्तर– वेब पोर्टल एक विशेष रूप से डिजाइन वेबसाइट है जो समान तरीकों से विभिन्न स्रोतों की जानकारी एक साथ उपलब्ध कराता है। ये पोर्टल ई-मेल, स्टॉक कीमत, सूचनाएँ, डाटाबेस और मनोरंजन की सुविधाएँ भी प्रदान करता है।

एक प्रभावी पोर्टल में निम्नलिखित शामिल होने चाहिए–

(क) एक्सेस के लिए एकल बिंदु।

(ख) निजीकरण।

(ग) एप्लीकेशन्स का एकीकरण।

(घ) सिस्टम की सुरक्षा।

(ङ) खुलापन।

(च) फाइलों में मदद करने के लिए लिंक।

प्रश्न 9. वेब 2.0 से आप क्या समझते हैं? इसकी विशेषताओं एवं आवश्यकता पर प्रकाश डालिए।

उत्तर– वेब 2.0 शब्द सामान्यतः ऐसे वेब प्रोग्रामों/एप्लीकेशन्स के लिए प्रयुक्त होता है जो पारस्परिक क्रियात्मक जानकारी बाँटने, सूचनाओं के आदान-प्रदान करने, उपयोगकर्त्ता को ध्यान में रखकर डिजाइन बनाने और वर्ल्ड वाइड वेब से जोड़ने की सुविधा प्रदान करते हैं। वेब 2.0 के उदाहरणों में वेब आधारित कम्युनिटी/समुदाय, होस्ट सर्विस, वेब प्रोग्राम, सोशल नेटवर्किंग साइट, वीडियो शेयरिंग साइट, wiki, ब्लॉग तथा मैशप (दो या अधिक स्रोतों से जानकारी एकत्रित करके बनाया गया वेब पेज) व फोक्सोनोमी (टैगिंग) शामिल हैं। एक वेब 2.0 साइट अपने उपयोगकर्त्ताओं को अन्य उपयोगकर्त्ताओं के साथ वेबसाइट की सामग्री देखने या बदलने की अनुमति देती है जबकि नॉन-इंटरएक्टिव वेब साइटों के द्वारा उपयोगकर्त्ता किसी जानकारी को केवल उतना ही देख सकते हैं जितनी जानकारी उन्हें देखने के लिए उपलब्ध कराई जाती है।

वेब 2.0 तकनीकों के विकास में निम्न बिंदुओं को ध्यान में रखा जाता है–

- **उपयोगकर्त्ताओं की भागीदारी–** परंपरागत वेब के साथ, स्रोत से उपयोगकर्त्ताओं तक अधिक संप्रेषण किया जाता था, जबकि इसका विपरीत संप्रेषण किया जाना संभव नहीं था। वेब 2.0 की सहायता से उपयोगकर्त्ता न केवल स्रोत पुनः संप्रेषण कर सकते हैं, बल्कि वेबसाइट के लिए विषय-वस्तु (content) को भी विकसित कर सकते हैं। इस विषय-वस्तु

के बारे में कोई भी उपयोगकर्त्ता अपनी भावनाएँ एवं विचार व्यक्त कर सकता है। वे स्रोत के साथ सहमत या असहमत भी हो सकते हैं।

- **उपयोगकर्त्ता केंद्रित सेवाएँ**—वेब 2.0 की कार्य विधि के अंतर्गत सेवाओं के प्रचलन एवं उनकी डिलीवरी की विधि में परिवर्तन आ जाता है। पूर्व में इस तकनीक का प्रयोग बाजार पर प्रभाव के रूप में देखा जा सकता था। किंतु नई प्रौद्योगिकियों के आगमन से वेब सेवाएँ उपयोगकर्त्ता उन्मुख हो गई हैं। हमेशा परिवर्तनशील रहने वाली उपयोगकर्त्ताओं की आवश्यकताओं को पूरा करने के लिए इन सेवाओं की कार्यप्रणाली (modus-operandi) में पर्याप्त लचीलेपन की आवश्यकता है। उपयोगकर्त्ता की प्राथमिकताओं एवं सेवा-विकल्पों में निरंतर परिवर्तन हो रहा है तथा इन सेवाओं के लिए उपयोगकर्त्ताओं की प्रत्येक माँग को पूरा करना आवश्यक हो जाता है।
- **संघबद्धता एवं अंतरसंक्रियता**—वेब 2.0 की कार्यप्रणाली में एप्लीकेशन का वितरण विभिन्न नोड्स पर किया जाता है तथा प्रत्येक नोड अपनी सेवाओं के लिए उत्तरदायी होता है। हालाँकि, सभी नोड सहयोगात्मक रूप से एक ही मंच द्वारा एकल सेवा प्रदान कर सकते हैं। सेवा नोड्स एक मानक फॉर्मेट में सेवाएँ उत्पन्न करते हैं, जिन्हें एकल सेवा के रूप में एकीकृत किया जा सकता है। जिससे सभी प्रणालियाँ एक संघीय वातावरण में परस्पर एक-दूसरे के लिए उपयोगी हो जाती हैं।
- **तकनीकी जटिलता को छिपाना**—वेब 2.0, प्रौद्योगिकी के बारे में अधिक न जानने वाले अपने उपयोगकर्त्ताओं को भी सेवाओं या विषय-वस्तु (content) का निर्माण करने में सहायता करता है। इस प्रकार यह अधिक उपयोगकर्त्ता केंद्रित होता है। सैद्धांतिक रूप से, वेब 2.0 वास्तव में तकनीकी जटिलता के बारे में ही है, यद्यपि इसमें प्रौद्योगिकी

परोक्ष रूप से महत्त्वपूर्ण भूमिका निभाती है। प्रौद्योगिकी का विकास इस प्रकार से किया जाता है कि उपयोगकर्त्ता प्रौद्योगिकी की जटिलता के बारे में परेशान होने के स्थान पर सेवाओं की विषय-वस्तु पर ध्यान केंद्रित कर सके। तकनीक उपयोगकर्त्ता के सामने अप्रकट (गुप्त) रहती है।

- **मॉड्युलेरिटी–**मापांक (module) किसी भी प्रणाली के संघटक होते हैं। कोई भी सेवा या उत्पाद प्रदान करने के लिए एक प्रणाली अलग-अलग प्रकार के समन्वयन में कार्य करती है। मॉड्यूलर उपागम किसी भी प्रणाली में कोई विशेषता जोड़ने या हटाने हेतु लचीलापन प्रदान करता है। परंपरागत वेब, सशक्त किंतु कठोर ढंग से सूचनाएँ प्रदान करता था, परंतु वेब 2.0 में मॉड्युलेरिटी बहुत हद तक लचीलापन प्रदान करते हुए संघटकों को जोड़ने या हटाने की सुविधा प्रदान करती है।

वेब 2.0 एप्लीकेशन्स की विशेषताएँ

- लागत-प्रभावी मापनीयता के साथ सेवाएँ, न कि पैकेज्ड सॉफ्टवेयर।
- अधिक-से-अधिक लोगों द्वारा प्रयोग किए जाने पर अधिक समृद्ध होने वाले, पुनः निर्मित किए जाने में कठिन अद्वितीय डाटा-स्रोतों पर नियंत्रण।
- सह-विकासकर्त्ताओं (निर्माताओं) के रूप में उपयोगकर्त्ताओं पर विश्वास करना।
- सामूहिक बौद्धिकता को प्रयोग में लाना।
- एकल उपकरण के स्तर से श्रेष्ठ सॉफ्टवेयर।
- लाइट-वेट यूजर इंटरफेस, विकास मॉडल तथा व्यापार मॉडल।

प्रश्न 10. वेब 2.0 के विभिन्न अनुप्रयोगों पर चर्चा कीजिए।

अथवा

'विकी' पर संक्षिप्त टिप्पणी लिखिए।

[जून-2018, प्र.सं. 5.0 (b)]

उत्तर– वेब 2.0 के विभिन्न अनुप्रयोग इस प्रकार हैं–

(1) सहयोगी वेब–वेब 2.0 की सबसे महत्त्वपूर्ण विशेषता सहयोगी वेब है। इसका सबसे अच्छा उदाहरण विकिपीडिया है।

(क) विकिपीडिया–विकिपीडिया इंटरनेट पर एक निःशुल्क एनसाइक्लोपीडिया है, जिसका उपयोग आप लगभग किसी भी विषय पर सूचना प्राप्त करने के लिए कर सकते हैं। विकिपीडिया न केवल निःशुल्क है, बल्कि इसे संपादित भी किया जा सकता है। इसकी विशेषता केवल यह नहीं है कि इसमें संपादन का कार्य हो सकता है, बल्कि इसे कोई भी संपादित कर सकता है, आप भी। विकिपीडिया अनेक भाषाओं में उपलब्ध है। मुख्य अंग्रेजी विकिपीडिया के लिए URL http://en.wikipedia.org है। जिसमें 30 लाख से भी ज्यादा लेख उपलब्ध हैं, और यह अभी भी विकसित हो रहा है।

विकिपीडिया में सर्च करना आसान है–बाईं ओर वाले बार में स्थित सर्च बॉक्स में केवल आवश्यक कीवर्ड एंटर करें और सर्च बटन पर क्लिक करें। विकिपीडिया या तो संबंधित लेख प्रदर्शित करेगा, या फिर किसी एक के चयन के लिए उससे मिलती-जुलती सूची प्रदर्शित करेगा। विकिपीडिया के लेखों में एक बात पर अवश्य ध्यान जाएगा कि इनमें अन्य विकिपीडिया लेखों के लिए लिंक (नीले रंग में प्रदर्शित किए जाते हैं) उपलब्ध होते हैं। किसी एक लेख के टर्म और तथ्य को विस्तार से पढ़ने के लिए आप इन लिंकों पर क्लिक कर सकते हैं। एक विकिपीडिया लेख में अन्य वेब साइट के लिंक हो सकते हैं, जिनके द्वारा लेख में की गई किसी विषय की चर्चा के बारे में अतिरिक्त जानकारी प्राप्त हो सकती है।

विकिपीडिया, इंटरनेट यूजर्स के सहयोग से बनाया गया है। यदि आप चाहें, तो आप कोई लेख इसमें जोड़ सकते हैं या किसी उपलब्ध लेख को संपादित भी कर सकते हैं।

ऐसा करने के लिए, आपको अपना एकाउंट बनाने और लॉग-इन करने की आवश्यकता होती है। इसमें एकाउंट बनाना भी बहुत आसान है आपको केवल यूजरनेम और पासवर्ड देने की आवश्यकता होती है। सभी नए लेखों या मौजूद लेखों में बदलावों पर स्वयंसेवकों की नजर होती है, और यदि वे किसी विषय को अनुपयुक्त पाते हैं, तो वे इसे हटा देंगे।

(ख) **ब्लॉग**—ब्लॉग एक ऐसी साइट है जिसके द्वारा हम अपने विचारों और जानकारी को शीघ्रता से दूसरों तक पहुँचा सकते हैं। ब्लॉग में विभिन्न प्रकार की पोस्ट होती है जिसे दिनांक के विपरीत क्रम में सूचीबद्ध किया जाता है। अपने पोस्ट को रोचक बनाने के लिए हम उसमें फोटो और वीडियो भी शामिल कर सकते हैं। आँकड़ों के अनुसार, प्रत्येक सेकेंड में एक नया ब्लॉग बनाया जाता है। ब्लॉग के उदाहरण—http://www.blogger.com, http://wordpress.com हैं।

(ग) **परियोजना प्रबंधन प्रणाली**—परियोजना प्रबंधन प्रणाली, सॉफ्टवेयर विकास परियोजना के प्रबंधन के लिए आदर्श है। हालाँकि, यह प्रणाली सॉफ्टवेयर विकास से अलग रहकर भी परियोजनाओं का प्रबंधन कर सकती है। ये प्रणालियाँ कार्य-योजना को अपनाने में सपोर्ट करती हैं तथा इसे सभी सदस्यों के साथ शेयर करती हैं। ये प्रणालियाँ फाइल या सॉफ्टवेयर के विशेष समुच्चय के लिए वर्जन-नियंत्रण (Version Control) का प्रयोग करती हैं तथा विभिन्न वर्जनों में अंतरों को स्पष्ट करती हैं। इन प्रणालियों में सशक्त उपयोगकर्त्ता नियंत्रण तकनीक मौजूद रहती है, जिसके कारण कोई अप्रमाणित (Non-authenticated) उपयोगकर्त्ता उन क्षेत्रों में प्रवेश नहीं कर सकता है, जिनका उससे कोई संबंध नहीं है। ये प्रणालियाँ लैंडमार्क्स को उजागर करती हैं तथा परियोजना में भाग लेने वाले साझेदारों के लिए समय-सीमा व्यक्त करती है।

(2) इंटरेक्टिव वेब (Interactive web)—वेब 2.0 का इंटरेक्टिव वेब उपयोक्ताओं को अपने कार्य और विचारों को शेयर करने की अनुमति प्रदान करता है।

(क) ऑनलाइन चैट—ऐसी बहुत सी निःशुल्क एप्लीकेशन्स हैं जिनके द्वारा ऑनलाइन चैट की जा सकती है जैसे—skype, GTalk, yahoo चैट इत्यादि। इन एप्लीकेशन्स से हम टेक्स्ट, ऑडियो और वीडियो द्वारा चैट कर सकते हैं।

(ख) डॉक्यूमेंट शेयरिंग टूल—इनका उपयोग इंटरनेट पर डॉक्यूमेंट्स, इमेजिस और ऑडियो-विजुअल टूल्स को शेयर करने के लिए किया जाता है।

(i) **डॉक्यूमेंट शेयरिंगः गूगल डॉक**—यह इंटरनेट पर डॉक्यूमेंट शेयर करने का निःशुल्क टूल है। यह ऑनलाइन अपलोड, डॉक्यूमेंट की एडिटिंग और शेयरिंग, स्प्रेडशीट तथा प्रेजेंटेशन आदि का समर्थन करता है। इसके निम्नलिखित कार्य हैं—

- स्पेल चैक करना,
- पेज के साइज को ठीक प्रकार से निर्मित करना,
- सभी सूत्रों को दिखाना,
- टेक्स्ट को छाँटना,
- फॉर्म बनाना,
- मोबाइल समर्थन,
- फाइल को डॉक्यूमेंट लिस्ट में बदलना,
- डॉक्यूमेंट में टेक्स्ट को ढूँढ़ना,
- शब्दकोश की सुविधा तथा
- स्प्रेडशीट में फॉर्मेट पेंटर।

(ii) **चित्र शेयरिंगः पिकासा**—पिकासा गूगल द्वारा निर्मित एवं निःशुल्क प्रयोग हेतु उपलब्ध तस्वीर सॉफ्टवेयर है। यह उपयोगकर्त्ता को अपने अभिकलित्र में तस्वीरों को खोजने, बदलने, बाँटने में मदद करता है। यह खोलते ही अपने आप अभिकलित्र से तस्वीरें खोजकर, तरीके से छाँटकर चित्रकोश (एलबम) में दिखाता है। इसकी

सहायता से आसानी से इन तस्वीरों को एक चित्रकोश से दूसरे में उठा कर डाल सकते हैं। इसका नवीनतम संस्करण है–पिकासा 3.6 Build 105.41

(iii) **फिल्म शेयरिंगः यूट्यूब**–यूट्यूब एक ऐसी निःशुल्क वेबसाइट है जहाँ उपयोक्ता वीडियो देख सकता है, अपलोड कर सकता है और वीडियो क्लिप को शेयर कर सकता है। इसे 2005 में पेपल (PayPal) के कुछ कर्मचारियों द्वारा बनाया गया था।

(ग) **सोशल नेटवर्किंग**–सोशल नेटवर्किंग, वेब 2.0 कार्यान्वयन में एक उल्लेखनीय घटना है। इसके माध्यम से लोग ऑनलाइन एक-दूसरे से जुड़ सकते हैं। यह एक ऐसा मंच है जिसके द्वारा हम अपने विचारों का आदान-प्रदान कर सकते हैं। अपने पुराने मित्रों को ढूँढ़ सकते हैं और समान प्रवृत्ति वाले लोगों का एक समूह बना सकते हैं। इस साइट का प्रयोग केवल सामान्य व्यक्ति या नामी हस्तियाँ ही नहीं करती, अपितु यह उत्पादों को प्रचारित करने का एक टूल बन गया है। सोशल नेटवर्किंग साइट्स के माध्यम से हम तस्वीरों, वीडियो का आदान-प्रदान कर सकते हैं। फेसबुक, ट्विटर और ऑरकुट ऐसी ही कुछ अत्यधिक प्रचलित सोशल नेटवर्किंग साइट्स हैं। सामाजिक-राजनैतिक गतिविधियों के प्रचार-प्रसार में सोशल नेटवर्किंग ने महत्त्वपूर्ण भूमिका निभाई है।

(i) **फेसबुक**–फेसबुक अंतरजाल पर स्थित एक निःशुल्क सोशल नेटवर्किंग साइट/सेवा (Social Networking Site) है, जिसके माध्यम से इसके सदस्य अपने मित्रों, परिवारों एवं परिचितों के साथ संपर्क रख सकते हैं। फेसबुक का प्रारंभ सन् 2004 में मार्क ज्यूकरबर्ग (Mark Zuckerberg) ने किया था। वही इसके संस्थापक भी हैं। इसके प्रयोक्ता नगर, कार्यस्थल या क्षेत्र के अनुसार गठित किए गए नेटवर्कों में शामिल हो

सकते हैं और आपस में विचारों का आदान-प्रदान कर सकते हैं।

फेसबुक का उपयोग करने वाले अपना एक प्रोफाइल (Profile) पृष्ठ तैयार कर उस पर अपने बारे में जानकारी देते हैं। इसमें उनका नाम, जन्म, चित्र, कार्य का स्थान, समूह, विद्यालय व कॉलेज आदि का ब्यौरा दिया जाता है। इस पृष्ठ के माध्यम से लोग अपने मित्रों एवं परिचितों का नाम ई-मेल आदि डालकर उन्हें ढूँढ़ सकते हैं। इसके साथ ही वे अपने मित्रों व परिचितों की एक अंतहीन श्रृंखला से भी जुड़ सकते हैं।

इस जालस्थल पर कोई व्यक्ति अपनी रुचि, व्यक्त कर समान विचारों वाले सदस्यों/लोगों को अपना मित्र भी बना सकता है। इसके अलावा कई अन्य तरह के संपर्क आदि से भी वह जुड़ सकता है। फेसबुक में अपनी रुचि के चित्र, फोटो लोड कर उन्हें एक-दूसरे के साथ बाँट भी सकते हैं। ये चित्र उन्हीं लोगों को दिखेंगे, जिन्हें उपयोक्ता दिखाना चाहता है। फेसबुक के माध्यम से समाचार, वीडियो एवं अन्य दूसरी संचिकाएँ भी बाँट सकते हैं।

सोशल नेटवर्किंग साइट फेसबुक इंटरनेट के माध्यम से जुड़े लोगों के जीवन का अभिन्न अंग बनती जा रही है, परंतु कुछ साइबर विशेषज्ञ फेसबुक से उत्पन्न खतरों के बारे में भी समय-समय पर आगाह करते रहते हैं।

(ii) **Academia. edu**—यह एक ऐसी सोशल नेटवर्किंग साइट है जो शैक्षिक रुचि रखने वाले लोगों को ध्यान में रखकर बनाई गई है। यहाँ लोग अपने विचार एक-दूसरे के साथ शेयर कर सकते हैं। इसके अतिरिक्त लोग एक-दूसरे के साथ शोध-कागज तथा लेख भी शेयर कर सकते हैं। यह शैक्षिक और शोध समुदाय के लोगों के लिए बहुत ही लोकप्रिय साइट है।

प्रश्न 11. वेब 3.0 पर संक्षिप्त टिप्पणी लिखिए।

[जून-2018, प्र.सं. 5.0 (d)]

उत्तर– वेब 3.0 को वेब इंटरेक्शन में नया प्रतिमान माना जाता है और यह एक मौलिक परिवर्तन को चिह्नित करेगा कि डेवलपर्स कैसे वेबसाइट बनाते हैं, लेकिन इससे भी महत्त्वपूर्ण बात यह है कि लोग उन वेबसाइटों के साथ कैसे बातचीत करते हैं। कंप्यूटर वैज्ञानिकों और इंटरनेट विशेषज्ञों का मानना है कि वेब इंटरेक्शन में यह नया प्रतिमान लोगों के ऑनलाइन जीवन को और अधिक सहज बना देगा क्योंकि बेहतर खोज कार्य जैसे उपयोगकर्ता उपयोगकर्ताओं को वास्तव में वही दिखाते हैं जो वे खोज रहे हैं, क्योंकि यह एक कृत्रिम बुद्धिमत्ता के समान होगा। यह वर्तमान में स्थिति की तुलना में केवल कीवर्ड की तुलना करने के बजाय संदर्भ को समझता है।

वेब 3.0 वेब का पूर्ण सुदृढ़ीकरण होगा, ऐसा जो वेब 2.0 नहीं था। वेब 2.0 केवल मूल वेब से एक विकास था, जिसकी तुलना एक पुस्तकालय से की जा सकती है, क्योंकि वेब 1.0 मूल रूप से एक इन्फोडम्प था, एक ऐसा स्थान जहाँ लोग सिर्फ पाठ की दीवारों पर दीवारें रखते थे, जिसे लोग पढ़ सकते हैं लेकिन आमतौर पर बातचीत नहीं करते हैं। वेब 2.0 ने इसे डायनामिक वेबसाइटों के साथ उपयोगकर्ता के इंटरेक्शन की अनुमति देकर बदल दिया, जो केवल सूचना के पृष्ठों की तुलना में अनुप्रयोगों के रूप में अधिक कार्य करता था।

वेब 3.0 के लिए अभी तक कोई ठोस परिभाषा नहीं है और जो तकनीक हमें वहाँ लाएगी वह अभी तक परिपक्व नहीं हुई है। तो वेब 3.0 की बेहतर समझ पाने के लिए, आइए एक उदाहरण देखें। वर्तमान वेब 2.0 में, उपयोगकर्ता उन वेबसाइटों के साथ बातचीत कर सकते हैं जिनके पास उपयोगकर्ताओं के इनपुट के अनुसार पूर्व निर्धारित व्यवहार हैं। उपयोगकर्ता विभिन्न खोज इंजनों का उपयोग करके जानकारी खोज सकते हैं जो आम तौर पर खोज के संबंध में पर्याप्त जानकारी होने पर संतोषजनक परिणाम प्रदान करते हैं। हालाँकि, वेब 3.0 उपयोगकर्ता से संदर्भ प्राप्त करने में सक्षम होगा; और फिर उपयोगकर्ता कैरो के कीट

के बारे में सबसे उपयोगी जानकारी प्रदान करने में सक्षम हो सकता है, जैसे कि उसके निवास स्थान और यहाँ इसे एक विनम्रता के रूप में ढूँढना है। वेब 3.0 की तुलना एक कृत्रिम बुद्धिमत्ता सहायक से की जा सकती है जो अपने उपयोगकर्ता को समझता है और हर चीज को निजीकृत करता है।

इसके अलावा, यदि कोई छुट्टी की तैयारी कर रहा है और उसे सस्ती उड़ानों और आवास के साथ-साथ भोजन की तलाश करने की आवश्यकता है, तो उन्हें वेब पर विभिन्न चयनों की तुलना में बहुत सारी जानकारी देखनी चाहिए और खोज में घंटों लग सकते हैं। लेकिन वेब 3.0 खोज इंजन या सहायक इस जानकारी को सभी को परिमार्जन करने और उपयोगकर्ता को बहुत ही बुद्धिमान तरीके से प्रस्तुत करने में सक्षम होंगे, यहाँ तक कि उपयोगकर्ता की प्रोफाइल के आधार पर अत्यधिक सटीक और अनुकूल सुझाव भी दे सकते हैं।

□□

वेब-आधारित सेवाएँ (Web-based Services)

भूमिका

आरंभ में, पारंपरिक सूचना उत्पादों एवं सेवाओं पर महत्त्व दिया जाता था जो बाद में इलेक्ट्रॉनिक उत्पादों और सेवाओं में स्थानांतरित हो गया। वेब-आधारित सेवाओं में ऑनलाइन शॉपिंग, ई-मेल, चैटिंग, ब्लॉग, विकिपीडिया आदि शामिल हैं। अब उत्पाद पहले के उत्पादों की तुलना में अधिक व्यक्तिगत हो गए हैं। वर्तमान समय में, उपयोक्ताओं की आवश्यकता के अनुसार उत्पाद एवं सेवाओं, जैसे—ऑनलाइन ई-लर्निंग मॉडल, सूचना डाइजेस्ट प्रणाली तथा साहित्यिक समीक्षा इत्यादि का प्रचलन शुरू हुआ जो उपयोक्ता उन्मुख है। सहयोगी विषय-वस्तु के विकास में, लोग/उपयोक्ता/हितधारक आदि विषय-वस्तु की रचना में भाग लेते हैं। वर्तमान समय में वेब सीखने-सिखाने, अंत:क्रिया करने एवं संचार का एक आवश्यक माध्यम बन गया है। यह वाणिज्य और व्यापार के लिए व्यावहारिक उपकरण बन गया है। पिछले कुछ वर्षों में, ई-व्यापार के अंतर्गत डिजिटल/इलेक्ट्रॉनिक सूचनाओं के मूल्य में वृद्धि हुई है और इस प्रक्रिया द्वारा वेब विपणन में बढ़ोतरी हुई है।

प्रश्न 1. वेब-आधारित/इंटरनेट-आधारित पुस्तकालय सेवाओं से आप क्या समझते हैं? इनका विस्तारपूर्वक वर्णन कीजिए।

उत्तर– इंटरनेट और वेब तकनीक ने लोगों के संचार-रूपी तरीकों को बदलकर आसान बना दिया है जिसकी वजह से अनेक लोग इंटरनेट पर निर्भर हैं। वर्तमान युग के उपयोगकर्त्ता, विशेष रूप से युवा, सूचना/जानकारी तक विभिन्न तरीकों से पहुँचते हैं। वे संवहन उपकरणों का प्रयोग करके कहीं से भी (चाहे वह घर हो, कार्यालय हो या रेस्टोरेंट हो) सूचना तक पहुँच जाते हैं। उपयोगकर्त्ताओं को ऐसा प्रतीत होता है कि उन्हें सभी प्रकार की सूचनाएँ गूगल, याहू, यूट्यूब, विकिपीडिया इत्यादि से मिल जाती है। इसलिए वे पुस्तकालयों का प्रयोग कम या न के बराबर करते हैं। उन्हें सभी प्रकार की जानकारियाँ इंटरनेट पर प्राप्त हो जाती हैं जिसकी वजह से यह प्रतीत होता है कि परंपरागत पुस्तकालयों का भविष्य खतरे में है। इन सब बातों को ध्यान में रखते हुए अनेक पुस्तकालयों ने पहल की और उपलब्ध तकनीकों का प्रयोग करके उपयोगकर्त्ताओं को पहले से ज्यादा सुविधाएँ व सेवाएँ प्रदान कीं।

वेब-आधारित पुस्तकालय सेवाओं के निम्नलिखित प्रकार हैं–

(1) पुस्तकालय वेबसाइट (Library Website)–उपयोगकर्त्ताओं तक अपनी पहुँच बनाने के लिए पुस्तकालयों के पास वेबसाइट का होना बहुत जरूरी है। इंटरनेट पर पुस्तकालय वेबसाइट के साथ उपयोगकर्त्ता ओपेक (OPAC–ऑनलाइन पब्लिक एक्सेस कैटालॉग) का प्रयोग कहीं से भी करके पुस्तकालय स्रोतों की खोज कर सकते हैं। इससे उन्हें पुस्तकालय के खुलने या बंद होने के लिए इंतजार नहीं करना पड़ेगा। उपयोगकर्त्ताओं की सुविधा के लिए अनेक पुस्तकालयों ने ऑनलाइन संदर्भ सेवाएँ प्रदान करनी आरंभ कर दी है। इस सेवा के साथ उपयोगकर्त्ता पुस्तकालयाध्यक्ष से आमने-सामने बातचीत कर सकते हैं।

(2) डाटाबेस तक पहुँच (Access to Databases)–इंटरनेट पर ग्रंथसूची, सांख्यिक और पूर्ण-पाठ डाटाबेस उपलब्ध हैं। अतिरिक्त कार्यप्रणालियों और विशेषताओं के साथ वेब अनुक्रमण और सारकरण डाटाबेस, जैसे–कैमिकल एब्स्ट्रेक्ट, बायोलॉजिकल एब्स्ट्रेक्ट, इंडेक्स मेडिक्स, COMPENDEX, INSPEC इत्यादि भी उपलब्ध हैं।

(3) ई-जर्नल तक पहुँच (Access to e-Journals)– इलेक्ट्रॉनिक जर्नल या ई-जर्नल वे जर्नल होती हैं, जिन्हें इलेक्ट्रॉनिक रूप से तैयार व वितरित किया जाता है। कुछ परंपरागत जर्नल अब मुद्रण के साथ-साथ वेब पर भी प्रकाशित होती हैं। आजकल पुस्तकालय ई-जर्नल कंसोर्शिया से भी जुड़ गए हैं ताकि वे अपने ग्राहकों और उपयोगकर्त्ताओं को पूर्ण-पाठ-ई-जर्नल अभिगम प्रदान कर सकें। कुछ महत्त्वपूर्ण उदाहरण हैं–JCCC@UGC-INFONET Consortium और CSIR e-Journal Consortium

(4) कोर्सवेयर तक पहुँच (Access to Courseware)– उपयोगकर्त्ताओं की आवश्यकता के अनुसार पुस्तकालय उन्हें कोर्सवेयर प्रदान करते हैं। इंटरनेट पर उपलब्ध कुछ कोर्सवेयर निम्न हैं–

(क) एन.पी.टी.ई.एल. (NPTEL)–एन.पी.टी.ई.एल. वेब पाठ्यक्रम और वीडियो व्याख्यान के रूप में मुफ्त ऑनलाइन पाठ्य प्रदान करता है। इन व्याख्यानों में इस तरह चैटिंग, टेबलेट पर लेखन, पावर-पॉइंट, दो और तीन आयामी एनीमेशन, इंटरेक्टिव कोड आदि प्रत्येक कोर्स से संबंधित 1 घंटे की अवधि के लगभग 40 वीडियो व्याख्यान शामिल हैं। इसमें एक ऑनलाइन चर्चा मंच भी शामिल किया गया है, जहाँ छात्र पोस्ट और सवालों की समीक्षा कर सकते हैं। एन.पी.टी.ई.एल. के तत्त्वावधान में संस्थानों, छात्रों आदि के लिए नियमित रूप से कार्यशालाएँ आयोजित की जाती हैं।

(ख) राष्ट्रीय विज्ञान डिजिटल पुस्तकालय (National Science Digital Library)–निस्केयर की यह योजना यू.जी.सी. एवं मानव संसाधन विकास मंत्रालय के सहयोग से चल रही है। इसमें महाविद्यालय एवं विश्वविद्यालय के विद्यार्थियों के लिए लगभग 1000 पुस्तकों को विषय विशेषज्ञों से ई-बुक्स के रूप में तैयार करवाया गया है। विभिन्न विश्वविद्यालयों और कॉलेजों के संकाय सदस्यों द्वारा कोर्स सामग्री समय-समय पर पुनरीक्षित भी की जाती है।

प्रश्न 2. वेब-आधारित पुस्तकालय सेवाओं की आवश्यकता और प्रयोजन की विवेचना कीजिए।

उत्तर– वेब-आधारित सेवाएँ पुस्तकालयों में उभरती हुई प्रवृत्ति है जो उपयोगकर्त्ताओं को खोज और पुनर्प्राप्ति में एक समृद्ध अनुभव दे रही है। वेव संसाधन ऐसे ई-संसाधन हैं जो पुस्तकालय में सीधे या कंसोर्टिया भागीदारी के माध्यम से प्राप्त होते हैं। ये वेब संसाधन पूर्ण पाठ्य संसाधन हैं जो भौतिक पुस्तकालय स्थान के बाहर रहते हैं तथा इंटरनेट की आभासी दुनिया में आभासी संसाधनों के रूप में सुलभ हैं। अधिकृत उपयोगकर्त्ता घर या कार्यालय में 24 × 7 अपनी रुचि के किसी भी स्थान से इंटरनेट पर उन्हें ऑनलाइन एक्सेस कर सकते हैं। ऐतिहासिक परिप्रेक्ष्य से देखते हुए वेब-आधारित सेवाओं ने पारंपरिक ऑनलाइन सेवाओं को काफी हद तक बदल दिया है।

वेब-आधारित सेवाओं को शुरू करने की आवश्यकता और उद्देश्य निम्न हैं–

(i) यह सुनिश्चित करना कि उपयोगकर्त्ताओं की आवश्यकताएँ और उनके लिए सुलभ जानकारी मेल खाती हो;

(ii) उपयोगकर्त्ता को समय पर और उचित तरीके से जानकारी देना;

(iii) यह सुनिश्चित करना कि प्रदान की गई जानकारी सटीक और उचित है तथा उच्च गुणवत्ता की है;

(iv) नई सेवाओं और सूचना स्रोतों के बारे में उपयोगकर्त्ता जागरूकता को बढ़ावा देना; तथा

(v) उपयोगकर्त्ताओं को व्यक्तिगत मार्गदर्शन और सहायता प्रदान करना।

एक पुस्तकालय द्वारा वेब आधारित पुस्तकालय सेवाएँ निम्न प्रकार की होनी चाहिए–

(i) एक बड़ी, विविध उपयोगकर्त्ता आबादी की जरूरतों का समर्थन करने के लिए लचीला और मापनीय;

(ii) सहज उपयोगकर्त्ता इंटरफेस के साथ सुदृढ़;

(iii) इंटरनेट-उन्मुख और विश्वसनीय;

(iv) इंटरेक्टिव और उपयोगकर्त्ता उन्मुख;

(v) अप-टू-डेट और गतिशील;

(vi) अनुभवी उपयोगकर्त्ताओं के लिए संतोषजनक।

जी.पी.एच. की पुस्तकों का मुख्य उद्देश्य ज्ञान के साथ-साथ अच्छे नम्बर दिलाना है।

प्रश्न 3. वेब-आधारित ऑनलाइन पब्लिक एक्सैस कैटालॉग (WEB OPAC) पर प्रकाश डालते हुए इसके विभिन्न लक्षण भी बताइए।

अथवा

ओपेक (OPAC) पर संक्षिप्त टिप्पणी लिखिए।

[दिसम्बर-2017, प्र.सं. 5.0 (ख)]

अथवा

वेब ओपेक पर संक्षिप्त टिप्पणी लिखिए।

[जून-2018, प्र.सं. 5.0 (c)]

उत्तर– वेब OPAC वेब पर लाइब्रेरी या लाइब्रेरी के संसाधनों का एक ऑनलाइन कैटलॉग है। यह अपने संग्रह के भीतर से सामग्री का पता लगाने के लिए एक पुस्तकालय का मुख्य उपकरण है। एक लाइब्रेरी मैनेजमेंट सिस्टम में एकीकृत, वेब OPAC उपयोगकर्त्ताओं को वेब पर दूरस्थ से लाइब्रेरी कैटलॉग तक पहुँचने और खोज करने की अनुमति देता है। वेब OPAC को एक सर्वर से पूरी दुनिया में सुलभ स्टैंडअलोन ऑनलाइन कैटलॉग के रूप में भी विकसित किया गया है।

वेब OPAC अब केवल यह जानने के लिए एक उपकरण नहीं है कि पुस्तकालय का मालिक कौन या क्या है, बल्कि यह पुस्तकालय की सभी विशेषताओं को बताने वाला उपकरण है। उपयोगकर्त्ताओं को सीधे भौतिक पुस्तकालय स्थान के बाहर इलेक्ट्रॉनिक संसाधन में ले जा सकता है तथा ई-पत्रिकाओं और ई-पुस्तकों जैसे संसाधनों के साथ लिंक स्थापित कर सकता है। वेब OPAC अधिक उपयोगी है क्योंकि यह इलेक्ट्रॉनिक संसाधनों के लिए परिणाम उनके URL (वेब पते) के साथ प्रदर्शित करता है। यह उपयोगकर्त्ताओं को सीधे भौतिक पुस्तकालय के बाहर पड़े संसाधन पर ले जा सकता है एवं ई-पत्रिकाओं और ई-पुस्तकों जैसे संसाधनों के साथ लिंक स्थापित कर सकता है।

वेब OPAC कई मायनों में स्थानीय OPAC प्रणाली में सुधार है। सिर्फ एक सूची से, यह एक व्यापक वितरण तंत्र में बदल गया है। वेब OPAC रिमोट एक्सेस, ऑनलाइन आरक्षण, उधारकर्त्ता की स्थिति और एकल इंटरफेस के माध्यम से प्रिंट, इलेक्ट्रॉनिक, डिजिटल दस्तावेजों को एकीकृत करता है।

उपयोगकर्त्ता किसी भी वेब ब्राउजर से वेब OPAC में प्रवेश कर सकता है तथा कैटलॉग ब्राउज कर सकता है या खोज कर सकता है। वेब OPAC इंटरफेस अधिक सहज तथा उपयोग करने में आसान है। अधिकांश वेब OPAC सरल और उन्नत खोज विकल्प प्रदान करते हैं। सरल खोज अनिवार्य क्षेत्रों को खोजने के लिए हैं जैसे कि लेखक, शीर्षक, विषय, परिग्रहण संख्या, कीवर्ड आदि। उन्नत खोज उपयोगकर्त्ताओं को एकल फील्ड पर डेटाबेस को खोजने की अनुमति देती है और बूलियन ऑपरेटरों के साथ निकटता और ट्रंकेशन सुविधाओं के साथ फील्ड का संयोजन करती है। इनके अलावा, उपयोगकर्त्ता अनुक्रमित फील्ड खोज सकते हैं। उदाहरण के लिए, यदि आप रंगनाथन द्वारा लिखित सभी पुस्तकों को जानना चाहते हैं, तो आप सिर्फ "रैन" टाइप करें और लेखक सूचकांक इन शब्दों के साथ शुरू होने वाले सभी लेखकों को प्रदर्शित करेगा, सूची को नीचे स्क्रॉल करें, पसंद के लेखक को चुनें और फिर संग्रह ब्राउज करें। वेब OPAC पर आप एक विशेष सत्र में अपनी सभी खोजों से चिह्नित रिकॉर्ड की एक सूची बना सकते हैं तथा व्यक्तिगत रिकॉर्ड को चिह्नित कर सकते हैं। फिर ये रिकॉर्ड आपके ब्राउजर में प्रदर्शित किए जा सकते हैं या इन्हें वेब OPAC से सीधे ई-मेल किया जा सकता है।

वेब OPAC वास्तव में पुस्तकालय सेवाओं के प्रवेश द्वार के रूप में उभरा है। प्रमुख वेब OPAC के उदाहरण INNOPAC, WebCat, Voyager, Geo Web और ALEPH हैं।

चित्र 7.1 और 7.2 इग्नू पुस्तकालय के वेब OPAC के सरल और उन्नत खोज विकल्पों को प्रदर्शित करते हैं।

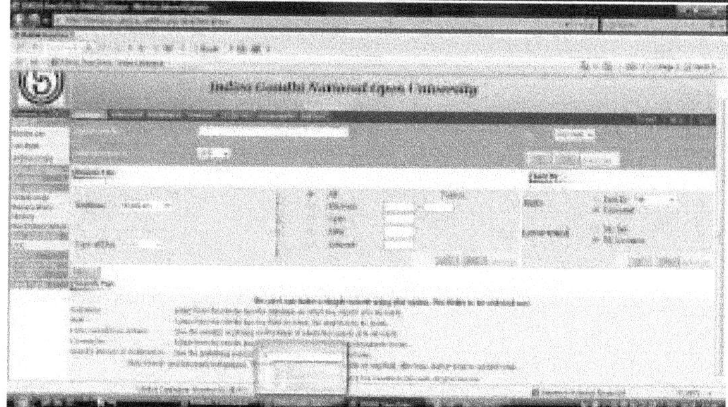

चित्र 7.1: इग्नू पुस्तकालय के वेब OPAC के सरल खोज मॉड्यूल

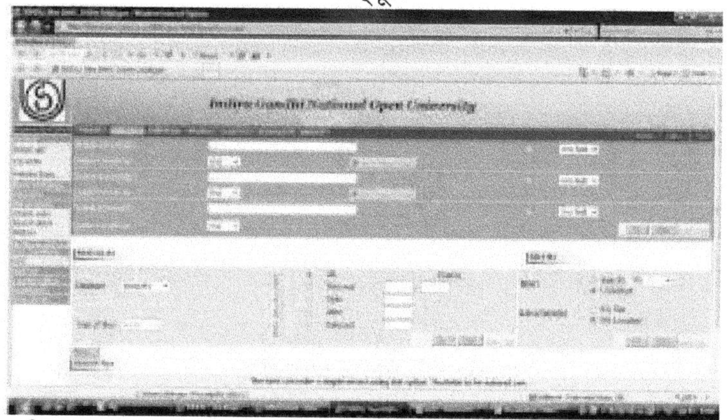

चित्र 7.2: इग्नू पुस्तकालय के वेब OPAC के उन्नत खोज मॉड्यूल

प्रश्न 4. विषय गेटवे को उदाहरण सहित समझाइए।

अथवा

विषय (सब्जेक्ट) गेटवे पर संक्षिप्त टिप्पणी लिखिए।

[दिसम्बर-2018, प्र.सं. 5.0 (d)]

उत्तर– विषय विशिष्ट वेब सर्च इंजन विषय गेटवे (subject gateways) के रूप में जाने जाते हैं। विषय गेटवे वे वेबसाइटें हैं जो किसी विशेष विषय पर उपलब्ध विभिन्न संसाधनों की पूरी जानकारी

संकलित करती हैं। विषय गेटवे किसी दिए गए विषय क्षेत्र में नेटवर्क-आधारित संसाधनों तक आसान पहुँच प्रदान करते हैं। वे डेटाबेस और इंडेक्स की खोज और उपलब्धता के लिए एक सरल वेब-आधारित इंटरफेस प्रदान करते हैं। वे इस अर्थ में विषय-केंद्रित हैं कि वे केवल किसी विशेष विषय से संबंधित जानकारी की मेजबानी करते हैं।

इसमें संकलन प्रक्रिया सूचना पेशेवरी और विषय विशेषज्ञों द्वारा डेटा की जाँच और फिल्टर करने के लिए अच्छी तरह से स्थापित तकनीकों का उपयोग करके की जाती है और इसलिए इन सेवाओं द्वारा दिखाए गए सूचना लिंक सभी संभावना में 100 प्रतिशत प्रामाणिक होते हैं।

विषय गेटवे विशेषज्ञों द्वारा एकत्र किए गए उच्च गुणवत्ता के संसाधनों को पुस्तकालय विज्ञान के पारंपरिक और अच्छी तरह से स्थापित सिद्धांतों पर अपनाया गया और निर्मित डेटा संगठन और वर्गीकरण योजनाओं का उपयोग करके ठीक से सूचीबद्ध और वर्गीकृत किया गया है। वास्तव में, विषय प्रवेश गेटवे को एक पुस्तकालय का शुद्ध समकक्ष माना जा सकता है। इसका उद्देश्य उस विषय से संबंधित वेब पर सबसे महत्त्वपूर्ण साइटों को सूचीबद्ध करना और उनकी समीक्षा करना है।

साइटें आमतौर पर यह सुनिश्चित करने के लिए सहकर्मी-समीक्षा करती हैं कि गेटवे प्रासंगिक और अपटूडेट है या नहीं। प्रासंगिकता, प्रभावशीलता और सामग्री की अपेक्षाकृत उच्च गुणवत्ता वाली होती है। विषयों के कवरेज में उनकी गहराई की कमी उनकी कमजोरी होती है। ऐसी साइटों को पोर्टल भी कहा जाता है।

उदाहरण

(1) Intute

Intute (http://www.intute.ac.uk/), एक बहु-विषय प्रवेश गेटवे तथा एक मुफ्त ऑनलाइन सेवा है जो आपको शिक्षा और अनुसंधान के लिए बहुत अच्छे वेब संसाधनों तक पहुँच प्रदान करती है। ये सेवा यूके (United kingdom) के विश्वविद्यालयों और भागीदारों के नेटवर्क द्वारा बनाई गई है। ये विषय विशेषज्ञ डेटाबेस में वेबसाइटों का चयन

और मूल्यांकन करते हैं और संसाधनों के उच्च गुणवत्ता वाले विवरण लिखते हैं। यह विभिन्न विषयों में वेब संसाधनों को खोजने में मदद करता है, जैसा कि चित्र 7.3 में दिखाया गया है।

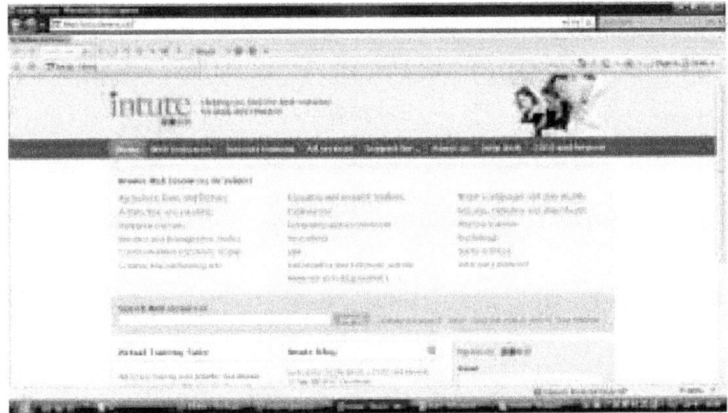

चित्र 7.3: Intute Subject Gateway

(2) Bulletin Board for Libraries (BUBL)

BUBL (http://bubl.ac.uk/) यूके (United kingdom) उच्च शिक्षा के लिए सभी प्रमुख शैक्षणिक विषय संसाधनों के लिए सामान्य प्रवेश द्वार है, जिसमें अन्य विश्वविद्यालय पुस्तकालय कैटलॉग और इलेक्ट्रॉनिक जर्नल शमिल हैं। यह इंटरनेट संसाधनों की अपनी सूची के लिए प्राथमिक संगठन संरचना के रूप में डेवी दशमलव वर्गीकरण प्रणाली का उपयोग करता है।

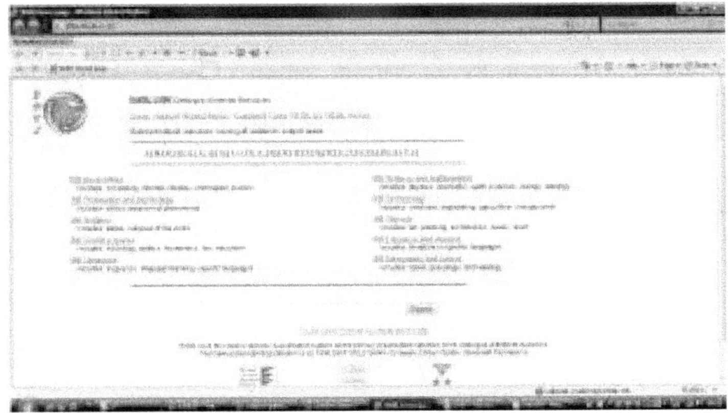

चित्र 7.4: BUBL Subject Gateway

(3) Alex (http://www.infomations.com/alex/): इस गेटवे में अमेरिकी साहित्य, अंग्रेजी साहित्य और पश्चिमी दर्शन पर सार्वजनिक डोमेन में उपलब्ध पूर्ण-पाठ्य डिजिटल दस्तावेजों की जानकारी होती है।

प्रश्न 5. इलेक्ट्रॉनिक पत्रिकाओं से आप क्या समझते हैं?

अथवा

इलेक्ट्रॉनिक जर्नल्स पर संक्षिप्त टिप्पणी लिखिए।

[दिसम्बर-2018, प्र.सं. 5.0 (c)]

उत्तर– जो पत्रिका कंप्यूटर पर लिखी जाए और कंप्यूटर पर ही पढ़ी जाए उसको जाल-नियतकालिक या इलेक्ट्रॉनिक पत्रिका कह सकते हैं। इस दृष्टि से जाल-पत्रिका को भी इलेक्ट्रॉनिक पत्रिका कहा जा सकता है। लेकिन हर इलेक्ट्रॉनिक पत्रिका जाल-पत्रिका हो वह जरूरी नहीं है। बहुत सी इलेक्ट्रॉनिक पत्रिकाएँ पीडीएफ प्रारूप में तैयार की जाती हैं और बहुत सी एम.एस. वर्ड में। ये ई-मेल से पाठकों के पास भेजी जाती हैं या फिर डाउनलोड के लिए भी उपलब्ध होती हैं। बहुत सी कंपनियाँ अपने न्यूज-लेटर इलेक्ट्रॉनिक-पत्रिका के रूप में प्रकाशित करती हैं। इनके प्रकाशन की तिथि निश्चित होती है और इनका संपादक मंडल भी होता है।

पुस्तकालय संग्रहों का एक मुख्य भाग ई-पत्रिका के रूप में उपलब्ध रहता है। ई-पत्रिकाओं का एक मुख्य लाभ यह है कि ये हमेशा अपडेटेड रहते हैं किंतु मुख्य हानि यह है कि प्रतिलिप्यधिकार के उल्लंघन का डर रहता है। ई-पत्रिकाएँ विभिन्न रूप में उपलब्ध रहती हैं जैसे PDF, बिटमैप, ASCII, SGML तथा HTML.

नीचे दिया गया चित्र J-STORE का होम पेज है।

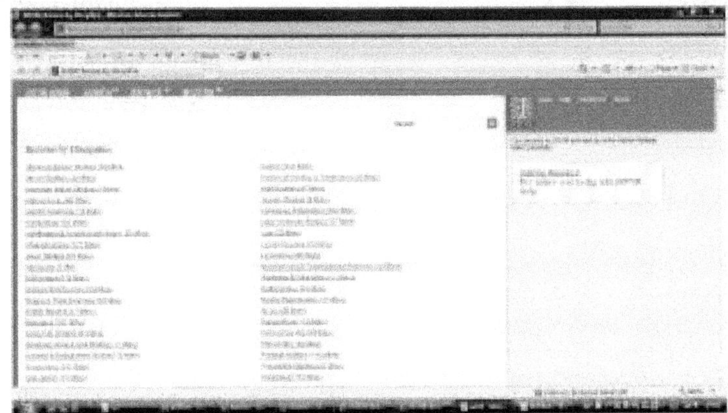

चित्र 7.5: JSTOR Homepage

मुद्रित पत्रिकाओं की इलेक्ट्रॉनिक रूप के अलावा कुछ ऐसी पत्रिकाएँ भी होती हैं जो केवल इलेक्ट्रॉनिक रूप में ही होती हैं। ऐसी कुछ पत्रिकाएँ मुफ्त डाउनलोड के लिए उपलब्ध रहती हैं तथा कुछ पत्रिकाओं के लिए पैसे चुकाने पड़ते हैं।

प्रश्न 6. ऑनलाइन ग्रंथसूची/इंडेक्सिंग डेटाबेस से आप क्या समझते हैं?

उत्तर– ग्रंथसूची डेटाबेस (अनुक्रमित और अमूर्त) पत्रिका और अखबार के लेखों के लिए ग्रंथसूची उद्धरण का पता लगाने का एक तरीका प्रदान करते हैं और यह भी जानते हैं कि किसी दिए गए विषय पर क्या सामग्री दिखाई गई है तथा विभिन्न कारणों से साहित्य की खोज के लिए बड़े पैमाने पर क्या उपयोग किया गया है। इस तरह के डेटाबेस फुल-टेक्स्ट डेटाबेस से अलग होते हैं जो उन जर्नल लेखों के लिए पूर्ण पाठ प्रदान करते हैं तथा उन्हें अनुक्रमित करते हैं।

ग्रंथसूची संबंधी डेटाबेस अब वेब पर उपलब्ध हैं। वे कई पुस्तकालयों तक पहुँच और वर्तमान जानकारी के लिए उनकी सदस्यता लेते हैं। इसका नुकसान यह है कि वे केवल ग्रंथसूची डेटा प्रस्तुत करते हैं, पूर्ण पाठ नहीं। उदाहरण–Ei Compendex, SciFinder Scholar, Web of Science, LISA आदि। चित्र 7.6 में LISA के वेब वर्जन की Advanced Search Window दिखाई गई है–

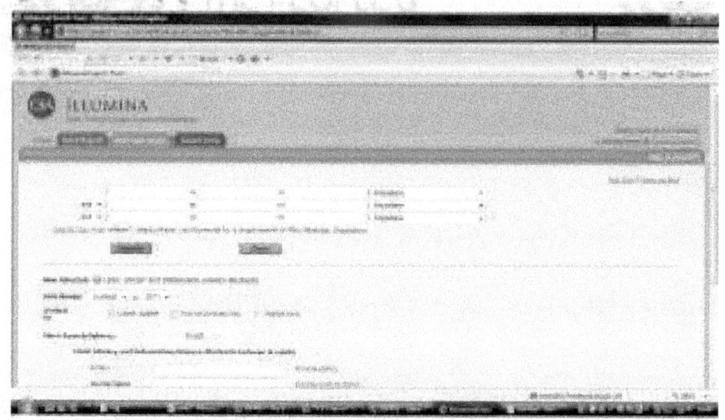

चित्र 7.6: LISA की Advanced Search Window

प्रश्न 7. सामयिक जागरूकता सेवाओं से आप क्या समझते हैं?

उत्तर– सामयिक जागरूकता सेवा का अर्थ शोधकर्त्ताओं, उच्च स्तर के शिक्षकों इत्यादि को उनके कार्यक्षेत्रों में होने वाले वर्तमान विकास के अध्ययन तथा शोध इत्यादि में अद्यतन रखना है। स्पष्टतः अद्यतन सामग्रियों का उद्देश्य ही शोध-कार्यों के विकास के लिए प्रतिवेदन तैयार करना है जो संपूर्ण विश्व के बढ़ते हुए ज्ञान की विकास सामग्री है। सामयिक साहित्य के उपयोक्ता सामयिक जागरूकता बुलेटिन इत्यादि के लिए लालायित रहते हैं।

सामयिक जागरूकता बुलेटिन की संरचना एवं इसके उत्पादन में निम्नलिखित पक्षों का पूर्ण ध्यान रखना चाहिए–

(क) विषय विस्तार तथा व्यापकत्व,

(ख) विभिन्न प्रकार के प्रलेखों का चयन,

(ग) सूचना प्रस्तुतीकरण की रीति, पत्रिकाओं की अंतर्विषय सूची, वर्गीकृत सूची इत्यादि,

(घ) भौतिक उत्पादन के साधन, तथा

(ङ) अनुक्रमणियों तथा उनके समुच्चयित रूप को समर्थन देना।

प्रश्न 8. सांस्थानिक संग्रह क्या हैं? चर्चा कीजिए।

उत्तर– सांस्थानिक संग्रह किसी संस्था के विद्वानों एवं उनके लेखकों द्वारा जमा किए गए पत्रकों का एक ऑनलाइन संग्रह है। ये संग्रह विद्वत्तापूर्ण सामग्री के अभिलेख तैयार करते हैं तथा विद्वत्तापूर्ण एवं शैक्षणिक उद्देश्यों के लिए इस सामग्री को निःशुल्क उपलब्ध कराते हैं।

भारत में कुछ संस्थानों ने जैसे कि इंडियन इंस्टीट्यूट ऑफ साइंस, बंगलौर; इंडियन स्टेटिस्टिकल इंस्टीट्यूट (IISc), बंगलौर; इंडियन इंस्टीट्यूट ऑफ टेक्नोलॉजी, दिल्ली एवं अन्य ने अपने-अपने संस्थानों के शोध-परिणामों के विस्तार के लिए मुक्त रूप से अभिगम्य सांस्थानिक संग्रह (IRs) की स्थापना की है। कुछ सांस्थानिक संग्रह जैसे–इंडियन इंस्टीट्यूट ऑफ साइंस, बंगलौर स्वयं में ऐतिहासिक अभिलेख है। आई. आई.एस.सी. (ई-प्रिंट्स @ आई.आई.एस.सी.) प्री-प्रिंट, पोस्ट-प्रिंट एवं आई.आई.एस.सी. अनुसंधान समुदाय द्वारा निर्मित अन्य विद्वत्तापूर्ण सामग्री को डिजिटल स्वरूप में एकत्रित, संरक्षित एवं विस्तारित करता है। कुछ संग्रहों में संग्रह के प्रशासक भिन्न-भिन्न स्रोतों से शोध-सामग्री को एकत्रित करते हैं तथा संबंधित व्यक्ति की ओर से सार्वजनिक उपयोग के लिए उसका प्रसार करते हैं। किसी विषय विशेष पर आधारित संग्रह संबंधित विशिष्ट विषय की विद्वत्तापूर्ण सामग्री उपलब्ध कराते हैं। ये संग्रह विभिन्न स्रोतों से विशिष्ट विषय पर विद्वत्तापूर्ण प्रकाशन प्राप्त करते हैं तथा इस संग्रह को निःशुल्क उपलब्ध कराते हैं। उदाहरणार्थ, नेशनल इंफॉर्मेटिक्स सेंटर OpenMed@NIC के माध्यम से बायोमेडिकल साहित्य का संग्रह व देख-रेख करता है तथा इसे निःशुल्क रूप से अभिगम योग्य बनाता है। (http://www.indmed.nic.in/)

उपरिलिखित डाटाबेस सेवा प्रदाताओं के अलावा अन्य प्रदाता भी इंटरनेट पर डाटाबेस सेवाएँ प्रदान करते हैं, जैसे कि, लुक स्मार्ट की तरफ से 'फाइंड आर्टिकल', Google Inc. से 'Google Scholar' तथा विषय विशेष के पोर्टल एवं इसी प्रकार के अन्य।

प्रश्न 9. निम्नलिखित पर संक्षिप्त टिप्पणी लिखिए–

(i) वेबसाइट निर्माण

उत्तर– Mobile, Laptop और tablet से हम बहुत सारे कार्य करते हैं, जैसे–गेम खेलना, गाने सुनना, मूवी देखना। ये कार्य करने के

लिए हमें कोई Internet की आवश्यकता नहीं है परंतु कुछ दूसरे कार्य जैसे–Email भेजना, Online Shopping करना, Information Search करना और Online Business करना, Online Movie Ticket, Train Ticket, Hotel Book करना, इन सभी कार्यों के लिए कोई न कोई वेबसाइट पर निर्भर रहते हैं। किसी भी प्रकार की जानकारी जानने के लिए हम इंटरनेट पर सर्च कर लेते हैं और किसी न किसी वेबसाइट पर हमें जानकारी मिल ही जाती है।

एक वेबसाइट सार्वजनिक रूप से इंटरनेट पर उपलब्ध, आपस में जुड़े वेबपेज का एक संग्रह है जो आमतौर पर एक विशेष विषय या उद्देश्य के लिए समर्पित होती है। वेबसाइटों से कई कार्य संपन्न किए जा सकते हैं और इसका उपयोग विभिन्न तरीकों से किया जा सकता है; एक वेबसाइट एक व्यक्तिगत वेबसाइट, एक व्यावसायिक वेबसाइट, एक सरकारी वेबसाइट, एक संगठन की वेबसाइट इत्यादि हो सकती है।

वेबसाइट के लिए दो चीजों की आवश्यकता है–

(1) एक डोमेन नाम–एक डोमेन नाम ही वेबसाइट का नाम है। यह वेबसाइट की पहचान है। इसके जरिए ही लोग वेबसाइट तक पहुँच पाते हैं। यह अद्वितीय होने चाहिए और अपने व्यापार के ब्रांड को व्यक्त करने वाले होने चाहिए।

(2) वेब होस्टिंग–एक वेब होस्ट एक बड़ा कंप्यूटर (सर्वर) है जो बनाई गई वेबसाइटों को स्टोर करता है।

वेबसाइट से जुड़ी एक अन्य महत्त्वपूर्ण चीज है उसकी विषयवस्तु या सामग्री अर्थात् वेबसाइट पर जो होस्ट किया जाना है। सामग्री वेबसाइट पर प्रदर्शित (होस्ट की जाने वाली) वह जानकारी है जो उपयोगकर्त्ता को उपलब्ध करवाई जाती है। उदाहरण के लिए, पुस्तकालय की वेबसाइट को होस्ट करते समय, उसमें शामिल की जाने वाली विशेषताएँ हैं–एक संक्षिप्त इतिहास, कौन-क्या है (who's who), संग्रह, सेवाएँ, उपयोगकर्त्ता विवरण आदि। जानकारी जितनी काम की होगी और बेहतर ढंग से संगठित होगी, वे पुनर्प्राप्ति के लिए हैं। खोज इंजन के माध्यम से वह जानकारी उतनी ही अधिक दर्शायी जाएगी तथा उतनी ही अधिक इस बात की संभावना होगी कि लोग उस पृष्ठ तक पहुँचें।

डॉ. डेविड सेच और हेनरी स्टेयर के अनुसार वेबसाइट को प्रभावी बनाने के सात प्रमुख तरीके हैं, जो कि निम्नलिखित हैं–

(1) अदृश्य अपील–निरंतर नवीकरण के साथ वेबसाइट उपयोगकर्त्ताओं को आमंत्रित करने वाली और सूचनात्मक होनी चाहिए।

(2) मूल्यवान, उपयोगी या मनोरंजक–उपयोगकर्त्ताओं को बुकमार्क करने का कारण बताती हुई तुरंत उपयोगी होनी चाहिए।

(3) सामयिक व समयोचित–पेज हमेशा ताजा दिखने चाहिए, जिससे उपयोगकर्त्ता उसे बार-बार देखें।

(4) खोजने और उपयोग करने में आसान–साइट व्यापक रूप से पंजीकृत होनी चाहिए और उसमें की-शब्द अच्छी तरह से परिभाषित होने चाहिए।

(5) सहज ऑन-पेज नेविगेशन–अच्छे रिटर्न के साथ ऑन-पेज हाइपरलिंक के संकेत भी स्पष्ट होने चाहिए।

(6) आगंतुक को शामिल करना–प्रत्येक आगंतुक के साथ व्यक्तिगत रूप से अंत:क्रिया होनी चाहिए।

(7) अपने उपयोगकर्त्ताओं के लिए उत्तरदायी–टेक्स्ट के प्रति और गैर-अंग्रेजी उपयोगकर्त्ताओं के लिए अनुकूल होनी चाहिए।

एक पुस्तकालय वेबसाइट को अनिवार्य रूप से एक प्रचार स्थल, पुस्तकालय के बारे में अक्सर पूछे जाने वाले प्रश्नों (एफ.ए.क्यू.) का जवाब देने वाले एक स्थल और वेब संसाधनों तक पहुँचने वाले या वेब-आधारित सूचना सेवाएँ प्रदान करने वाले एक उपकरण के रूप में सेवाएँ प्रदान करनी चाहिए। उपयोगकर्त्ता की जरूरतों के साथ-साथ लाइब्रेरी की नीतियों और व्यवहारों के बारे में हेल्प डेस्क, रेफरेंस यूनिट और सर्कुलेशन काउंटर द्वारा जानकारी एकत्रित की जाती है, जिसे FAQs के संकलन के लिए आधार के रूप में इस्तेमाल किया जा सकता है।

OPAC को खोजने के लिए एक लिंक बनाना लाइब्रेरी इंटरफेस के सबसे लोकप्रिय साधनों में से एक है। इसी तरह के विकल्प वर्तमान में उपलब्ध पत्रिकाओं की खोज और उनके उपयोग के लिए भी मौजूद होते हैं। फ्रंट ब्राउजर के रूप में वेब ब्राउजर पर डेटाबेस का नेटवर्क

एक्सेस बढ़ाना वेब को लोकप्रिय बनाने का एक और साधन है। लाइब्रेरी के अन्य हाउसकीपिंग विभाग भी सर्कुलेशन डेस्क पर, ILL अनुरोधों का पता लगाने और उन्हें ट्रैक करने के लिए, पत्रिकाओं से संबंधित मुद्दों पर संवाद करने आदि के लिए वेब के साथ इंटरफेस कर सकते हैं।

पुस्तकालय की वेबसाइट पर विभिन्न पुस्तकालय विभागों और उनके संचालन, पुस्तकालय से जुड़े लोगों, प्रदत्त सेवाओं और प्रशासनिक के साथ-साथ शैक्षणिक गतिविधियों को भी दर्शन चाहिए। संग्रह और सेवाओं के बारे में लाइव आँकड़े तथा ई-मेल क्वेरी सुविधाएँ भी उपयुक्त स्थानों पर उपलब्ध कराई जा सकती हैं।

चूँकि एक पुस्तकालय को मूल संस्था के प्रवेश द्वार के रूप में मान्यता प्राप्त है, इसलिए उसे संस्थान के अनुसंधान के विकास और उसकी अन्य गतिविधियों के बारे में जनता को बताने में सक्रिय भूमिका निभानी होगी, बशर्ते संस्था का कोई अन्य विभाग इस तरह के कार्य को नहीं कर रहा हो। तद्नुसार शोध प्रकाशनों, सफलताओं आदि का विवरण पुस्तकालय वेबसाइटों के माध्यम से सुलभ बनाया जा सकता है, यहाँ तक कि इनमें संपूर्ण टेक्स्ट प्रकाशनों तक पहुँचने का भी प्रावधान है।

एक बार सामग्री (कंटेंट) की पहचान हो जाने के बाद, सामान्य एडिटर्स या सामग्री निर्माण उपकरणों का उपयोग करके वेब पेज बनाए जा सकते हैं। स्रोत फाइलों को देखकर पृष्ठों को अच्छी तरह से डिजाइन किया जा सकता है। जैकब नीलसन द्वारा पहचान की गई शीर्ष दस गलतियाँ न की जाएँ तो वेब डिजाइन में दक्षता हासिल की जा सकती है। जी.पी.एच. की पुस्तकों का मुख्य उद्देश्य ज्ञान के साथ-साथ अच्छे नम्बर दिलाना है।

(ii) वर्चुअल लाइब्रेरी टूर

उत्तर– वेब प्रौद्योगिकी व्यक्तियों और संगठनों को अपने ग्राहकों के आधार को व्यापक बनाने और दूसरों के साथ प्रतिस्पर्धा करने में सक्षम बनाने के लिए अपने उत्पादों और सेवाओं के विज्ञापन के माध्यम से दिलचस्प संभावनाएँ प्रदान करती है। पुस्तकालय भी अपने ग्राहकों तक पहुँचने की आवश्यकता का एहसास कर रहे हैं और इसलिए इस उद्देश्य

के लिए वेब का उपयोग करने के अवसर तलाश रहे हैं। वर्चुअल लाइब्रेरी टूर एक लाइब्रेरी वेबसाइट पर एक वेब पेज है। यह एक पुस्तकालय में भौतिक सुविधाओं के लिए एक आभासी मार्गदर्शिका है और आपको पुस्तकालय से परिचित कराती है एवं आपको अधिक आसानी से अपना रास्ता खोजने में मदद करती है। इसमें पुस्तकालय के नक्शे, लेआउट और फर्श की योजना, पुस्तकालय विभाग और संग्रह, सेवाओं और बुनियादी ढाँचे के फोटोग्राफिक दृश्य शामिल हैं। निम्न चित्र पुस्तकालय के एक आभासी पुस्तकालय दौरे का एक स्क्रीनशॉट प्रदान करता है जिसमें सभी वर्गों को शामिल किया गया है जिसमें उपयोगकर्त्ता किसी विशेष क्षेत्र पर क्लिक और चयन कर सकता है।

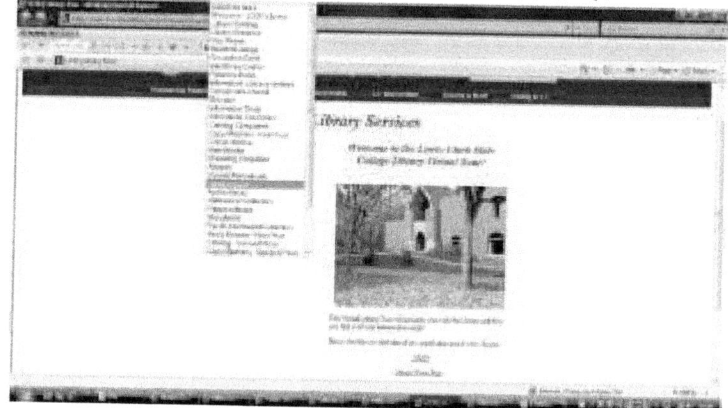

चित्र 7.7: वर्चुअल लाइब्रेरी टूर

(iii) आस्क-ए-लाइब्रेरियन

उत्तर– आस्क-ए-लाइब्रेरियन सेवाएँ इंटरनेट आधारित प्रश्न और उत्तर सेवाएँ हैं जो उपयोगकर्त्ताओं को लाइब्रेरियन से जोड़ती हैं। उपयोगकर्त्ताओं को वेब फॉर्म या ई-मेल के माध्यम से प्रश्नों को प्रस्तुत करने के लिए आमंत्रित किया जाता है। एक बार सेवा प्रदाता द्वारा सेवा का प्रबंधन करने पर एक प्रश्न प्राप्त होता है जिसका उत्तर देने के लिए एक विशेषज्ञ को तैनात किया जाता है। एक विशेषज्ञ तथ्यात्मक जानकारी और/या ई-मेल या वेब पोस्ट के माध्यम से सूचना संसाधनों की सूची के साथ क्वेरी का जवाब देता है। चित्र 7.8 में लाइब्रेरी ऑफ

कांग्रेस तथा चित्र 7.9 में ऑस्ट्रेलियन केथोलिक युनिवर्सिटी के आस्क-योअर-लाइब्रेरियन लिंक को दिखाया गया है।

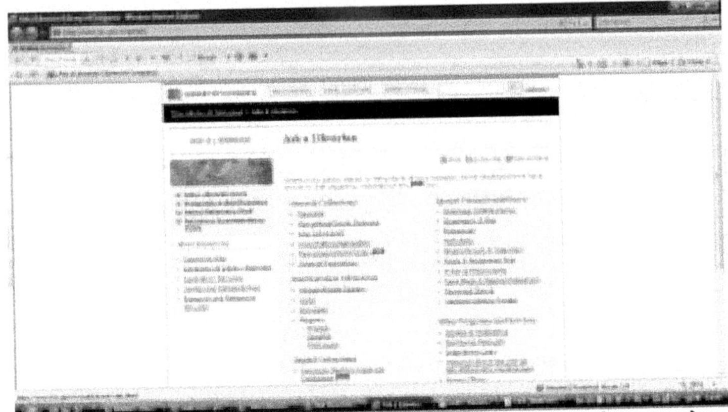

चित्र 7.8: लाइब्रेरी ऑफ कांग्रेस की आस्क-ए-लाइब्रेरियन सेवा, यू.एस.ए.

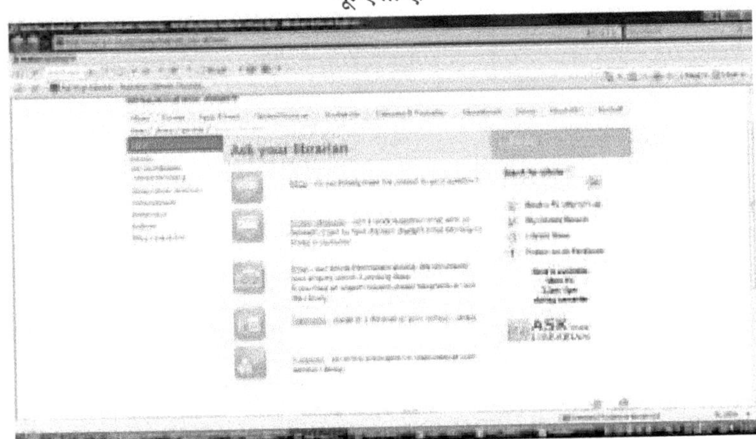

चित्र 7.9: ऑस्ट्रेलियन केथोलिक युनिवर्सिटी का आस्क-योअर-लाइब्रेरियन लिंक

(iv) अक्सर पूछे जाने वाले प्रश्न (Frequently Asked Questions)

उत्तर– कई पुस्तकालयों में सूचनात्मक वेबसाइटें होती हैं जो अक्सर पूछे जाने वाले प्रश्नों (एफ.ए.क्यू.) के तहत प्रश्नों और उत्तरों को संग्रहित करती हैं। उपयोगकर्त्ताओं को आमतौर पर Ask-a-Librarian सेवा के प्रश्न को प्रस्तुत करने से पहले FAQ को ब्राउज करने के लिए

प्रोत्साहित किया जाता है क्योंकि उनके मन में जो प्रश्न होता है उसका पहले से ही उत्तर लिखा हो सकता है। चित्र 7.10 राष्ट्रीय विश्वविद्यालय, सिंगापुर के पुस्तकालय के FAQs का स्क्रीनशॉट प्रदान करता है।

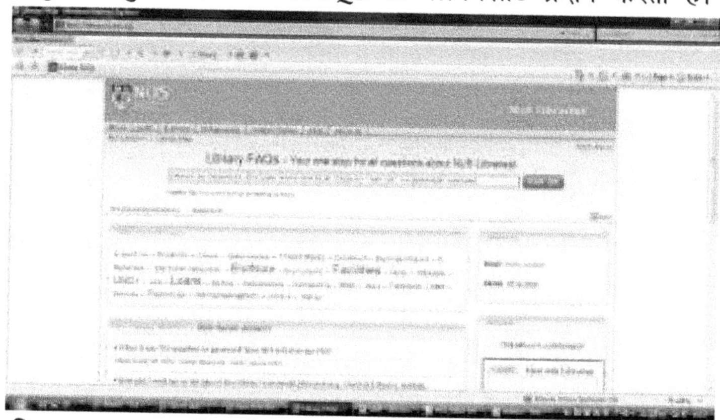

चित्र 7.10: राष्ट्रीय विश्वविद्यालय, सिंगापुर के पुस्तकालय के FAQs

(v) वास्तविक समय सेवाएँ (Real Time Services)

उत्तर– डिजिटल/वर्चुअल लाइब्रेरी अधिक से अधिक एक नई और रोमाचंक विधि अपनाकर लाइव संदर्भ सेवाएँ प्रदान करने का प्रयास कर रही हैं। ये वास्तविक समय, संवादात्मक संदर्भ सेवाएँ हैं जिनमें उपयोगकर्त्ता दुनिया में कहीं से भी, किसी भी समय एक वास्तविक, लाइव संदर्भ लाइब्रेरियन से बात कर सकते हैं। उपयोगकर्त्ता और लाइब्रेरियन चैट तकनीकों का उपयोग करके बातचीत कर सकते हैं और उपयोगकर्त्ताओं को सवाल का जवाब देने के लिए आगे बढ़ने से पहले एक स्पष्ट संदर्भ साक्षात्कार कर सकते हैं। लाइब्रेरियन इंटरनेट खोज कर सकता है और उपयोगकर्त्ता के ब्राउजर पर वेबसाइटों को देख सकता है और सेवा के प्रदर्शन को ठीक कर सकता है तथा उपयोगकर्त्ता की संतुष्टि की निगरानी कर सकता है।

(vi) वेब फॉर्म

उत्तर– पुस्तकालय सेवाओं पर सुझाव या टिप्पणियों को आमंत्रित करने के लिए या पुस्तकालय सेवाओं के उपयोग के लिए पुस्तकालय

वेबसाइटों में अब अलग-अलग वेब फॉर्म हैं। वेब फॉर्म विभिन्न प्रकारों जैसे इंडेंट फॉर्म (नए प्रकाशनों के अर्जन के लिए), अंतरपुस्तकालयी लॉन फॉर्म (दस्तावेज वितरण के लिए), आस्क-ए-लाइब्रेरियन फॉर्म, ऑनलाइन आरक्षण फॉर्म या उपयोगकर्त्ता सर्वेक्षण फॉर्म, में उपलब्ध हैं।

(vii) बुलेटिन बोर्ड

उत्तर– बुलेटिन बोर्ड विभिन्न विषयों पर विचार-विमर्श की सुविधा प्रदान करते हैं। इसके अंतर्गत कोई भी व्यक्ति किसी भी विषय पर अपनी प्रतिक्रिया दे सकता है, नया विषय पोस्ट कर सकता है अथवा किसी भी विषय पर टिप्पणी कर सकता है या प्रश्न पूछ सकता है। इंटरनेट पर लाखों बुलेटिन बोर्ड उपलब्ध हैं। अनेक पुस्तकालय भी अपनी वेबसाइट पर बुलेटिन बोर्ड की सुविधा उपलब्ध करवाते हैं ताकि उनके उपयोगकर्त्ता अनेक तथ्यों/विचारों पर चर्चा कर सकें तथा सूचनाओं को शेयर कर सकें। सभी प्रकार के बुलेटिन बोर्ड निम्न प्रकार की विशेषताएँ प्रदान करते हैं–

(क) ये आधारभूत सर्च सुविधाएँ, जैसे–की-वर्ड, लेखक, विषय आदि के अनुसार प्रदान करते हैं।

(ख) ये बुलेटिन को चुनने (Select) और Save करने की सुविधा प्रदान करते हैं।

(ग) ये मैसेज को Read और Unread करने की सुविधा प्रदान करते हैं।

प्रश्न 10. उपयोक्ता शिक्षा से आप क्या समझते हैं? इसके लक्ष्यों और उद्देश्यों की चर्चा कीजिए।

अथवा

उपयोक्ता शिक्षा के उद्देश्यों का उल्लेख करते हुए उनकी व्याख्या कीजिए।

उत्तर– शिक्षा एक जीवनपर्यंत प्रक्रिया है तथापि औपचारिक शिक्षा प्रारंभिक विद्यालय स्तर पर शुरू होती है। पुस्तकालय के उपयोक्ताओं के लिए शैक्षिक कार्यक्रमों को आयोजित करने हेतु यह जरूरी होता है

कि आयोजित किए जा रहे पाठ्यक्रमों के लिए मुख्य लक्ष्यों तथा विशिष्ट उद्देश्यों को परिभाषित कर लिया जाए। दूसरे शब्दों में, पाठ्यक्रम में शामिल विषयों और विभिन्न अवस्थाओं की अवधि, अध्ययन की विधियों और प्रयोग में लिए जाने वाले माध्यमों को पहले से निश्चित कर लेना चाहिए। इस आयोजन के परिणाम एक व्यावहारिक स्थिति में जाँच लिए जाते हैं ताकि कार्यक्रम के प्रभाव का निर्धारण किया जा सके। शिक्षा के पाठ्यक्रम के विकास से संबंधित विभिन्न कदमों को चित्रात्मक रूप में चित्र 7.11 में दर्शाया गया है–

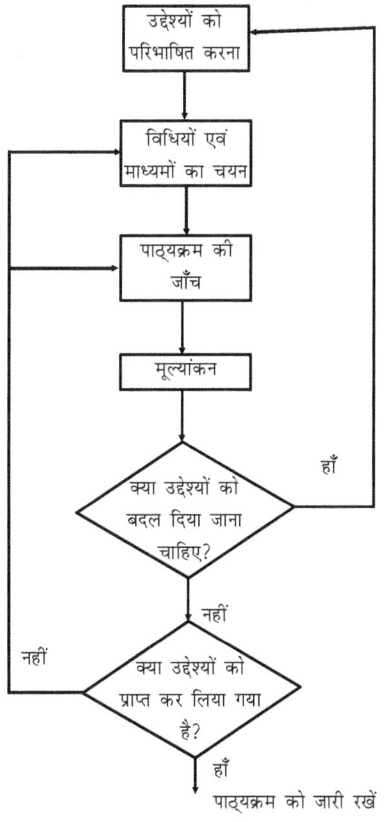

चित्र 7.11: शिक्षा पाठ्यक्रम के विकास की प्रक्रिया

शिक्षा प्रक्रिया के परिणामों के आधार पर अपेक्षित परिवर्तनों को स्पष्ट रूप से परिभाषित या इंगित कर लेने और आवश्यक हो तो उनके आधार पर उद्देश्यों एवं लक्ष्यों को पुनर्परिभाषित करने से पाठ्यक्रम में

शामिल विषयों, माध्यमों और इस सामग्री को प्रस्तुत करने की विधियों तथा साथ ही विभिन्न भागों के समय के चयन का कार्य सुगम हो जाता है।

उपयोक्ता शिक्षा के लक्ष्य तथा उद्देश्य (Goals and Objective of User Education)–सुगमता की दृष्टि से लक्ष्यों और उद्देश्यों को तीन मुख्य वर्गों में रखा जा सकता है–संज्ञानात्मक, भावात्मक तथा मनःचालित। पुस्तकालय उपयोक्ता शिक्षा के उद्देश्यों को, खासतौर पर संज्ञानात्मक और भावात्मक क्षेत्रों में ढूँढ़ना चाहिए।

संज्ञानात्मक लक्ष्यों तथा उद्देश्यों का संबंध विभिन्न अवधारणाओं को समझने से होता है। संज्ञानात्मक क्षेत्र के अंतर्गत लक्ष्यों और उद्देश्यों को जटिलता की अवस्था के अनुसार, यथा जटिल से सरल और अमूर्त से मूर्त कोटियों के अंतर्गत व्यवस्थित किया जा सकता है।

भावात्मक लक्ष्यों और उद्देश्यों का संबंध भावनाओं तथा अनुभूतियों से होता है, जैसे छात्र शैक्षिक रूप से वांछनीय व्यवहार करना चाहता है, परंतु वह करता है या नहीं तथा सूचना प्राप्त करने के लिए पुस्तकालय संसाधनों का प्रयोग करने में आनंद की अनुभूति करता है या नहीं।

मनःचालित लक्ष्यों और उद्देश्यों का संबंध समन्वित भौतिक क्रियाकलापों से होता है, जैसे कम्प्यूटर टर्मिनल (Computer Terminal) का उपयोग करना। सामान्यतया, संज्ञानात्मक और भावात्मक उद्देश्यों में निकट संबंध होता है। अतः उपयोक्ता अनुदेश के संज्ञानात्मक क्षेत्र में पुस्तकालय उपयोक्ता को पुस्तकालय के विशिष्ट उपकरणों, जैसे प्रसूची और सार का उपयोग करना आना चाहिए। भावात्मक क्षेत्र में छात्र सूचना संबंधी अपनी आवश्यकताओं के लिए उपयुक्त पुस्तकालय संसाधनों का प्रयोग करने में आश्वस्त महसूस करेगा। शैक्षिक लक्ष्यों और उद्देश्यों के बारे में निर्णय लेने की प्रक्रिया में छात्रों को शामिल करना श्रेयस्कर होता है।

उल्लेखनीय है कि पुस्तकालय उपयोक्ता शिक्षा के कार्यक्रम के लिए लक्ष्यों और उद्देश्यों को विश्वविद्यालय पुस्तकालय के सामान्य लक्ष्यों के अनुरूप होना चाहिए और इन्हें उच्च शिक्षा के लक्ष्यों और उद्देश्यों से भी संबंधित होना चाहिए। जैसे–

- वर्तमान तथा भावी सूचना आवश्यकताओं को पूरा करने के लिए आवश्यक मुद्रित और गैर-मुद्रित सामग्री को प्राप्त करके, अध्यापन, अधिगम और अनुसंधान के संबंध में विश्वविद्यालय के लक्ष्यों को हासिल करने में योगदान देना;
- प्राप्त की गई सामग्री को पंजी में इस प्रकार लिखना और संग्रह करना जिससे न केवल इस सामग्री का उपयोग हो सके बल्कि सक्रिय रूप से उसका उपयोग करने की भावना उद्दीप्त हो सके;
- इन सूचना संसाधनों को विश्वविद्यालय तथा समाज की बदलती हुई जरूरतों के अनुसार अपनाना; तथा
- विश्वविद्यालय के भीतर राष्ट्रीय तथा अंतर्राष्ट्रीय दोनों प्रकार के सूचना संसाधनों को समेकित करने में योग देना।

अमेरिका में ए.सी.आर.एल. और यूनाइटेड किंगडम में एसलिब जैसी संस्थाओं ने पुस्तकालय उपयोक्ता शिक्षा के लक्ष्यों और उद्देश्यों को निर्धारित करने के संबंध में अपने प्रस्तावों और निर्देशों को स्वयं विकसित करने का प्रयास किया है। सूचना व्यवसायियों, जैसे हट्टन, स्क्रिवेनर और हर्ट्ज (Hutton, Scrivener and Hartz) ने भी इस विषय पर अपने विचार दिए हैं। स्क्रिवेनर ने विश्वविद्यालय पुस्तकालय उपयोक्ता शिक्षा कार्यक्रमों के लिए सामान्य लक्ष्यों की विवेचना करते हुए निम्नलिखित तथ्यों को सारांश रूप में बताया है जो हर कार्यक्रम का लक्ष्य होना चाहिए - यद्यपि विभिन्न स्थितियों में तफसीलों में अनिवार्यतः भिन्नता होगी परंतु अध्यापन द्वारा निम्नलिखित परंपरागत कौशलों की स्थापना तथा उन्नयन करना चाहिए जिनके बिना कोई भी छात्र किसी पुस्तकालय का पर्याप्त उपयोग नहीं कर सकता है–(1) पुस्तकालय की भौतिक, ग्रंथात्मक और वैचारिक व्यवस्थाओं की जानकारी, (2) प्रत्येक स्थिति के लिए उपयुक्त साधनों/स्रोतों की जानकारी, (3) स्वयं अपनी जरूरतों को समझने की योग्यता जिससे कि उपयुक्त प्रश्नों की अभिकल्पना हो सके, और (4) खोज करने की तकनीकों की जानकारी जिनमें सेवा के योग्य कार्यों की योजना बनाने की योग्यता और अंततः छात्र को अपने स्रोतों का मूल्यांकन करने और अपनी सामग्री को प्रस्तुत

करने की कला में निपुणता की जरूरत होती है। स्वीडन की चामर्स यूनिवर्सिटी ऑफ टेक्नोलॉजी की लाइब्रेरी में उपयोक्ता शिक्षा कार्यक्रम के लिए निर्धारित किए गए मुख्य लक्ष्यों को निम्नलिखित रूप में सूत्रबद्ध किया गया है–

- सूचना पुनःप्राप्ति की समस्याओं के निराकरण के लिए वैज्ञानिक संचार के सिद्धांतों को प्रयोग में लेने की योग्यता; और
- पुस्तकालय में उपलब्ध विभिन्न उपकरणों को उपयोग में लेने की योग्यता जिससे कि, जब भी आवश्यकता हो, अध्ययन और बाद में किए जाने वाले शोधकार्य के संबंध में उपयोगी सूचना प्राप्त की जा सके।

एक बार जब कार्यक्रम के व्यापक लक्ष्यों की स्थापना कर ली जाती है तो इस व्यापक ढाँचे के दायरे में कई विशिष्ट उद्देश्यों को तय किया जा सकता है। पुस्तकालय उन्मुखीकरण तथा पुस्तकालय अनुदेशन के बीच का अंतर समझ लेना सदा ही अत्यंत उपयोगी होता है। यहाँ इस बात पर बल दिया जा सकता है कि पुस्तकालय उन्मुखीकरण का संबंध छात्र की पुस्तकालय सेवाओं की उपलब्धता की जानकारी से होता है जिससे पुस्तकालय के सामान्य उपयोग के बारे में सीखने हेतु छात्र को सहायता मिलती है, जबकि पुस्तकालय अनुदेशन का संबंध, छात्र को पुस्तकालय में उपलब्ध संसाधनों और सामग्री का पूरी तरह से उपयोग कर विशिष्ट उद्देश्य के लिए जरूरी सूचना प्राप्त करने योग्य बनाने से है और यह सूचना पुनःप्राप्ति की समस्याओं से भी संबंधित है।

प्रश्न 11. वेब 2.0 सेवाएँ क्या हैं? चर्चा कीजिए।

उत्तर– वेब 2.0, वेब 1.0 से अलग है। यह केवल जानकारी प्राप्त करने या वेबसाइट में सामग्री का योगदान करने से अधिक है। वेब 2.0 वेब प्लेटफॉर्म पर उपयोगकर्त्ताओं को आकर्षित करने, गतिशील बनाने के बारे में है, जो उन्हें बातचीत और सहयोग के लिए नियंत्रण का एक समुच्चय देता है। वेब 2.0 प्रौद्योगिकियाँ उपयोगकर्त्ता को सामग्री के निर्माण और उपभोग के लिए सहयोगी, संवादात्मक और संचार

संबंधी अवसंरचना और सेवाएँ प्रदान करने के लिए केंद्रित हैं। ये प्रौद्योगिकियाँ उपयोगकर्त्ताओं की उपलब्ध जानकारी को चुनने और व्यवस्थित करने के तरीके को बदल देती हैं। विशेष रूप से जानकारी केवल विशेषज्ञों या रचनाकारों द्वारा ही नहीं बल्कि उपयोगकर्त्ताओं द्वारा भी बनाई और वर्गीकृत की जाती हैं। पुस्तकालय पहले से ही वेब 2.0 में आगे बढ़ रहे हैं। इस प्रकार पुस्तकालय में वेब 2.0 अनुप्रयोगों को खोजना दिलचस्प होगा।

ब्लॉग आधारित

पुस्तकालय जानकारी साझा करने के लिए ब्लॉग का उपयोग कर रहे हैं; उपयोगकर्त्ताओं की प्रतिक्रिया को प्रोत्साहित करना; सूचना सेवाओं को उजागर करना; नए संसाधनों के आगमन या नई सुविधाएँ स्थापित करने के बारे में उपयोगकर्त्ताओं को सचेत करना; आदि जब विचार के साथ लागू होते हैं, तो ब्लॉग को उपयोगकर्त्ताओं और लाइब्रेरी के बीच की दूरी को कम करते हुए प्रभावी मार्केटिंग टूल में बदला जा सकता है। हम आसानी से राय ले सकते हैं और उपयोगकर्त्ताओं से इनपुट प्राप्त कर सकते हैं और उन्हें सहभागी बना सकते हैं और पुस्तकालयों के उपयोगकर्त्ता-केंद्रित सेवा पहलू में सुधार के लिए सहयोग कर सकते हैं। चित्र 7.12 एक पुस्तकालय ब्लॉग प्रस्तुत करता है।

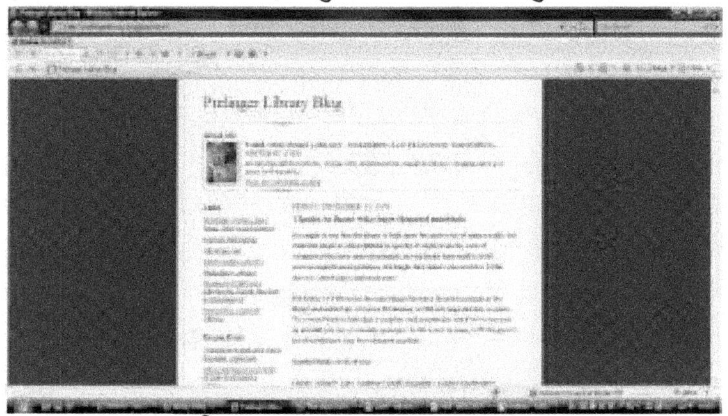

चित्र 7.12: पुस्तकालय ब्लॉग

आर.एस.एस. आधारित–पुस्तकालय ब्लॉग, दुनिया और स्थानीय समाचार, फोटो, पॉडकास्ट, मौसम पूर्वानुमान, उत्पाद मूल्य परिवर्तन और

बिक्री, पसंदीदी लेखकों या प्रकाशकों के नए प्रकाशनों, सामाजिक बुकमार्क, पेशेवर संघ समाचार आदि के साथ अद्यतित रखने के लिए आर.एस.एस. फीड का उपयोग कर रहे हैं। जब भी कुछ नया पोस्ट प्रकाशित किया जाता है, तो आर.एस.एस. के साथ सैकड़ों इलेक्ट्रॉनिक पत्रिकाएँ उपयोगकर्त्ताओं को सचेत करती हैं। RSS विशेष रूप से लेखन की दुनिया के बारे में समाचारों को अपडेट करता है जैसे कि हमारे संरक्षण के हितों से संबंधित नवीनतम पुस्तकें प्रकाशित की जा रही हैं।

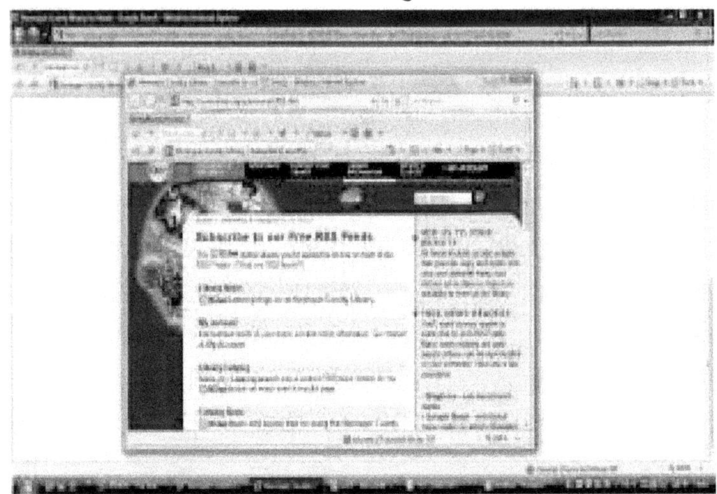

चित्र 7.13: RSS Feeds from a Library

विकी आधारित–विकी मजबूत, ओपन, एंडेड, सहयोगी समूह साइटें हैं जो अतुल्यकालिक संचार (वास्तविक समय संचार नहीं) और इंटरनेट पर समूह सहयोग की अनुमति देती हैं। उन्हें एक रचना प्रणाली, एक चर्चा माध्यम, एक भंडार, एक मेल प्रणाली और सहयोग के लिए एक उपकरण के रूप में देखा जा सकता है। वे लेखक और संपादक दोनों को विशेषाधिकार प्रदान करती हैं। शैक्षिक संस्थान अधिक संवादात्मक शिक्षण सामग्री के लिए विकी का उपयोग कर रहे हैं। पुस्तकालय भी विकी का अधिक से अधिक उपयोग करते हैं। यह लाइब्रेरी के संसाधन आधार पर अधिक संभावित उपयोगकर्त्ताओं को आकर्षित करने में मदद कर सकता है। चित्र 7.14 एक पुस्तकालय विकी प्रदान करता है।

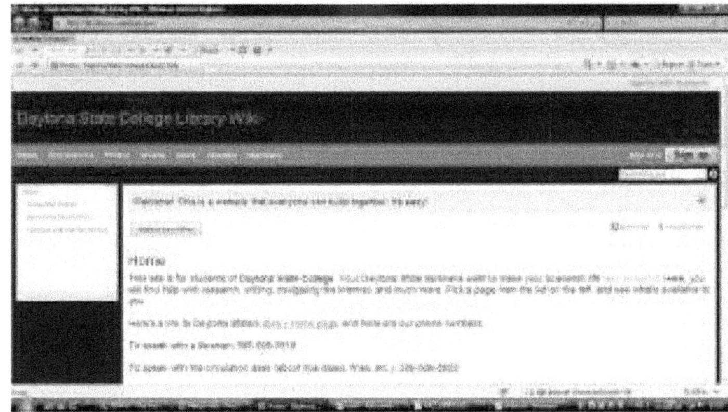

चित्र 7.14: पुस्तकालय विकी का स्क्रीनशॉट

प्रश्न पत्र

बी.एल.आई.आई.-014: पुस्तकालयों में सूचना एवं संचार प्रौद्योगिकी
दिसम्बर, 2017

नोटः सभी प्रश्नों के उत्तर दीजिए। सभी प्रश्नों के अंक समान हैं। अपने उत्तरों की पुष्टि के लिए उपयुक्त उदाहरण देते हुए आवश्यकतानुसार रेखाचित्रों का भी प्रयोग कीजिए। उत्तर लिखने से पूर्व संबंधित प्रश्न संख्या अवश्य लिखिए।

1.1 कम्प्यूटर के प्रमुख हार्डवेयर घटकों की संक्षेप में चर्चा कीजिए।

Discuss in brief, the major hardware components of a computer.

उत्तर– देखें अध्याय 1, प्र.सं.-4

अथवा

1.2 लिब्रे ऑफिस राइटर के 'स्टाइल और फॉर्मेटिंग' कार्य के उपयोग का वर्णन कीजिए।

Describe the use of Style and Formatting function of LibreOffice Writer.

उत्तर– देखें अध्याय 2, प्र.सं.-7

2.1 पुस्तकालय के विभिन्न नित्य प्रति कार्यों की परिगणना कीजिए। पुस्तकालय नित्य प्रति कार्यों में आई.सी.टी. (ICT) अनुप्रयोगों की पूर्वापेक्षाओं की चर्चा कीजिए।

Enumerate the different library housekeeping operations. Discuss the prerequisites for ICT applications in library housekeeping operations.

उत्तर– देखें अध्याय 3, प्र.सं.-1, 2, 3, 4, 5 एवं 7

अथवा

2.2 पुस्तकालय स्वचालन के इतिहास और विकास का ब्योरा प्रस्तुत कीजिए।

Trace the history and development of library automation.

उत्तर– देखें अध्याय 4, प्र.सं.-2

3.1 भारत की पुस्तकालय प्रबंधन प्रणालियों के लिए की गई पहलों की चर्चा कीजिए।

Discuss the various initiatives of India for Library Management Systems (LMSs).

उत्तर– देखें अध्याय 4, प्र.सं.-6

अथवा

3.2 इंटरनेट के विभिन्न सुरक्षा विकल्पों की परिगणना कीजिए और संक्षेप में चर्चा कीजिए।

Enumerate and discuss in brief, different Internet security options.

उत्तर– देखें अध्याय 5, प्र.सं.-8

4.1 पुस्तकालयों के लिए वेब 2.0 उपकरणों की प्रासंगिकता की चर्चा कीजिए।

Discuss the relevance of Web 2.0 tools for libraries.

उत्तर– देखें अध्याय 6, प्र.सं.-9, 10

अथवा

4.2 इंटरनेट किस प्रकार कार्य करता है? व्याख्या कीजिए।

Explain how the Internet works.

उत्तर– देखें अध्याय 5, प्र.सं.-4

5.0 निम्नलिखित में से किन्हीं दो पर संक्षिप्त टिप्पणियाँ लिखिए (प्रत्येक लगभग 250 शब्दों में)–

Write short notes on any two of the following (in about 250 words each):

(क) उबंटू
Ubuntu
उत्तर– देखें अध्याय 1, प्र.सं.–9

(ख) ओपेक
OPAC
उत्तर– देखें अध्याय 7, प्र.सं.–3

(ग) फाइल ट्रांसफर प्रोटोकोल (एफ.टी.पी.)
File Transfer Protocol (FTP)
उत्तर– देखें अध्याय 6, प्र.सं.–5

(घ) बुलेटिन बोर्ड
Bulletin Board
उत्तर– देखें अध्याय 7, प्र.सं.–9 (vii)

यदि आपको अपने ही अंदर शान्ति नहीं मिल पाती तो भला इस विश्व में कहीं और कैसे पा सकते हैं।

बी.एल.आई.आई.-014: पुस्तकालयों में सूचना एवं संचार प्रौद्योगिकी

जून, 2018

नोट: सभी प्रश्नों के उत्तर दीजिए। सभी प्रश्नों के अंक समान हैं। अपने उत्तरों की पुष्टि के लिए उपयुक्त उदाहरण देते हुए आवश्यकतानुसार रेखाचित्रों का भी प्रयोग कीजिए। उत्तर लिखने से पूर्व संबंधित प्रश्न संख्या अवश्य लिखिए।

1.1 कंप्यूटर के विभिन्न प्रकारों का वर्णन कीजिए।

Describe different types of computers.

उत्तर– देखें अध्याय 1, प्र.सं.-2

अथवा

1.2 कुछ सामान्य कंप्यूटर सहायक उपकरणों का वर्णन कीजिए।

Describe some common computer peripherals.

उत्तर– देखें अध्याय 1, प्र.सं.-6, 7

2.1 उबंटू ऑपरेटिंग प्रणाली की प्रणाली विषयक आवश्यकताएँ और अधिस्थापन प्रक्रिया की चर्चा कीजिए।

Discuss system requirements and installation process of ubuntu operating system.

उत्तर– देखें अध्याय 1, प्र.सं.-9

अथवा

2.2 राइटर में मेल मर्जर सुविधा की चर्चा कीजिए।

Discuss the mail merge facility in writer.

उत्तर– देखें अध्याय 2, प्र.सं.-9

3.1 पुस्तकालय नित्य प्रति कार्यों के घटकों की व्याख्या कीजिए।

Explain the components of library housekeeping operations.

उत्तर– देखें अध्याय 3, प्र.सं.–1, 2, 3, 4, 5

अथवा

3.2 भारत में विकसित दो पुस्तकालय प्रबंधन प्रणालियों (एल.एम.एस.) का वर्णन कीजिए।

Describe two Library Management Systems (LMS) developed in India.

उत्तर– देखें अध्याय 4, प्र.सं.–6

4.1 पुस्तकालय प्रबंधन प्रणाली (एल.एम.एस.) के मूल्यांकन के लिए मानदंड की चर्चा कीजिए।

Discuss the criteria for evaluation of Library Management System (LMS).

उत्तर– देखें अध्याय 4, प्र.सं.–5

अथवा

4.2 इंटरनेट कनेक्शन स्थापित करने की प्रक्रिया की व्याख्या कीजिए।

Explain the process of setting up of Internet connections.

उत्तर– देखें अध्याय 5, प्र.सं.–5

5.0 निम्नलिखित में से किन्हीं दो पर संक्षिप्त टिप्पणियाँ लिखिए (प्रत्येक लगभग 250 शब्दों में)–

Write short notes on any two of the following (in about 250 words each):

(a) यू.एस.बी. फ्लैश ड्राइव

USB flash drive

उत्तर– देखें अध्याय 1, प्र.सं.–5

(b) विकी

Wiki

उत्तर– देखें अध्याय 6, प्र.सं.-10

(c) वेबओपेक

WebOpac

उत्तर– देखें अध्याय 7, प्र.सं.-3

(d) वेब 3.0

Web 3.0

उत्तर– देखें अध्याय 6, प्र.सं.-11

□□

जो अपने कदमों की काबिलियत पर विश्वास

रखते हैं वो ही अक्सर मंजिल पर पहुँचते हैं।

बी.एल.आई.आई.-014: पुस्तकालयों में सूचना एवं संचार प्रौद्योगिकी
दिसम्बर, 2018

नोट: सभी प्रश्नों के उत्तर दीजिए। सभी प्रश्नों के अंक समान हैं। अपने उत्तरों की पुष्टि के लिए उपयुक्त उदाहरण देते हुए आवश्यकतानुसार रेखाचित्रों का भी प्रयोग कीजिए। उत्तर लिखने से पूर्व संबंधित प्रश्न संख्या अवश्य लिखिए।

1.1 प्रणाली सॉफ्टवेयर और अनुप्रयोग सॉफ्टवेयर में अंतर की चर्चा कीजिए तथा ऑपरेटिंग सिस्टम (ओ.एस.) के कार्यों का वर्णन कीजिए।

Discuss the difference between systems software and applications software and describe the functions of an Operating System (OS).

उत्तर– देखें अध्याय 1, प्र.सं.–8

अथवा

1.2 स्लाइड शो प्रस्तुतीकरण के लिए लिबरेऑफिस में इम्प्रैस सॉफ्टवेयर साधन के प्रयोग का वर्णन कीजिए।

Describe the use of Impress Software tool in LibreOffice for preparing slide show presentations.

उत्तर– देखें अध्याय 2, प्र.सं.–16, 17, 18

2.1 पुस्तकालय स्वचालन के लिए ध्यान में रखे जाने वाले कारक कौन-से हैं? पुस्तकालय प्रसूचीकरण गतिविधि को स्वचालित करने से संबंधित क्रियाविधि की व्याख्या कीजिए।

What are the factors to be considered for library automation? Explain the procedure involved in automating library cataloguing activity.

उत्तर– पुस्तकालय स्वचालन के लिए ध्यान में रखे जाने वाले कारक निम्नलिखित हैं–

(1) उद्देश्य (Objectives)–स्वचालीकरण के पूर्व संस्था के प्रमुख उद्देश्य एवं पुस्तकालय के प्रमुख उद्देश्यों को क्रमबद्ध रूप से समझना आवश्यक है। इसके आधार पर ही स्वचालीकरण क्रियाविधियों एवं सेवाओं को स्पष्ट रूप से ज्ञात किया जा सकता है।

(2) नियोजन (Planning)–उद्देश्यों के आधार पर स्वचालीकरण हेतु नियोजन समिति का गठन किया जाता है। पुस्तकालय प्राधिकारी, पुस्तकालय समिति एवं कंप्यूटर विशेषज्ञों को इस समिति में पुस्तकालयाध्यक्ष के साथ सम्मिलित किया जाता है, नियोजन के अंतर्गत पुस्तकालय के विविध कार्यों पर भी प्रकाश डाला जाता है जिसमें–तकनीकी सेवाएँ, सूचीकरण, ग्रंथ, नियंत्रण, संदर्भ सेवाएँ, सामान्य प्रशासनिक सेवाएँ, वित्तीय प्रबंधन, प्रकाशन, पुस्तकालय आदान, संसाधन, सहभागिता व नेटवर्किंग प्रमुख हैं।

(3) प्रणाली विश्लेषण (System Analysis)–योजना प्रक्रियाओं एवं विधियों का विश्लेषण करने के लिए पुस्तकालय प्रणाली एवं कंप्यूटरीकरण की आवश्यकता का उल्लेख करते हुए निम्न सूचनाओं को ज्ञात करना आवश्यक है–

(i) पुस्तकालय की प्रकृति एवं उद्देश्य,

(ii) पुस्तकालय का संपूर्ण संग्रह,

(iii) विशिष्ट संग्रह, उसकी प्रकृति एवं उपयोगिता,

(iv) वर्ष, अधिग्रहण एवं प्रक्रिया उपयोगकर्त्ताओं की संख्या,

(v) प्रतिदिन आगम/आरक्षण बहुभाषी प्रलेखों की संख्या,

(vi) सूचना सेवाएँ, अनुक्रमणीकरण सेवाएँ आदि,

(vii) नेटवर्क एवं संसाधन सहभागिता,

(viii) उपलब्ध मानव संसाधन एवं भविष्य की आवश्यकता,

(ix) इंटरनेट एवं इंटरानेट,

(x) सीडी-रोम तथा इलेक्ट्रॉनिक प्रलेख प्रदायक सेवा।

(4) मुख्य स्वचालित सेवाओं की पहचान (Identification of Main areas of Computerisation)–पुस्तकालय की वर्तमान

गतिविधियों एवं उपयोगकर्त्ताओं की आवश्यकता के अनुरूप पुस्तकालय की सेवाओं एवं कार्यों को समझना चाहिए। जिससे विविध सेवाओं के स्वरूपों को एकीकृत रूप से समझा जा सके तथा उसके संघटकों की भूमिका का ज्ञान प्राप्त किया जा सके। पुस्तकालय में प्रत्येक विभाग अलग कार्य निष्पादित करते हैं किंतु स्वचालन के लिए एकीकृत स्वरूप के अंतर्गत अनेक प्रक्रियाएँ विविध स्वरूपों से समान रहती है। चरणबद्ध रूप में स्वचालन करने के लिए तीन क्रमों में कार्य संपन्न करना उपयोगी रहता है–

(i) सूचना संग्रहण एवं पुनर्प्राप्ति (Information Storage and Retrieval)–इसके अंतर्गत ग्रंथपरक विवरणों को कंप्यूटर में संग्रहित कर ऑनलाइन सूचीकरण किया जाता है। यह स्वचालन का आरंभिक स्तर है।

(ii) गृह उपयोग कार्य (House Keeping Work)–पुस्तकालय में संबंधित समस्त गृह उपयोग कार्य, जैसे–ग्रंथ अर्जन, सूचीकरण, पत्रिका नियंत्रण, आगम-निर्गम, सूचना सेवाएँ एवं प्रबंधन सूचना सेवाएँ इसमें सम्मिलित हैं, यह पुस्तकालय सेवाओं का मुख्य आधार एवं एकीकृत स्वरूप है।

(iii) उपर्युक्त सेवाओं के साथ नेटवर्किंग सेवाएँ (Networking Services with above)–इसके अंतर्गत पुस्तकालय संसाधन सहभागिता एवं ऑनलाइन इंटरनेट सेवाओं का विस्तार किया जाता है।

उपर्युक्त के साथ बहुभाषी डेटाबेस एवं सीडी रोम का भी प्रयोग किया जा सकता है।

(5) स्वचालन योजना का प्रलेखन (Documentation of Automation Plan)–पुस्तकालय स्वचालीकरण हेतु गठित समिति द्वारा इस योजना का विस्तृत रूप से प्रलेखन किया जाना चाहिए।

पुस्तकालय प्रसूचीकरण गतिविधि को स्वचालित करने से संबंधित क्रियाविधि–इन सभी प्रसूचीकरण प्रक्रियाओं का प्रारंभ उन दस्तावेजों के तकनीकी पठन से होता है जिनका कि प्रसूचीकरण किया जाना है। इसके अंतर्गत शीर्षक, उपशीर्षक, वैकल्पिक शीर्षक, लेखक, संपादक, संस्करण पुनः मुद्रण, इम्प्रिंट, समर्पण (डेडीकेशन), प्रस्तावना,

सामग्री की तालिका, मिलान (कोलेशन), सिरीज, ग्रंथसूचियाँ आदि का अध्ययन किया जाना शामिल है। हाथ से किए जाने वाले प्रसूचीकरण में प्रसूची निर्माता लेखक, शीर्षक, विषय, विरोधी संदर्भों (क्रॉस रेफरेन्सिस) तथा विश्लेषणात्मक प्रविष्टियों के लिए अलग-अलग कार्ड बनाता है। इसके लिए वह मानक प्रसूची कोड का प्रयोग करता है (यथा–AACR-2, CCC आदि) तथा पुस्तकालय द्वारा निर्धारित किए गए नियमों के अनुसार उनको फाइल करता है।

कंप्यूटरीकृत प्रसूचीकरण की शुरुआत एक पहले से डिजाइन की गई वर्कशीट में पुस्तक के ग्रंथपरक डाटा की प्रविष्टियाँ किए जाने से होती है। यह वर्कशीट अथवा डाटाशीट बिल्कुल डाटा प्रविष्टि फॉर्म जैसी ही होती है तथा किसी मानक ग्रंथपरक रिकॉर्ड प्रपत्र (यथा–MARC-21, CCF, UNIMARC आदि) पर आधारित होती है। अंत में वर्कशीटों में रिकॉर्ड किए गए डाटा को कंप्यूटर में दर्ज किया जाता है ताकि एक मशीन द्वारा पठनीय प्रसूची फाइल तथा OPAC तैयार की जा सके। कंप्यूटर आधारित प्रसूचीकरण पुस्तकालय के स्रोतों के लिए ग्रंथपरक रिकॉर्डों को इम्पोर्ट करने की सुविधा होती है जो या तो केंद्रीकृत प्रसूचीकरण सेवा एजेंसी से या फिर अन्य पुस्तकालयों से प्राप्त किए जाते हैं। कंप्यूटर आधारित प्रसूचीकरण अपने संग्रह में से ग्रंथसूची परक डाटा को दूसरे पुस्तकालय सिस्टमों को भेजने की भी सुविधा प्रदान करता है। यह सुविधा प्रसूचीकरण की प्रति इकाई लागत को कम करने तथा प्रसूचीकरण के मानकीकरण को भी सुनिश्चित करती है।

प्रसूचीकरण की नवीनतम प्रवृत्ति के अनुसार दूसरे पुस्तकालयों से ग्रंथपरक डाटा को डाउनलोड करने के लिए Z39.50 प्रोटोकॉल का उपयोग किया जाता है तथा अपने संग्रह तक वैश्विक पहुँच सेवा (एक्सेस) प्रदान करने के लिए वेब OPAC माध्यम का प्रयोग किया जाता है।

अथवा

2.2 भारतीय मूल के किन्हीं दो पुस्तकालय स्वचालन पैकजों के लक्षणों की चर्चा कीजिए।

Discuss the features of any two library automation packages of Indian origin.

उत्तर– भारतीय मूल के दो पुस्तकालय स्वचालन पैकजों के लक्षण निम्न हैं–

(1) WEBLIS (वेबलिस)–WEBLIS, CDS/ISIS पर वेब-आधारित पुस्तकालय और सूचना प्रणाली है। इस प्रणाली को कम्प्यूटर और सूचना अभियांत्रिकी संस्थान (आई.सी.आई.ई.), पोलैंड द्वारा विकसित किया गया है जिसने FAO, IFAD एवं GTZ जैसे अंतर्राष्ट्रीय संगठनों के लिए पुस्तकालय प्रणाली का निर्माण अपने अनुभव के आधार पर किया है। WEBLIS, WWW-ISIS इंजन के माध्यम से कार्य करता है जिसे आई.सी.आई.ई. द्वारा विकसित किया गया है। WEBLIS का वर्तमान वर्जन अंग्रेजी में उपलब्ध है जिसमें निम्नलिखित मॉड्यूल अथवा विशेषताएँ शामिल हैं–

- प्रसूचीकरण प्रणाली (पुस्तकें, पुस्तक से लिए गए कागज–पत्र, पत्रिकाओं से लिए गए कागज–पत्र, पत्रिकाएँ, विविध स्लाइड्स, फोटो, ऑडियो तथा वीडियो आदि),
- OPAC–ऑनलाइन सार्वजनिक एक्सेस प्रसूची (बुनियादी और उन्नत खोज, इतिहास, पूछताछ संबंधी कार्य को सुरक्षित करना और आई.एस.आई.एस. पूछताछ भाषा सुविधाएँ, थिसॉरस–आधारित खोज),
- ऋण मॉड्यूल (होल्ड/रिजर्व, ऋण/नवीनीकरण, वर्ड फॉर्म में ई–मेल द्वारा अथवा पारंपरिक मेल द्वारा स्वतः दावा करना, आवश्यक कार्य सूचियाँ), तथा
- सांख्यिकीय मॉड्यूल (CDS/ISIS डाटाबेस आधार से एकत्र सांख्यिकीय डाटा का सृजन करना कार्यक्रम का मुख्य लक्ष्य है)।

WEBLIS एक फ्रीवेयर है जिसे प्लेटफॉर्म के रूप में WWW-ISIS पर कार्यान्वित किया गया है। इसकी कार्यक्षमता और उपयोगकर्त्ता इंटरफेस को एच.टी.एम.एल., प्रिंट फॉर्मेटिंग लैंग्वेज, डेफिनिशन फाइलों और एच.टी.पी. फाइलों द्वारा मात्र "कोड" किया जाता है।

(2) संजय–ये (संजय) पैकेज, सीडीएस/आईएसआईएस (संस्करण 2.3) पैकेज पर आधारित है। आईएसआईएस को सर्वप्रथम 1964 में

अंतर्राष्ट्रीय श्रम कार्यालय (International Labour Office) द्वारा मेनफ्रेम कंप्यूटर आईबी म 360 पर चलाने के लिए विकसित किया गया था। बाद में इसको यूनेस्को द्वारा पुनः लिखा गया और यह सीडीएस/आई एसआईएस (CDS/ISIS) कहलाने लगा। डेसीडॉक (DESIDOC) के सॉफ्टवेयर कर्मियों के एक दल ने सीडीएस/आईएसआईएस के साथ 35 पास्कल (PASCAL) प्रोग्राम और 25 अतिरिक्त मेनू विकसित किए जिससे संजय पैकेज बना। इस सॉफ्टवेयर को उपयोक्ता-मैत्रीपूर्ण बनाने के लिए इसमें अनेक पूर्वानिर्धारित डिस्पले फॉर्मेट तथा प्रिंट वर्कशीट हैं तथा सोर्ट (Sort) वर्कशीटों का प्रावधान किया गया है।

यह एक कम कीमत का पुस्तकालय प्रबंधन सॉफ्टवेयर है जो कि पर्सनल कंप्यूटर पर चलता है और भारतीय भाषाओं की लिपियों में पाठ्य-सामग्री संबंधी सूचना को संचालित कर सकता है। इसे औद्योगिक भवन पुस्तकालय, नई दिल्ली को स्वचालित करने में सफलतापूर्वक क्रियान्वित किया गया है। संजय में मूलतः दो मॉड्यूल हैं-रखरखाव मॉड्यूल तथा उपयोक्ता मॉड्यूल। रखरखाव मॉड्यूल निम्नलिखित कार्यों को संपन्न करने की सुविधा प्रदान करता है-

- नए डेटा की प्रविष्टि करना।
- मौजूदा डेटा में परिवर्तन या संशोधन करना।
- व्युत्क्रमित फाइलों (Inverted Files) को बनाना तथा अद्यतन करना।
- नियमित अंतरालों पर डेटाबेसों का बैकअप लेना।
- फॉर्मेटों को बदलना या उनमें नए अनुदेश जोड़ना।

इस मॉड्यूल का अभिगम केवल पासवर्ड के जरिए ही किया जा सकता है। यह डेटाबेस प्रशासक द्वारा निर्धारित किया जाता है।

3.1 इंटरनेट सुविधा वाले कंप्यूटरों को किस प्रकार सुरक्षित रखा जा सकता है? चर्चा कीजिए। मालवेयर और स्पाईवेयर के बीच अंतर की व्याख्या कीजिए।

Discuss how systems with Internet can be secured? Explain the difference between malware and spyware.

उत्तर– देखें अध्याय 5, प्र.सं.–8

मालवेयर (जो कि मैलीशियस सॉफ्टवेयर का संक्षिप्त रूप है) एक सामान्य टर्म है जिसका प्रयोग दुर्भावनापूर्ण (मैलिशियस) सॉफ्टवेयर की पूरी श्रेणी के संदर्भ में किया जाता है तथा स्पाईवेयर भी उनमें से एक है। मालवेयर का प्रयोग कंप्यूटर के कार्यों (फंक्शंस) को हानि पहुँचाने यथा–कंप्यूटर द्वारा गलतियाँ करना, कंप्यूटर की गति को धीमा कर देना अथवा वाइरस फैलाने के लिए किया जाता है। स्पाइवेयर प्रायः अन्य मालवेयर की तरह बड़ी हानि नहीं पहुँचाता। इसके अंतर्गत जब आपका सिस्टम इंटरनेट से जुड़ा हुआ हो तब यह आपकी निजी सूचना को निकाल लेता है यथा–क्रेडिट कार्ड की संख्या अथवा बैंक खाता संख्या आदि को प्राप्त कर लेता है तथा उसे दूसरे लोगों को दे देता है जिससे वे दीर्घ अवधि में आपके लिए बड़े नुकसान का कारण बन सकते हैं। स्पाईवेयर प्रायः वेब पृष्ठों के माध्यम से, फाइलों को साझा करने के कार्यक्रमों द्वारा तथा इंटरनेट पर "निशुल्क" उपयोगिताएँ उपलब्ध करा कर किया जाता है।

अथवा

3.2 पुस्तकालय और सूचना विज्ञान में लिस्टसर्व्स, एल.आई.एस. व्यावसायिकों की किस प्रकार सहायता कर रहे हैं? वर्णन कीजिए।

Describe how Listserves in library and information science are of increasing help to LIS professionals.

उत्तर– देखें अध्याय 6, प्र.सं.–7

4.1 पुस्तकालय स्वचालन पैकेजों के मूल्यांकन के मानदंडों की व्याख्या कीजिए।

Explain the criteria for evaluation of library automation packages.

उत्तर– मूल्यांकन के सामान्य मानदंड आई.एल.एस. के सभी प्रकारों पर लागू होते हैं। मुखोपाध्याय (2006) के अनुसार ये सामान्य मानदंड निम्नलिखित हैं–

- **डाटा परिवर्तन और बैकअप उपयोगिता**—अन्य पुस्तकालय प्रणाली से डाटा परिवर्तन के लिए और अंतर्राष्ट्रीय ग्रंथसूचीपरक डाटा मानकों एवं प्रोटोकॉल के अनुपालन हेतु सपोर्ट के मामले में आई.एल.एस. की क्षमता को व्यापक रूप से जाँचा जाना चाहिए। साझा प्रसूचीकरण प्रणाली और वेब समेकन के इस युग में, आई.एल.एस. को मेटाडाटा स्कीमा और पारस्परिक मामलों, जैसे—एक्स.एम.एल., आर.डी.एफ. और ओ.ए.आई. /पी.एम.एच. को समर्थन देना चाहिए। आवश्यकता के समय डाटा पुनःप्राप्ति की दृष्टि से उपयुक्त मीडिया में बैकअप सुविधा की भी जाँच की जानी चाहिए।
- **मानकों का अनुपालन**—न्यूनतम महत्त्वपूर्ण मानक हैं—ग्रंथसूची डाटा पारस्परिकता के लिए आई.एस.ओ.-2709; आई.एस. ओ.-2709 (अर्थात् मार्क 21, यूनिमार्क, सी.सी.एफ./बी) के साथ मानक ग्रंथसूचीपरक प्रारूप अनुरूपता; वितरित प्रसूचीकरण के लिए Z39.50 प्रोटोकॉल मानक; कथन धारण के लिए Z39.71 मानक; प्रशासन, वाणिज्य और परिवहन (ई.डी.आई.एफ.ए.सी.टी.) के लिए बी.एस. आई. एस.ओ. 9735-9:2002 इलेक्ट्रॉनिक डाटा अंतरपरिवर्तन; Z39.83-1 [एन.आई.एस.ओ. परिचालन अंतरपरिवर्तन भाग 1: प्रोटोकॉल (एन.सी.आई.पी.)]; Z39.83-2 [एन.आई.एस.ओ. परिचालन अंतरपरिवर्तन भाग 2: प्रोटोकॉल (एन.सी.आई.पी.)]; आई.एस.ओ./सी.डी. 28560-1 [सूचना एवं प्रलेखन—पुस्तकालयों में रेडियो आवृत्ति पहचानकर्त्ता (identifier) (आर.एफ.आई.डी.) के उपयोग के लिए डाटा प्रारूप- भाग 1: सामान्य आवश्यकताएँ एवं डाटा घटक]; आई.एस.ओ./सी.डी. 28560-2 [सूचना एवं प्रलेखन—पुस्तकालयों में रेडियो आवृत्ति पहचानकर्त्ता (आर.एफ.आई.डी.) के उपयोग के लिए डाटा प्रारूप-भाग 2: आई.एस.ओ./आई.ई.सी. 15962 पर आधारित कूटलेखन]; आई.एस.ओ./सी.डी. 28560-3 [सूचना एवं प्रलेखन—पुस्तकालयों में रेडियो आवृत्ति पहचानकर्त्ता

(आर.एफ.आई.डी.) के उपयोग के लिए डाटा प्रारूप-भाग 3: निर्धारित अवधि कूटलेखन]; और आई.एस.ओ./आई.ई. सी. 10646:2003 [यूनिवर्सल मल्टीपल-ऑक्टेट कैरेक्टर सेट (यू.सी.एस.)]।

- **हार्डवेयर और तृतीय-पक्ष से संबंधित सॉफ्टवेयर आवश्यकताएँ**–सर्वर और क्लाइंट मशीनों, ऑपरेटिंग सिस्टम संबंधी आवश्यकताओं और बैकएंड आर.डी.बी.एम.एस. (वर्जन सहित) आवश्यकताओं के लिए आई.एल.एस. को हार्डवेयर आवश्यकताओं (प्रोसेसर टाइप और रैम) की पूरी सूची उपलब्ध करानी चाहिए। मूल्यांकन, पैकेज के न्यूनतम हार्डवेयर और तृतीय-पक्ष सॉफ्टवेयर की आवश्यकताओं हेतु सकल लागत पर आधारित होना चाहिए।
- **कार्य-निष्पादन की जाँच**–किसी आई.एल.एस. का मूल्यांकन, कार्य-निष्पादन की जाँच द्वारा किया जा सकता है, जैसे–कार्य-संपादन संबंधी प्रवाह क्षमता एवं प्रतिक्रिया में लगने वाला समय, हार्डवेयर की कार्यक्षमता, मॉड्यूल की कार्यक्षमता, परिवर्तन परीक्षा, डाटा लोडिंग तथा अनुक्रमणिका बनाना आदि।
- **सेवाओं की उपलब्धता की जाँच-सूची**–आई.एल.एस. द्वारा उपलब्ध कराई गई सेवाओं के आधार पर इसे श्रेणी दी जाती है। विशिष्ट तीसरी पीढ़ी के आई.एल.एस. का मूल्यांकन निम्नलिखित तथ्यों के आधार पर किया जाना चाहिए–मूलभूत, विस्तृत और मूल्य-संवर्द्धित सेवाएँ (मुखोपाध्याय, 2006)।

मूलभूत सेवाएँ–अर्जन, प्रसूचीकरण, परिचालन, OPAC, क्रमिक प्रकाशन नियंत्रण ग्रंथसूचीपरक प्रारूप समर्थन, डाटा के आदान-प्रदान के प्रारूप का समर्थन, लेख संबंधी अनुक्रमणीकरण, मानक प्रतिवेदन और प्रणाली प्रशासन।

विस्तृत सेवाएँ–अनुकूल प्रतिवेदन सृजन, GUI पर आधारित उपयोगकर्त्ता इंटरफेस, आरक्षण सुविधा, अंत:पुस्तकालय

ऋण मॉड्यूल, बहुभाषी समर्थन, संघीय प्रसूची, प्राधिकरण फाइल समर्थन और नियंत्रित शब्दावली, ऑनलाइन सहायता, ऑनलाइन शिक्षण, विद्युत खोज सुविधा, इंटरनेट सपोर्ट, इंट्रानेट सपोर्ट, वेब एक्सेस OPAC, मल्टीमीडिया इंटरफेस, बार कोड सपोर्ट और बैकअप उपयोगिता।

मूल्य-संवर्द्धित सेवाएँ–आर.एफ.आई.डी. और स्मार्ट कार्ड (स्वयं परिचालन, स्वयं आरक्षण, आदि) के माध्यम से ग्राहक स्वयं सेवा, ऑनलाइन उपयोगकर्त्ता प्रशिक्षण/उन्मुखता, भंडार सत्यापन सुविधा, सदस्य फोटो ID कार्ड सृजन, बारकोड सृजन, जुर्माने की गणना और रसीद सृजन, गेट–पास सृजन, बुलेटिन बोर्ड सेवाएँ और ई–मेल रिपोर्ट, इलेक्ट्रॉनिक एस.डी.आई., सी.ए.एस. समर्थन, डिजिटल मीडिया अभिलेख समर्थन। जी.पी.एच. की पुस्तकों का मुख्य उद्देश्य ज्ञान के साथ–साथ अच्छे नम्बर दिलाना है।

अथवा

4.2 वेब आधारित पुस्तकालयों सेवाओं की आवश्यकता और प्रयोजन क्या है? वेब-आधारित ऑनलाइन पब्लिक एक्सैस कैटालॉग के लक्षणों की व्याख्या कीजिए।

What is the need and purpose of Web-based Library Services? Explain the features of web-based online public access catalogue (Web OPACs).

उत्तर– देखें अध्याय 7, प्र.सं.–2, 3

5.0 निम्नलिखित में से किन्हीं दो पर संक्षिप्त टिप्पणियाँ लिखिए (प्रत्येक लगभग 250 शब्दों में)–

Write short notes on any two of the following (in about 250 words each):

(a) ओपन सोर्स सॉफ्टवेयर

Open Source Software

उत्तर– देखें अध्याय 4, प्र.सं.–6

(b) एच.टी.टी.पी.
HTTP
उत्तर– देखें अध्याय 6, प्र.सं.-1

(c) इलेक्ट्रॉनिक जर्नल्स
Electronic journals
उत्तर– देखें अध्याय 7, प्र.सं.-5

(d) विषय (सब्जेक्ट) गेटवे
Subject gateways
उत्तर– देखें अध्याय 7, प्र.सं.-4

धर्म की रक्षा धन से होती है, ज्ञान की रक्षा निरंतर अभ्यास करने से होती है, राजा की रक्षा मैत्रीपूर्ण शब्दों से होती है, और घर की रक्षा एक कुशल गृहिणी से होती है।

–आचार्य चाणक्य

बी.एल.आई.आई.-014: पुस्तकालयों में सूचना एवं संचार प्रौद्योगिकी
जून, 2019 (सैम्पल पेपर)

नोट: सभी प्रश्नों के उत्तर दीजिए। सभी प्रश्नों के अंक समान हैं। अपने उत्तरों की पुष्टि के लिए उपयुक्त उदाहरण देते हुए आवश्यकतानुसार रेखाचित्रों का भी प्रयोग कीजिए। उत्तर लिखने से पूर्व संबंधित प्रश्न संख्या अवश्य लिखिए।

1.1 कम्प्यूटर से आप क्या समझते हैं? चर्चा कीजिए।

उत्तर– देखें अध्याय 1, प्र.सं.–1

अथवा

1.2 लिब्रेऑफिस की सामान्य विशेषताओं को चित्र की सहायता से समझाइए।

उत्तर– देखें अध्याय 2, प्र.सं.–2

2.1 आई.सी.टी. तथा पुस्तकालय के नित्य प्रति कार्यों के संबंधों पर प्रकाश डालिए।

उत्तर– देखें अध्याय 3, प्र.सं.–7

अथवा

2.2 पुस्तकालय प्रबंधन प्रणाली के विकास की संक्षेप में विवेचना कीजिए।

उत्तर– देखें अध्याय 4, प्र.सं.–3

3.1 पुस्तकालय प्रबंधन प्रणाली की मूलभूत आवश्यकताओं को विस्तृत रूप में समझाइए।

उत्तर– देखें अध्याय 4, प्र.सं.–5

अथवा

3.2 इंटरनेट क्या है? इसके ऐतिहासिक परिदृश्य पर प्रकाश डालिए।

उत्तर– देखें अध्याय 5, प्र.सं.–2

4.1 ई-मेल एकाउंट किस प्रकार बनाया जाता है?

उत्तर– देखें अध्याय 6, प्र.सं.–4

अथवा

4.2 वेब सर्च क्या है? चर्चा कीजिए।

उत्तर– देखें अध्याय 5, प्र.सं.–9

5.0 निम्नलिखित में से किन्हीं दो पर संक्षिप्त टिप्पणियाँ लिखिए (प्रत्येक लगभग 250 शब्दों में)–

(क) डेस्कटॉप कम्प्यूटर

उत्तर– देखें अध्याय 1, प्र.सं.–3 (i)

(ख) वेबसाइट निर्माण

उत्तर– देखें अध्याय 7, प्र.सं.–9 (i)

(ग) टेलनेट

उत्तर– देखें अध्याय 6, प्र.सं.–6

(घ) वेब 2.0 सेवाएँ

उत्तर– देखें अध्याय 7, प्र.सं.–11

जब हम क्रोध की अग्नि में जलते हैं
तो इसका धुआँ हमारी ही आँखों में जाता है।

NOTES

www.ingramcontent.com/pod-product-compliance
Ingram Content Group UK Ltd.
Pitfield, Milton Keynes, MK11 3LW, UK
UKHW021705190726
13853UKWH00001B/431

9 789389 601039